# 2
## ESO

# FÍSICA Y QUÍMICA

J.M. VÍLCHEZ GONZÁLEZ, A.Mª MORALES CAS,
G. VILLALOBOS GALDEANO



**Usa este código para:**

Acceder al
**BANCO DE RECURSOS**
y descargar el
**LIBRO DIGITAL**
disponibles en
www.anayaeducacion.es

ANAYA

# ASÍ ES TU LIBRO

## APERTURA DE UNIDAD

Cada unidad comienza con un breve texto que pretende acercar al alumnado las relaciones entre **ciencia, tecnología y sociedad** a través de algún hecho relevante relacionado con los contenidos que se van a desarrollar.

**Organizador visual** con los recursos digitales relacionados con cada apartado.

**Compromiso ODS.** Actividades para reflexionar en grupo y proponer acciones para alcanzar las metas de desarrollo sostenible propuestas en cada una de las unidades.

## DESARROLLO DE LOS CONTENIDOS Y ACTIVIDADES

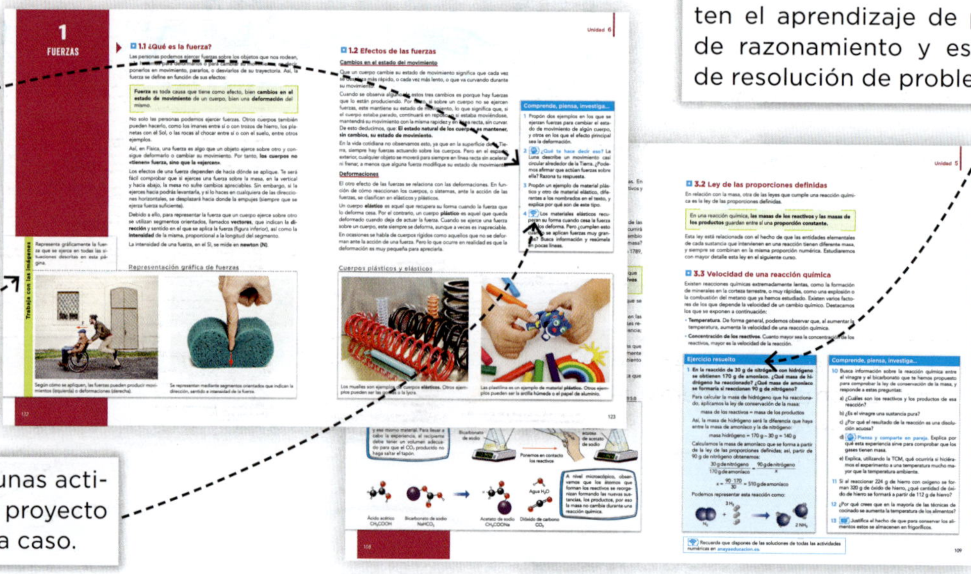

**Dos tipos de actividades:**

**Comprende, piensa, investiga...** Actividades para afianzar el aprendizaje y relacionar conocimientos.

**Trabaja con la imagen.** Desarrollará tu capacidad de observación e interpretación.

Los **ejercicios resueltos** permiten el aprendizaje de procesos de razonamiento y estrategias de resolución de problemas.

Los **iconos** incluidos en algunas actividades sugieren la clave del proyecto que puede aplicarse en cada caso.

## LAS CLAVES DEL PROYECTO

### Compromiso ODS

Descubre los Objetivos de Desarrollo Sostenible y forma parte activa de nuestro compromiso para lograr un mundo más igualitario y habitable.

### Plan Lingüístico

Pon en práctica tus destrezas comunicativas en los diferentes tipos de texto que te proponemos. El lenguaje siempre está presente, ¡comunícate!

### Desarrollo del pensamiento

Trabaja estrategias de pensamiento: reflexiona sobre los contenidos que estás aprendiendo, genera ideas, organízalas, priorízalas, arguméntalas, exponlas...

### Aprendizaje cooperativo

Implícate en tu aprendizaje y participa en el de todo el grupo; comprobarás que cooperar mejora el rendimiento y la convivencia en clase.

# TALLER DE CIENCIAS

Dentro del taller de ciencias se ofrecen entretenidos experimentos de **ciencia recreativa** que se pueden realizar con materiales sencillos y de forma autónoma por nuestros estudiantes.

Las experiencias del apartado **Trabajo práctico** permiten recordar y aplicar lo estudiado en la unidad inicial del libro y, a la vez, trabajar sobre los contenidos desarrollados en la unidad.

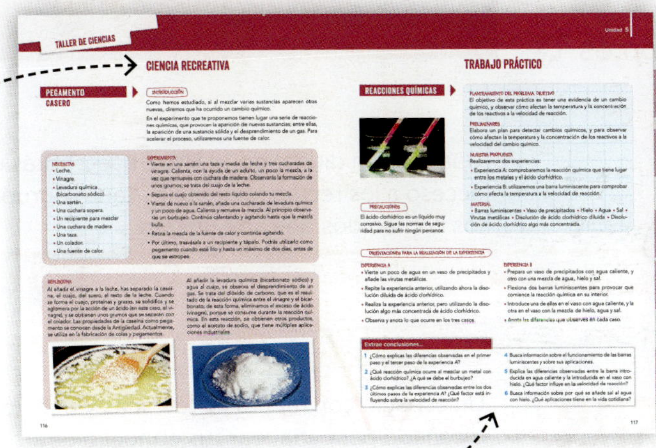


- Creatividad
- Responsabilidad
- Motivación
- Planificación de tareas
- Organización en equipo

# TRABAJA CON LO APRENDIDO

**Organizador visual** de los contenidos

- Línea de tiempo
- Mapa conceptual, etc...

Cuestiones sobre los aspectos esenciales de la unidad, con las que podrás hacer tu propio **resumen.**

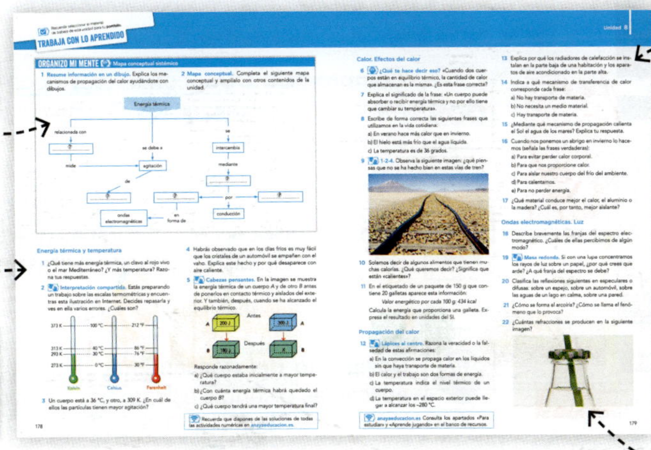


Actividades para afianzar lo estudiado utilizando diferentes estrategias de trabajo.

**imágenes** para que trabajes la observación y la interpretación.

### Educación emocional

Aprende a conocerte; identifica las situaciones que te generan emociones bloqueantes y gestiónalas con experiencias de autoafirmación constructiva.

### Cultura emprendedora

Confía en tus aptitudes y conocimientos, desarrolla la creatividad, adáptate a las situaciones cambiantes y ten una actitud proactiva y responsable.

### TIC

Aprende a obtener información, seleccionarla y aplicarla; a planificar, gestionar y elaborar trabajos; a colaborar en Red de forma ética y segura.

### Orientación académica y profesional

Valora tus capacidades personales, descubre y despierta tu vocación, entrénate en la toma de decisiones y aprende a orientarte entre distintas opciones.

### Evaluación

Descubre diversas estrategias para analizar qué has aprendido y cómo lo has aprendido; entrénate para asumir compromisos o superar dificultades.

# ASÍ ES EL PROYECTO DIGITAL

www.anayaeducacion.es

Regístrate en **www.anayaeducacion.es**. Solo necesitas tener un correo electrónico, el código que se indica en la primera página de este libro y el permiso de tu padre, madre, tutor o tutora legales. Así podrás acceder al banco de recursos y descargar el libro digital.

## LIBRO DIGITAL

Una versión digital de tu libro, que podrás usar en condiciones *offline* y *online*, con acceso a los recursos digitales tanto agrupados por tipologías como asociados a los contenidos de cada unidad.

## BANCO DE RECURSOS

Un espacio con recursos, técnicas y actividades, diseñado para afianzar tus conocimientos.

Más sobre las claves

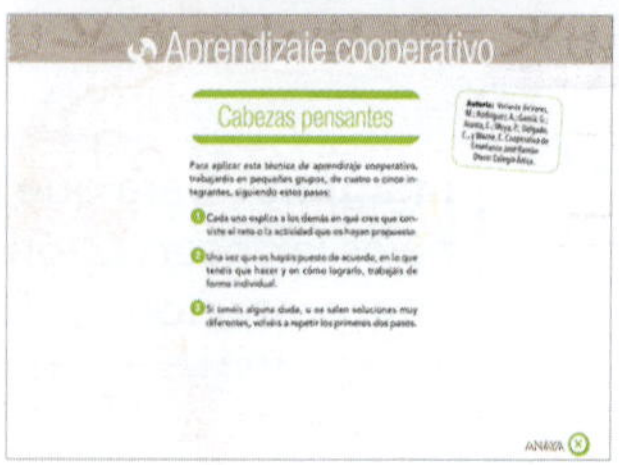

### RECURSOS RELACIONADOS CON LAS CLAVES DEL PROYECTO

**Compromiso ODS,** con microvídeos que te ayudarán a conocer cuáles son las metas para alcanzar los Objetivos de Desarrollo Sostenible trabajadas en el proyecto.

**Plan Lingüístico,** con infografías que te darán las pautas para abordar el trabajo por medio de distintos tipos de textos (descriptivo, narrativo, expositivo, etc.).

**Desarrollo del pensamiento,** donde se incorporan explicaciones sobre cómo aplicar las distintas estrategias de pensamiento planteadas en el proyecto.

**Aprendizaje cooperativo,** que incluye la descripción de las técnicas de aprendizaje cooperativo propuestas en el proyecto.

**Educación emocional,** con orientaciones para superar la inquietud generada en diferentes situaciones de tu proceso de aprendizaje (inicio del curso, enfrentarte a un examen, etc.).

**TIC,** mediante fichas que reforzarán tu uso saludable, correcto y seguro de las tecnologías de la información y la comunicación.

**Orientación académica y profesional,** con información sobre diferentes profesiones vinculadas a los contenidos tratados en la asignatura.

**Evaluación,** se presentan orientaciones para hacer tu portfolio, así como rúbricas y dianas que facilitan tu autoevaluación.

## RECURSOS DESTACADOS DE LA MATERIA

- Contenidos autonómicos
- Qué necesitas saber
- Para estudiar
- Aprende jugando
- Laboratorios virtuales y simulaciones
- Vídeos
- Presentaciones
- Autoevaluaciones
- Soluciones

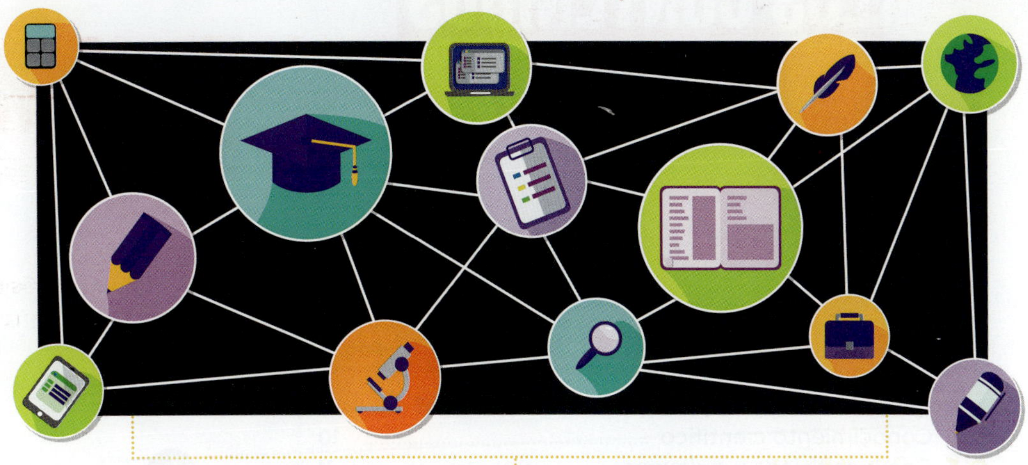

## RECURSOS CLASIFICADOS POR UNIDADES

Todos los recursos clasificados para que puedas localizar fácilmente los relacionados con cada apartado de tu unidad.

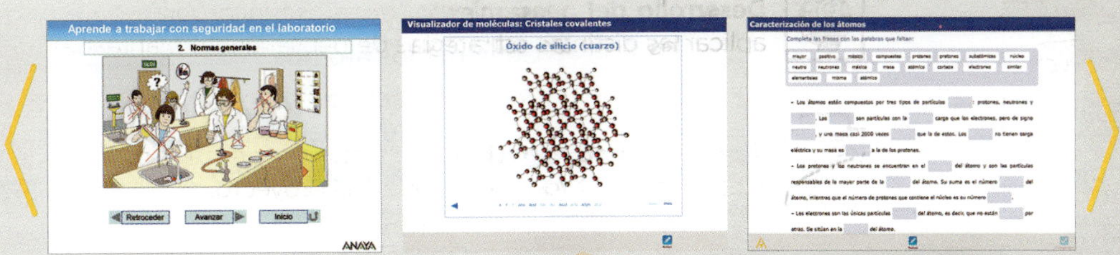

ASÍ SON

# LOS CONTENIDOS DEL CURSO

## LA ACTIVIDAD CIENTÍFICA

Pág. 8

**¿Hipótesis de un desquiciado o de un pionero?** ....... 8
1. Conocimiento científico .......... 10
2. Cambios físicos y químicos .......... 11
3. Magnitudes físicas. Unidades y medida .......... 12
4. El lenguaje de la ciencia .......... 16
5. Material de laboratorio. Normas y seguridad .......... 18
6. Ciencia, tecnología y sociedad .......... 22

**Ciencia recreativa.**
Informe científico. El muñeco de nieve .......... 24

**Trabajo práctico.** Los errores de medida .......... 25

**Trabaja con lo aprendido** .......... 26

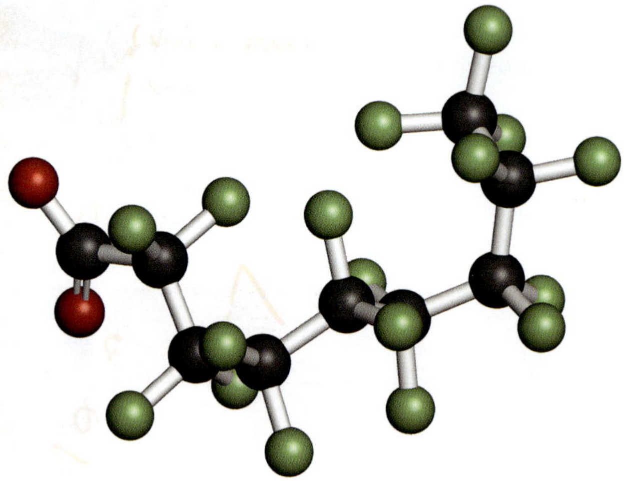

## 1 LA MATERIA

Pág. 28

**La decantación del agua en tiempos de Roma** .......... 28
1. Propiedades de la materia .......... 30
2. Sustancias puras y mezclas .......... 34
3. Disoluciones en estado líquido .......... 36
4. Técnicas de separación de mezclas .......... 38
5. Suspensiones y coloides .......... 40

**Ciencia recreativa.**
¿Sólido o líquido viscoso? .......... 42

**Trabajo práctico.**
¿Disolución, coloide o suspensión? .......... 43

**Trabaja con lo aprendido** .......... 44

## 2 ESTADOS DE AGREGACIÓN

Pág. 46

**Gases de efecto invernadero** .......... 46
1. Características de los estados de agregación .......... 48
2. La teoría cinética de la materia, TCM .......... 50
3. Presión y temperatura .......... 52
4. Leyes de los gases .......... 54
5. Los cambios de estado .......... 58
6. Gráficas de cambios de estado .......... 60

**Ciencia recreativa.** Cubitos de aceite .......... 62

**Trabajo práctico.**
Ebullición de una mezcla .......... 63

**Trabaja con lo aprendido** .......... 64

## 3 EL ÁTOMO

Pág. 66

**El átomo: desde la antigua Grecia hasta hoy** .......... 66
1. La materia está formada por átomos .......... 68
2. Características de los átomos .......... 70
3. Número atómico y número másico .......... 72
4. Iones .......... 74
5. ¿Podemos ver los átomos? .......... 76

**Ciencia recreativa.**
Construimos átomos .......... 78

**Trabajo práctico.**
Discontinuidad de la materia .......... 79

**Trabaja con lo aprendido** .......... 80

## 4 SUSTANCIAS QUÍMICAS

Pág. 82

**Nombre y símbolo de los elementos químicos** .......... 82
1. Sistema periódico de los elementos químicos .......... 84
2. Sustancias simples y compuestos .......... 86
3. Moléculas y cristales .......... 88
4. Masas moleculares y fórmulas químicas .......... 90
5. Aplicaciones de los elementos químicos .......... 92

**Ciencia recreativa.**
Memorización de los elementos químicos .......... 98

**Trabajo práctico.**
Discontinuidad de la materia .......... 99

**Trabaja con lo aprendido** .......... 100

## 5 CAMBIOS QUÍMICOS EN LOS SISTEMAS MATERIALES

Pág. 102

**La agricultura moderna** ..... 102
1. Cambios en sistemas materiales ..... 104
2. Reacciones químicas ..... 106
3. Características de las reacciones químicas ..... 108
4. Productos químicos de origen natural y artificial ..... 110
5. Química sostenible y compromisos ODS ..... 112
6. Reacciones químicas y medioambiente ..... 114

**Ciencia recreativa.** Pegamento casero ..... 116

**Trabajo práctico.** Reacciones químicas ..... 117

**Trabaja con lo aprendido** ..... 118

## 6 LAS FUERZAS Y LOS MOVIMIENTOS

Pág. 120

**Cautivados por el universo** ..... 120
1. Fuerzas ..... 122
2. Estudio del movimiento ..... 126
3. Deformaciones elásticas. Ley de Hooke ..... 131
4. Máquinas simples ..... 132
5. Fuerzas cotidianas ..... 134
6. La gravitación del universo ..... 136

**Ciencia recreativa.** El factor tiempo en las fuerzas ..... 138

**Trabajo práctico.** Deformaciones elásticas. Ley de Hooke ..... 139

**Trabaja con lo aprendido** ..... 140

## 7 LA ENERGÍA. ENERGÍA MECÁNICA

Pág. 142

**Terremoto. ¿Catástrofe natural o castigo divino?** ..... 142
1. Energía ..... 144
2. Manifestaciones de la energía ..... 146
3. Intercambios de energía ..... 150
4. Ondas mecánicas ..... 152
5. Sonido ..... 154

**Ciencia recreativa.** Teléfono de hilo ..... 156

**Trabajo práctico.** ¿De qué depende la energía mecánica? ..... 157

**Trabaja con lo aprendido** ..... 158

## 8 ENERGÍA TÉRMICA

Pág. 160

**El descubrimiento de las ondas de radio** ..... 160
1. Energía térmica y temperatura ..... 162
2. Equilibrio térmico ..... 164
3. Efectos del calor ..... 166
4. Propagación del calor ..... 168
5. Ondas electromagnéticas ..... 170
6. Luz ..... 172

**Ciencia recreativa.** Disco de Newton ..... 176

**Trabajo práctico.** Propagación del calor ..... 177

**Trabaja con lo aprendido** ..... 178

# METODOLOGÍA CIENTÍFICA

## ¿Hipótesis de un desquiciado o de un pionero?

En 1846, Ignaz P. Semmelweis comenzó a trabajar en el Hospital General de Viena como médico asistente. Este centro sanitario estaba dividido en dos pabellones: uno para los médicos, donde trabajaba Semmelweis, y otro para las comadronas. Johann Klein, médico y director del primer pabellón, fue precursor de las prácticas con cadáveres en dicho hospital. Así, únicamente los médicos que todavía estaban completando su formación en obstetricia realizaban prácticas clínicas con cadáveres y, también, atendían a parturientas.

Desde la implantación de este nuevo sistema de formación, los casos de fiebre puerperal en las mujeres, que ingresaban para dar a luz, aumentaron significativamente en el pabellón de los médicos frente al de las comadronas. Tras semanas de observación y reflexión, Semmelweis hipotetizó que la fiebre puerperal era transmitida por los médicos en formación, pues estos realizaban sus prácticas con cadáveres y, luego sin desinfectarse las manos, reconocían a las parturientas. Así, Semmelweis, después de ser tratado como un desquiciado e incluso despedido, implantó el lavado de manos y la desinfección de estas con una disolución de cloruro de calcio como una acción obligada para aquellos que realizaran prácticas con cadáveres. Tras la aplicación de esta nueva práctica, los casos de fiebre puerperal descendieron drásticamente, hecho que confirmaba la hipótesis de Semmelweis, aunque todavía la comunidad científica tardaría unos años en reconocer el valor científico de las observaciones y las aportaciones que realizó este gran médico.

## COMPROMISO ODS

ODS

Hoy en día, el lavado y la desinfección de las manos se ha generalizado en la comunidad médica.

1 Busca más información en Internet sobre la historia de Semmelweis y la fiebre puerperal. ¿Cómo influyeron la teoría miasmática y la teoría del contagio en las observaciones de Semmelweis?

2 **Sumamos.** ¿Qué relación existe entre esta práctica (lavado y desinfección de manos) y las **metas 3.3** y **3.8** de los ODS?

*Antes de empezar a estudiar esta unidad, consulta la presentación «Qué necesitas saber» en anayaeducacion.es.*

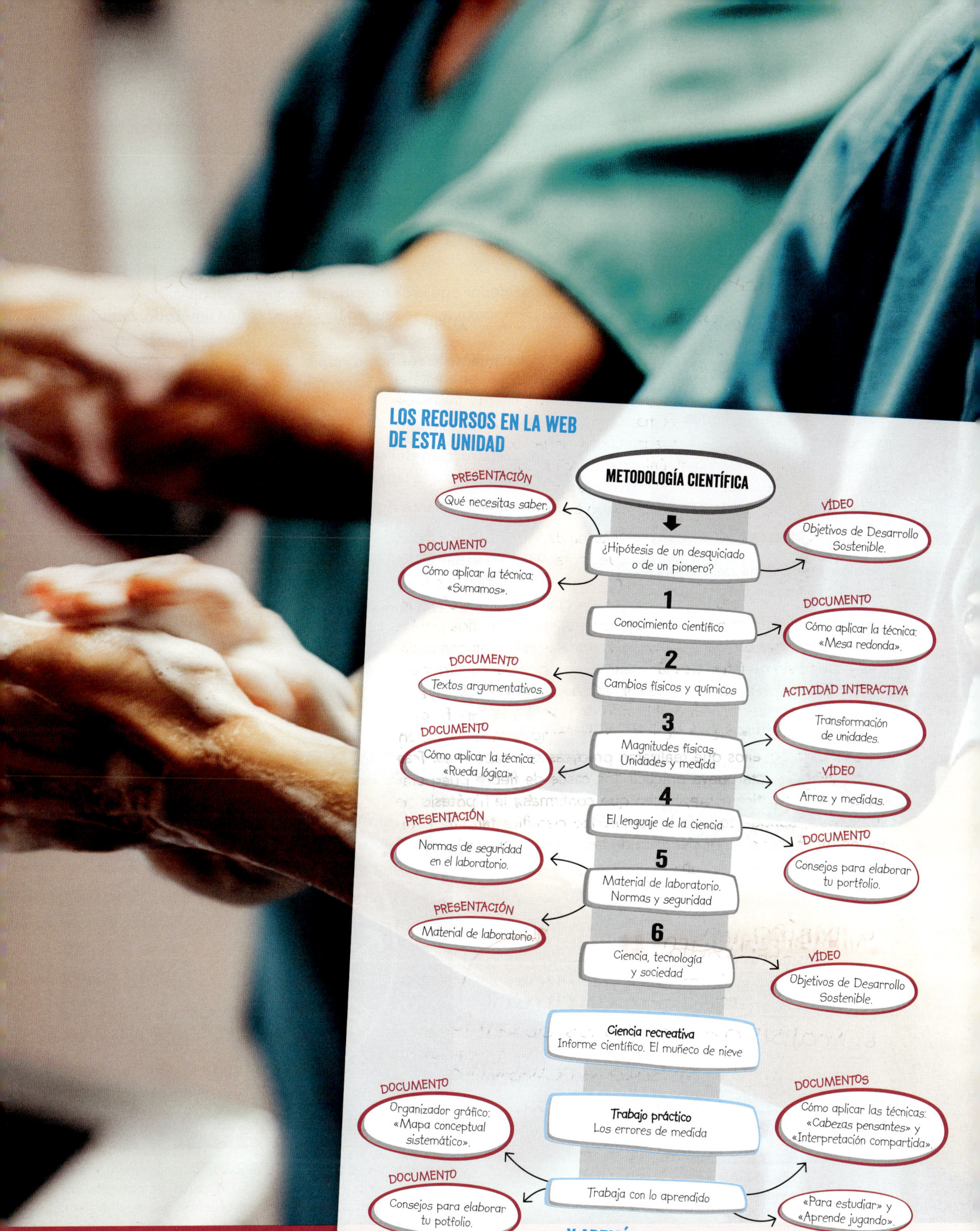

## LOS RECURSOS EN LA WEB DE ESTA UNIDAD

### METODOLOGÍA CIENTÍFICA

**¿Hipótesis de un desquiciado o de un pionero?**
- PRESENTACIÓN: Qué necesitas saber.
- DOCUMENTO: Cómo aplicar la técnica: «Sumamos».
- VÍDEO: Objetivos de Desarrollo Sostenible.

**1 Conocimiento científico**
- DOCUMENTO: Cómo aplicar la técnica: «Mesa redonda».

**2 Cambios físicos y químicos**
- DOCUMENTO: Textos argumentativos.

**3 Magnitudes físicas. Unidades y medida**
- DOCUMENTO: Cómo aplicar la técnica: «Rueda lógica».
- ACTIVIDAD INTERACTIVA: Transformación de unidades.
- VÍDEO: Arroz y medidas.

**4 El lenguaje de la ciencia**
- DOCUMENTO: Consejos para elaborar tu portfolio.

**5 Material de laboratorio. Normas y seguridad**
- PRESENTACIÓN: Normas de seguridad en el laboratorio.
- PRESENTACIÓN: Material de laboratorio.

**6 Ciencia, tecnología y sociedad**
- VÍDEO: Objetivos de Desarrollo Sostenible.

**Ciencia recreativa**
Informe científico. El muñeco de nieve

**Trabajo práctico**
Los errores de medida

**Trabaja con lo aprendido**
- DOCUMENTO: Organizador gráfico: «Mapa conceptual sistemático».
- DOCUMENTO: Consejos para elaborar tu potfolio.
- DOCUMENTOS: Cómo aplicar las técnicas: «Cabezas pensantes» y «Interpretación compartida».
- «Para estudiar» y «Aprende jugando».

**Y ADEMÁS...** Soluciones de todas las actividades numéricas

# 1 CONOCIMIENTO CIENTÍFICO

El conocimiento científico surge de la necesidad de dar respuesta a un problema basado en hechos, o fenómenos, a los que se quiere dar explicación.

Pero esta respuesta no se puede obtener de cualquier manera, sino que se ha de llegar a ella de modo que se asegure que las conclusiones obtenidas sean acordes con la realidad. De no ser así, no sería conocimiento científico.

La figura inferior izquierda muestra un esquema simplificado de estos métodos de trabajo, que se reúnen bajo la expresión **«método científico».**

El **conocimiento científico** es aquel que surge de estudiar los fenómenos utilizando un método científico.

Por tanto, el conocimiento científico tiene las siguientes características:

- Es una **construcción del ser humano** que se debe a la contribución de muchas personas a lo largo de la historia.
- Se desarrolla mediante **rigurosos métodos de trabajo,** englobados en el método científico.
- **Se basa en pruebas;** nunca se puede basar en creencias, intuiciones o suposiciones.
- Debe ser **acorde con la realidad,** y se ha de poder comprobar las veces que se necesite.

**Trabaja con las imágenes**

Analiza el esquema del método científico y responde:

- ¿Qué es una hipótesis?
- ¿Qué tiene que cumplir una hipótesis para llegar a ser conocimiento científico?

## Ciencias y pseudociencias

**El método científico**

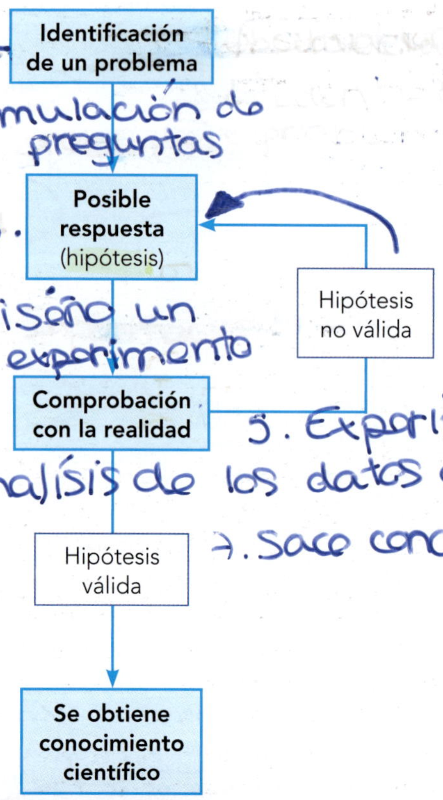


**Pseudociencias**

En ocasiones se nos muestra algo como conocimiento científico, sin serlo. Hablamos en estos casos de pseudociencias (falsa ciencia). Un ejemplo es la astrología, que no tiene base científica, ni poder de predicción.

# 2 CAMBIOS FÍSICOS Y QUÍMICOS

La física y la química son disciplinas científicas cuyo propósito es explicar el mundo en el que vivimos; como en él todo cambia, su principal objetivo es explicar estos cambios.

Ambas centran su estudio en porciones de materia que reciben el nombre de **sistemas materiales;** si presentan límites definidos, se habla de **cuerpos.** Por ejemplo, la atmósfera es un sistema material, pues no tiene límites definidos, y un trozo de hierro o tu lápiz son cuerpos, pues sí los tienen.

Los sistemas materiales pueden ser tan pequeños que para verlos se necesiten microscopios, o tan grandes como todo el universo. En cualquier caso, pueden sufrir dos tipos de cambios.

## Cambios físicos

Si aumentamos la temperatura de un trozo de hierro hasta que se funde, seguimos teniendo hierro, al principio en estado sólido y, después, en estado líquido. Lo mismo ocurre cuando un cubito de hielo se funde.

Los **cambios físicos** son aquellos en los que **después de que se produzca el cambio se tienen las mismas sustancias.**

## Cambios químicos

Sin embargo, si dejamos el trozo de hierro a la intemperie, termina oxidándose, y la sustancia final es distinta de la inicial.

Los **cambios químicos** son aquellos en los que **después del cambio se tienen sustancias diferentes a las iniciales.**

Normalmente, los cambios químicos van acompañados de un cambio físico, que nos permite reconocerlos. Por ejemplo, la emisión de un gas, el cambio de color, la aparición de burbujas, etc.

### Comprende, piensa, investiga...

1 En el texto se dice que el conocimiento científico se debe a la contribución de muchas personas. Nombra dos de estas personas y busca en Internet otros científicos o científicas anteriores en los que se basaron para hacer que la ciencia avance.

2 **Mesa redonda.** Según las características del conocimiento científico, explica por qué los horóscopos no se pueden considerar como tal.

3 ¿Cómo surge el conocimiento científico? ¿Qué se hace cuando una hipótesis no se cumple?

4 Razona la veracidad o la falsedad del enunciado «en el mundo en el que vivimos todo cambia».

5 Argumenta si los siguientes cambios son físicos o químicos: un objeto cae, se arruga un papel y después se quema, se disuelve sal en agua, se forma una nube, la fruta madura.

## Cambios físicos y químicos: ejemplos

**Hierro fundido**

El hierro se funde cuando alcanza una temperatura de unos 1 540 °C. Cuando esto ocurre, no se forma una nueva sustancia, sino que dicha sustancia cambia de estado.

En estos casos, cuando tenemos un cambio de estado, se habla de **cambios físicos.**

**Hierro oxidado**

Cuando el hierro se oxida se forma una nueva sustancia, el óxido de hierro, con propiedades muy distintas (al contrario que el hierro, el óxido de hierro no conduce bien la electricidad).

En estos casos, en los que las sustancias finales son distintas de las iniciales, se habla de **cambios químicos.**

# 3 MAGNITUDES FÍSICAS. UNIDADES Y MEDIDA

## 3.1 Magnitud física

Para comprobar si una hipótesis es acorde con la realidad, hay que saber qué propiedades intervienen en el fenómeno estudiado y cómo influyen en él. Surge así el concepto de magnitud física.

> **Magnitud física** es toda **propiedad** de los fenómenos **que se puede medir de forma objetiva.** (valor númerico)

Si alguien nos dice que tardará 10 minutos en llegar, podemos cronometrar este tiempo, y da igual quién lo haga siempre que el cronómetro se utilice adecuadamente. El tiempo, al igual que la masa y la longitud, entre otras, es una magnitud física, pues se puede medir de forma objetiva.

Sin embargo, cuando hablamos de justicia, amor o belleza, ya no estamos en el ámbito de las magnitudes físicas. ¿Cómo mediríamos, por ejemplo, la belleza de un objeto? ¿Llegaríamos a un acuerdo?

## 3.2 Unidades y medida

En el ejemplo anterior es igual decir 10 minutos que 600 segundos, pues cada minuto tiene 60 segundos. En general, una magnitud física se puede expresar en distintas unidades.

> **Unidad** de una magnitud física es una cantidad de ella que se utiliza para medir esa magnitud.

Una vez decidida la unidad, se puede a medir la magnitud.

> **Medir** consiste en **comparar** la **magnitud** que se mide con la **unidad.**

Así, cuando decimos que algo mide dos metros, esto significa que la unidad elegida (el metro) cabe dos veces en la longitud que se mide.

### Expresión de valores de magnitudes físicas

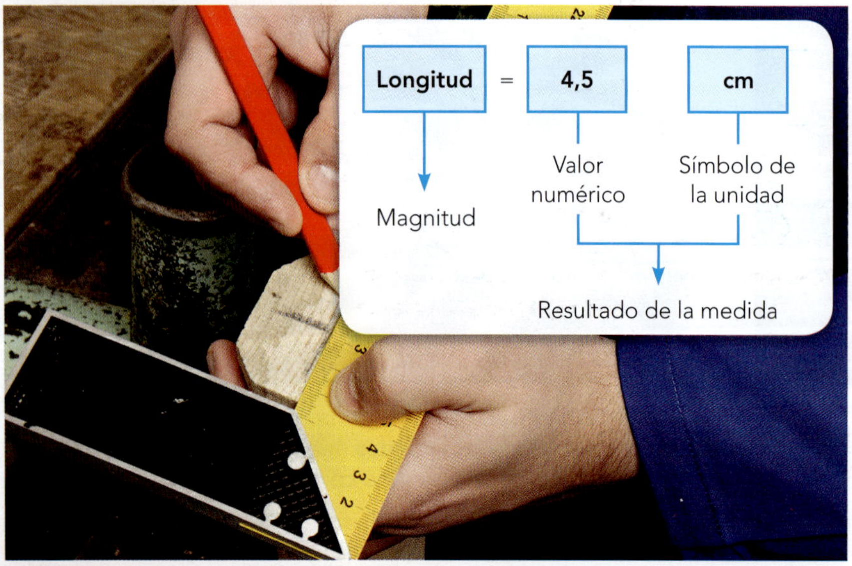


**Un número sin unidad no tiene sentido físico.** En física y química todo valor debe acompañarse de la unidad. Imagina que alguien te dice que tardará 7 en llegar. Seguramente le preguntarías: ¿7 qué? ¿Minutos, horas, días?

**SÍMBOLOS DE UNIDADES**

Cada unidad se representa por un **símbolo,** formado por **una o más letras.** Puedes consultar algunos en la página siguiente.

Los símbolos de las unidades se escriben con **minúscula,** salvo que deriven de un **nombre propio,** en cuyo caso **la primera** letra se escribe con **mayúscula.** A los símbolos **nunca se les añade la letra «s» de plural.** Por ejemplo: veinte gramos se escribe 20 g, y no 20 gs.

## 3.3 Magnitudes fundamentales y derivadas. Sistema Internacional de Unidades (SI)

Existen muchas magnitudes físicas, pero todas se pueden expresar en función de las denominadas **magnitudes fundamentales.** Las demás, las que se obtienen a partir de ellas, son **magnitudes derivadas.**

Además, existen distintas unidades para una misma magnitud, y es necesario adoptar acuerdos sobre las que utilizar. En 1960 se celebró la XI Conferencia General de Pesos y Medidas, de la que surgió un conjunto de unidades a utilizar a nivel internacional: el **Sistema Internacional de Unidades** (SI).

La tabla derecha muestra las magnitudes fundamentales y sus unidades SI. La inferior, algunos ejemplos de magnitudes derivadas.

**Magnitudes fundamentales y sus unidades SI**

| Magnitud | Unidad | Símbolo |
|---|---|---|
| Masa | Kilogramo | kg |
| Longitud | Metro | m |
| Tiempo | Segundo | s |
| Temperatura | Kelvin | K |
| Intensidad de corriente | Amperio | A |
| Intensidad luminosa | Candela | cd |
| Cantidad de sustancia | Mol | mol |

**Algunas magnitudes derivadas y sus unidades**

| Magnitud | Unidad SI | Símbolo | Otras unidades de uso frecuente |
|---|---|---|---|
| Superficie | Metro cuadrado | $m^2$ | Hectárea (ha) |
| Volumen | Metro cúbico | $m^3$ | Litro (L) |
| Densidad | Kilogramo por metro cúbico | $kg/m^3$ | Gramo por centímetro cúbico ($g/cm^3$)<br>Gramo por litro (g/L) |
| Velocidad | Metro por segundo | m/s | Kilómetro por hora (km/h) |
| Aceleración | Metro por segundo al cuadrado | $m/s^2$ | Aceleración de la gravedad (g) |
| Fuerza | Newton | N ($kg \cdot m/s^2$) | Kilopondio (kp) |
| Presión | Pascal | Pa ($N/m^2$) | Atmósfera (atm)<br>Milímetro de mercurio (mmHg) |
| Energía | Julio | J ($N \cdot m$) | Caloría (cal) |

### Comprende, piensa, investiga...

**6** Razona si las siguientes características de una persona son magnitudes físicas:

a) Altura.
b) Honor.
b) Curiosidad.
d) Peso.

En los casos afirmativos, indica si se trata de una magnitud fundamental o derivada, y sus unidades SI.

**7** Indica al menos tres unidades para la medida de tiempos, masas y longitudes.

**8** **Rueda lógica.** ¿Por qué la densidad y la energía son magnitudes derivadas? ¿Cómo se relacionan con las fundamentales?

**9** Busca información en Internet acerca de las magnitudes y las unidades que aparecen en las tablas de esta página y que desconoces, y defínelas brevemente. Consulta el índice del libro y piensa si las vas a utilizar todas durante este curso.

· Si es + la coma se mueve hacia delante. Si es - la coma se mueve para tras

## 3.4 Notación científica

En física y química a veces tenemos que trabajar con números muy grandes, o muy pequeños. Por ejemplo, la distancia entre la Tierra y el Sol es de unos 150 millones de kilómetros (150 000 000 000 m), y el tamaño de un grano de polen es del orden de la milésima parte de un milímetro (0,000 001 m).

Para expresar estos valores, se utilizan las potencias de 10. Por ejemplo:

$$1\,000 = 10^3 \quad ; \quad 0{,}001 = \frac{1}{1\,000} = \frac{1}{10^3} = 10^{-3}$$

Con estas potencias, la distancia Tierra-Sol es de $1{,}5 \cdot 10^{11}$ m, y el tamaño de los granos de polen, del orden de $10^{-6}$ m.

Esta forma de expresar los números, con **una cifra entera, seguida o no de decimales, y la potencia de diez adecuada,** se conoce como **notación científica.** Es muy utilizada en ciencias.

(Delante de la ' solo puedo haber un nº entre 1-9.

## 3.5 Múltiplos y submúltiplos

También es habitual utilizar múltiplos o submúltiplos de las unidades del SI, añadiéndoles prefijos (tabla inferior). Con estos, la distancia Tierra-Sol es de 150 Gm, y el tamaño de un grano de polen, del orden de 1 μm.

**Múltiplos y submúltiplos**

| Prefijo | Símbolo | Potencia |
|---|---|---|
| Giga | G | $10^9$ |
| Mega | M | $10^6$ |
| Kilo | k | $10^3$ |
| Hecto | h | $10^2$ |
| Deca | da | 10 |
| Unidad | – | 1 |
| Deci | d | $10^{-1}$ |
| Centi | c | $10^{-2}$ |
| Mili | m | $10^{-3}$ |
| Micro | μ | $10^{-6}$ |
| Nano | n | $10^{-9}$ |

### Ejercicios resueltos

**1 El radio de la Tierra es de unos 6 380 km. Exprésalo en notación científica y en unidades del SI.**

En primer lugar, se expresa el radio en el SI, teniendo en cuenta que el prefijo «kilo» equivale a $10^3$:

$$R_T = 6\,380 \text{ km} = 6\,380 \cdot 10^3 \text{ m} = 6\,380\,000 \text{ m}$$

Para dejar solo una cifra entera, hay que dividir entre 1 000 000 ($10^6$). Por tanto, para que el valor no cambie habrá que multiplicar por $10^6$.

En notación científica queda, pues:

$$R_T = 6{,}38 \cdot 10^6 \text{ m}$$

**2 Una moto circula a 90 km/h. Expresa su velocidad en unidades SI.**

Para cambiar de unidades, se utilizan **factores de conversión,** tantos como unidades haya que transformar:

$$v = 90 \frac{\cancel{\text{km}}}{\cancel{\text{h}}} \cdot \frac{10^3 \text{ m}}{1 \cancel{\text{km}}} \cdot \frac{1 \cancel{\text{h}}}{3\,600 \text{ s}} \rightarrow$$

$$v = 25 \frac{\text{m}}{\text{s}}$$

Los factores de conversión se escriben para que vayan quedando las unidades deseadas.

Así, para el cambio contrario se escribirían como sigue:

$$v = 25 \frac{\cancel{\text{m}}}{\cancel{\text{s}}} \cdot \frac{1 \cancel{\text{km}}}{10^3 \cancel{\text{m}}} \cdot \frac{3\,600 \cancel{\text{s}}}{1 \text{ h}} = 90 \frac{\text{km}}{\text{h}}$$

En **anayaeducacion.es** puedes ver un vídeo sobre los múltiplos y submúltiplos.

## 3.6 Instrumentos de medida

La medida de magnitudes físicas se lleva a cabo mediante el uso de instrumentos diseñados para ello.

La elección de un instrumento adecuado es fundamental. Por ejemplo, no podrías medir tu masa con una báscula de cocina, pues estas no suelen estar preparadas para medir masas tan grandes.

Conviene, por tanto, conocer las **cualidades de los instrumentos de medida.** Este curso nos centraremos solo en dos:

- **Cota mínima y cota máxima.** Son el menor y mayor valor, respectivamente, que el instrumento puede medir. La diferencia entre ambos es el **intervalo de medida.**
- **Sensibilidad.** Es la respuesta del instrumento ante las variaciones de la magnitud que mide. Está relacionada con la subdivisión mínima de su escala.

En la imagen derecha se muestran dos probetas. Las medidas realizadas con ambas se obtienen en la misma unidad de volumen, el mililitro, mL (la milésima parte de un litro). No obstante, presentan cualidades diferentes:

- Probeta izquierda.
  - Cota mínima: 5 mL.
  - Cota máxima: 50 mL.
  - Sensibilidad: 1 mL.
- Probeta derecha.
  - Cota mínima: 2,5 mL.
  - Cota máxima: 25 mL.
  - Sensibilidad: 0,5 mL.

### Cualidades de los instrumentos de medida

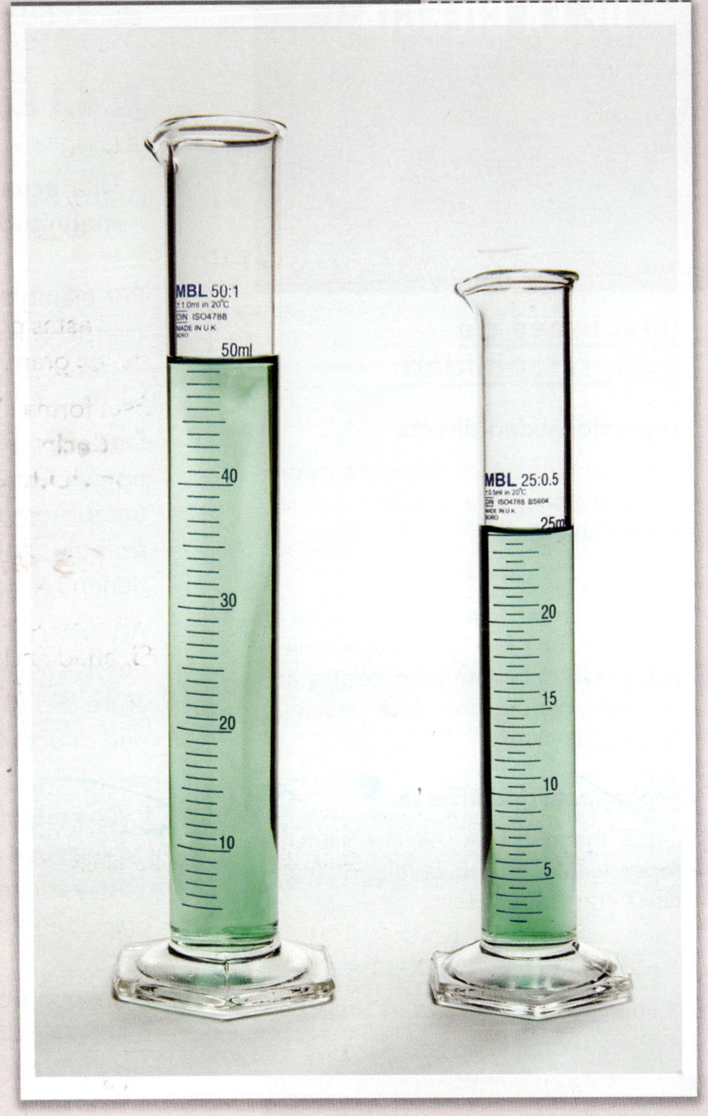


### Comprende, piensa, investiga...

**10** Contesta razonadamente a las siguientes preguntas:

a) ¿Cuál es el intervalo de medida de las probetas de la imagen?

b) ¿Con qué probeta se pueden medir 15,5 mL? ¿Y 60 mL? ¿Y 75,5 mL?

**11** La velocidad límite en autovía es de 120 km/h. Exprésala en el SI.

**12** Consigue un teléfono móvil con cronómetro y averigua su sensibilidad y su intervalo de medida.

**13** Analiza las cualidades de una báscula de baño y otra de cocina. Interpreta las diferencias.

**14** La densidad del agua destilada es de 1 g/cm$^3$. ¿Cuál es su valor en el SI? Ayuda: 1 m = 100 cm = $10^2$ cm, por lo que $(1\text{ m})^3 = 1\text{ m}^3 = (10^2\text{ cm})^3 = 10^6\text{ cm}^3$.

**15** La distancia entre la Tierra y la Luna es de unos 384 000 km. Exprésala en unidades SI, en notación científica y con los prefijos de los múltiplos y los submúltiplos de las unidades.

**16** Trabaja con las aplicaciones interactivas de transformación de unidades que encontrarás en **anayaeducacion.es**.

# 4
# EL LENGUAJE DE LA CIENCIA

Para comunicar los resultados de la investigación científica, se utiliza un **lenguaje verbal muy riguroso,** que además se suele acompañar de **ecuaciones físicas, tablas de datos** y **gráficas.**

## 4.1 Ecuaciones físicas

Una **ecuación física** es una **expresión matemática que relaciona magnitudes físicas.**

Por ejemplo, la rapidez media se define como el espacio que recorre un cuerpo en la unidad de tiempo. Su ecuación física es:

$$v = \frac{e}{t}$$

Esta expresión no se lee «uve es igual a e partido por t». En ella, la letra «*v*» representa la velocidad media; «*e*», el espacio recorrido, y «*t*», el tiempo empleado en recorrerlo. Las letras de las ecuaciones físicas son símbolos con los que se representan las magnitudes físicas y, como tales, tienen sentido físico, pues son propiedades medibles.

Además, aparte de para calcular valores de las magnitudes, las ecuaciones físicas también sirven para conocer las relaciones de proporcionalidad entre dichas magnitudes. Dos de las más comunes son la proporcionalidad directa y la inversa.

Dos magnitudes son **directamente proporcionales** cuando al multiplicar una por un número, la otra queda multiplicada por dicho número, y son **inversamente proporcionales** cuando al multiplicar una por un número, la otra queda dividida por el mismo número.

En el cuadro inferior se muestran las expresiones matemáticas de estas relaciones de proporcionalidad. Acostúmbrate a analizarlas cada vez que veas una ecuación física.

### Relaciones de proporcionalidad

**Proporcionalidad directa**

Si una magnitud, *A*, es directamente proporcional a otra, *B*, la relación matemática entre ambas es:

$$A = k \cdot B$$

Así, por ejemplo, cuando tiramos de un muelle con una fuerza *F*, el alargamiento, *x*, es directamente proporcional a *F*: $F = k \cdot x$, y *k* es una constante característica de cada muelle.

**Proporcionalidad inversa**

Si una magnitud, *A*, es inversamente proporcional a otra, *B*, la relación matemática entre ambas es:

$$A = \frac{k}{B}$$

En ambas expresiones, *k* es una constante.

### Ejercicio resuelto

**3 Estudia las relaciones de proporcionalidad de la velocidad media con el espacio recorrido y el tiempo.**

La expresión matemática que relaciona las magnitudes es:

$$v = e/t$$

Si tomamos un espacio doble, $e' = 2 \cdot e$, y sustituimos en la relación anterior, se observa que la velocidad se duplica:

$$v' = \frac{e'}{t} = \frac{2 \cdot e}{t} = 2 \cdot \frac{e}{t} = 2 \cdot v$$

Si tomamos un tiempo doble, $t' = 2 \cdot t$, y sustituimos en la primera ecuación, vemos que la velocidad se reduce a la mitad:

$$v' = \frac{e}{t'} = \frac{e}{2 \cdot t} = \frac{1}{2} \cdot \frac{e}{t} = \frac{v}{2}$$

Por tanto, la velocidad es **directamente proporcional al espacio recorrido e inversamente proporcional al tiempo empleado.**

## 4.2 Tablas y gráficas

Para estudiar la relación entre dos magnitudes, se diseñan experimentos en los que se van variando los valores de una de ellas **(variable independiente)** y se miden los valores de la otra **(variable dependiente).**

Después, estas medidas se organizan en **tablas de datos,** a partir de las cuales se elaboran las **representaciones gráficas;** para ello:

- Se trazan los ejes de coordenadas.
- Se indica en cada uno de ellos la magnitud que representa y la unidad en la que se ha medido. La variable independiente se sitúa en el eje de abscisas (eje *X*), y la dependiente, en el de ordenadas (eje *Y*).
- Se señalan divisiones en los ejes, de modo que cada uno contenga todos los valores que tome la variable correspondiente.
- Se representa un punto por cada par de datos de la tabla.
- Se unen los puntos mediante una línea.
- De las tablas de datos y las gráficas se puede deducir la relación de proporcionalidad entre magnitudes. La figura derecha muestra las gráficas de las estudiadas.

### Gráficas frecuentes

**Proporcionalidad lineal y directa**

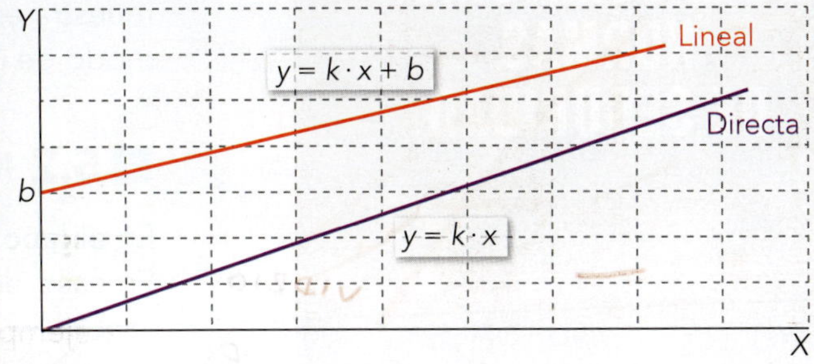


**Proporcionalidad inversa**

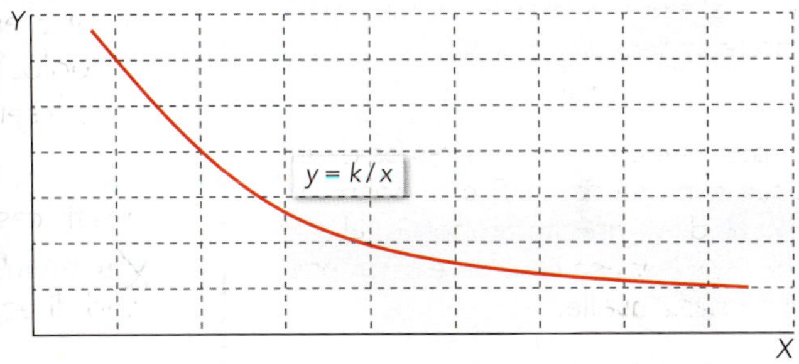


### Ejercicio resuelto

**4** **Se mide el alargamiento de un muelle en función de la masa que se cuelga de él, y se obtienen los siguientes datos:**

| **m/kg** | 1 | 2 | 3 | 4 | 5 |
|---|---|---|---|---|---|
| **Δl/cm** | 2 | 4 | 6 | 8 | 10 |

**Representa gráficamente estos datos y obtén la relación entre el alargamiento y la masa.**

En este caso, la masa es la variable independiente (es lo que nosotros vamos variando) y el alargamiento es la variable dependiente (lo que vamos midiendo). La representación gráfica es la que se muestra a continuación.

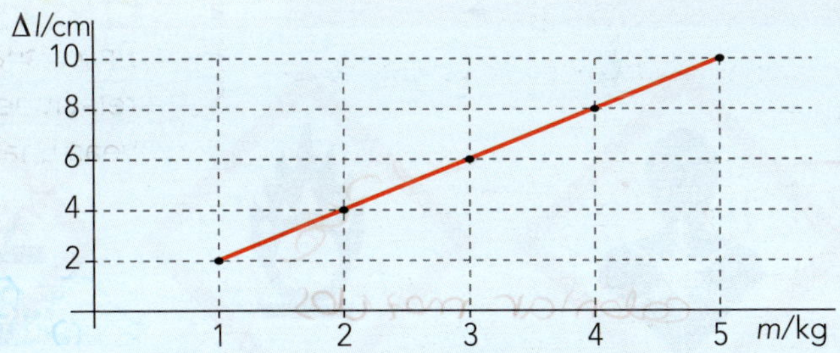


Se observa una relación de proporcionalidad directa, por lo que $\Delta l = k \cdot m$. De los datos de la tabla es fácil deducir que $k = 2$. Por tanto, $\Delta l = 2 \cdot m$, expresión en la que $\Delta l$ se mide en cm, y *m* en kg.

### Comprende, piensa, investiga...

**17** La presión se define como la fuerza ejercida por unidad de superficie ($p = F/S$). Estudia las relaciones de proporcionalidad entre dichas magnitudes.

**18** En el ejercicio resuelto 4, expresa la relación entre las magnitudes que aparecen: alargamiento y masa, en lenguaje verbal. ¿Qué es *k*? ¿Cuál es su unidad?

**19** Se mide el volumen que ocupa un fragmento de mineral en función de su masa. Se obtiene:

| **m/g** | 10 | 20 | 30 | 40 | 50 |
|---|---|---|---|---|---|
| **V/mL** | 4 | 8 | 12 | 16 | 20 |

Representa la gráfica y estudia la relación *V*-*m*.

## 5 MATERIAL DE LABORATORIO. NORMAS DE SEGURIDAD

### 5.1 Material básico de laboratorio

El material que puedes encontrar en un laboratorio es muy diverso, y se muestra en las siguientes páginas; durante el curso se irá describiendo el modo de utilizarlo, así como el nuevo material que se vaya necesitando.

### 5.2 Normas de seguridad en el laboratorio

En el laboratorio deben cumplirse las siguientes **normas de seguridad.** En caso de accidente, comunícalo inmediatamente al docente más cercano.

- Si es necesario, utiliza gafas protectoras y guantes de látex.
- No lleves prendas u objetos que dificulten tu movilidad.
- No te muevas sin motivo y, sobre todo, no corras.
- Si tienes alguna herida, tápala antes de realizar la práctica.
- Lávate las manos con jabón después de la práctica.
- No huelas, pruebes ni ingieras productos.
- Los ácidos y las bases han de manejarse con precaución, ya que la mayoría son corrosivos.
- Si tienes que mezclar algún ácido con agua, añade el ácido sobre el agua, nunca al contrario.
- Si te salpica algún producto, lava la zona con agua abundante.
- Fíjate en los signos de peligrosidad que aparecen en los frascos de los productos químicos (imagen inferior).

#### Productos químicos: etiquetas

Cancerígeno, mutágeno

Sustancias comburentes

Sustancias corrosivas

Gas bajo presión

Sustancias explosivas

Sustancias inflamables

Toxicidad por inhalación

Dañino para el medio ambiente

Toxicidad aguda

En **anayaeducacion.es** puedes consultar dos recursos sobre el material y las normas de seguridad en el laboratorio.

## 5.3 Gestión de residuos

El trabajo en el laboratorio genera residuos; algunos pueden ser eliminados por los canales habituales (orgánico, papel, plástico, etc.).

Otros, por el contrario, pueden dañar el medio ambiente, y han de ser envasados, almacenados y clasificados, según sus propiedades y peligrosidad, para después entregarlos a empresas especializadas para su tratamiento y eliminación (figura inferior).

Antes de tirar algún residuo a la papelera o contenedor del laboratorio, o de verter algún producto por el desagüe, asegúrate de que lo estás haciendo en el sitio adecuado.

Es muy importante participar en la conservación de la naturaleza, y las pequeñas acciones contribuyen a ello.

### Gestión de residuos de laboratorio

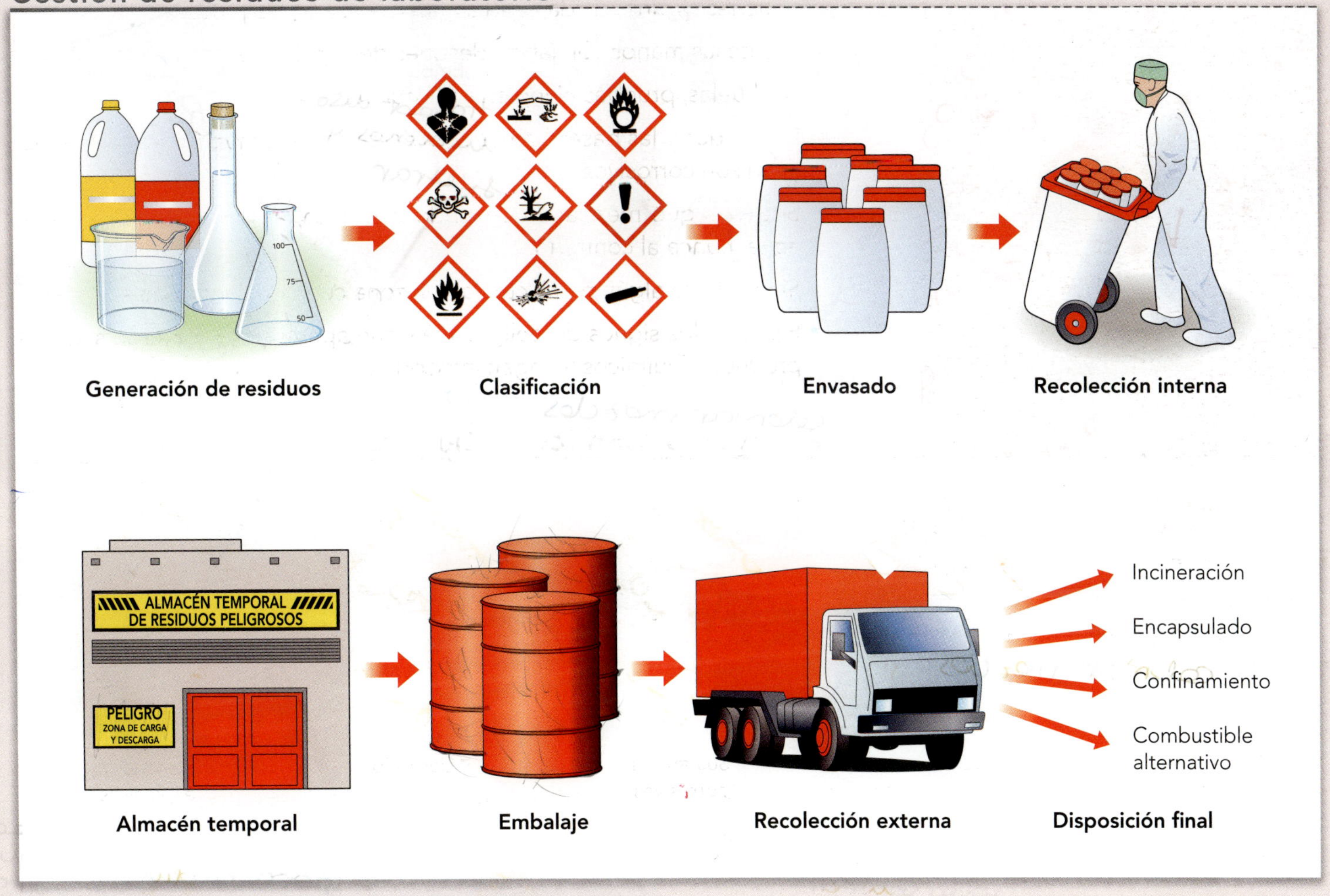


### Comprende, piensa, investiga...

**20** Con la supervisión de tus padres, revisa los productos de limpieza de tu hogar y reconoce en ellos algunas de las etiquetas mostradas en esta página. Elabora una tabla con el nombre del producto, el significado de la etiqueta y la fórmula química del producto (si aparece).

**21** El tratamiento final de residuos puede ser mediante incineración, encapsulado, confinamiento o su uso como combustible alternativo. Busca información sobre estos términos y prepara un breve informe sobre el tipo de residuos que terminan siendo tratados por cada uno de estos métodos.

En anayaeducacion.es puedes consultar dos recursos sobre el material y las normas de seguridad en el laboratorio.

## Material básico de laboratorio

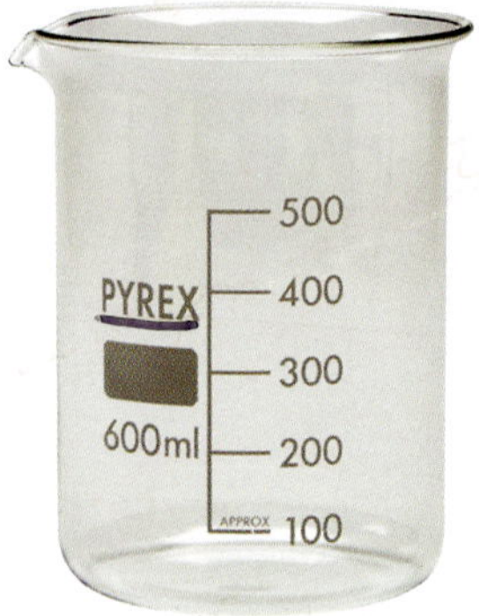

Vaso de precipitados

vidrio
mezclas

Embudo

traspor diso-
luciones y
filtrar

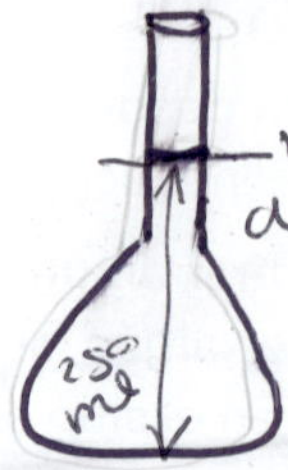

Matraz aforado

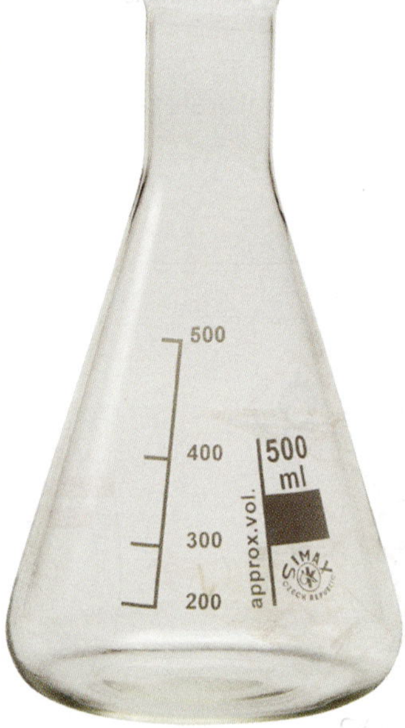

Matraz Erlenmeyer

calentar mezclas

Matraz de destilación

Matraz de fondo redondo

calentar mezclas

Refrigerante

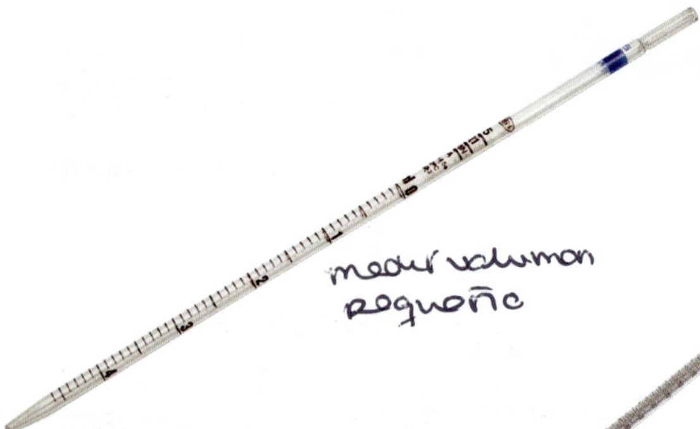
Pipeta

medir volumen
pequeño

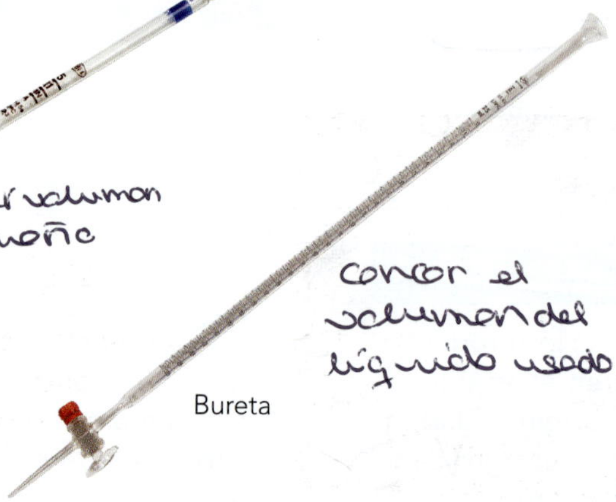
Bureta

conocer el
volumen del
líquido usado

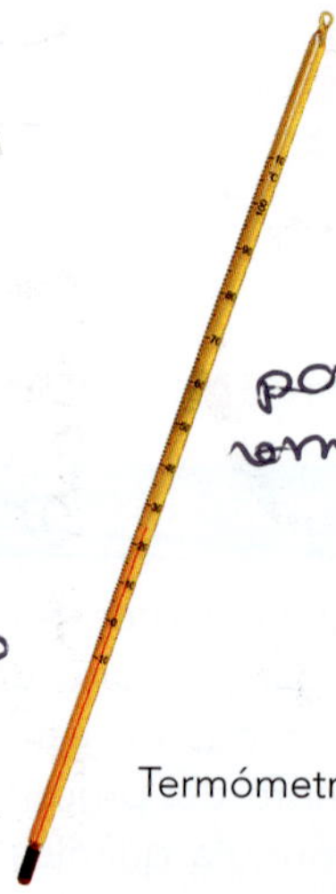
Termómetro

para medir
temperatura

Probeta

medir
volumen
grande

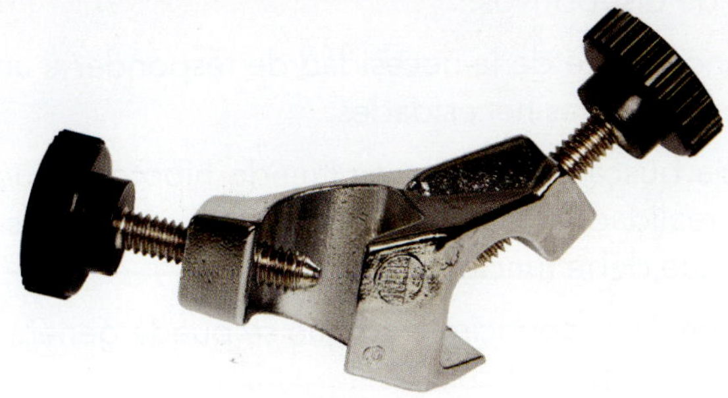

Pinzas dobles

Pinzas de madera

sujetar tubo de ensayo

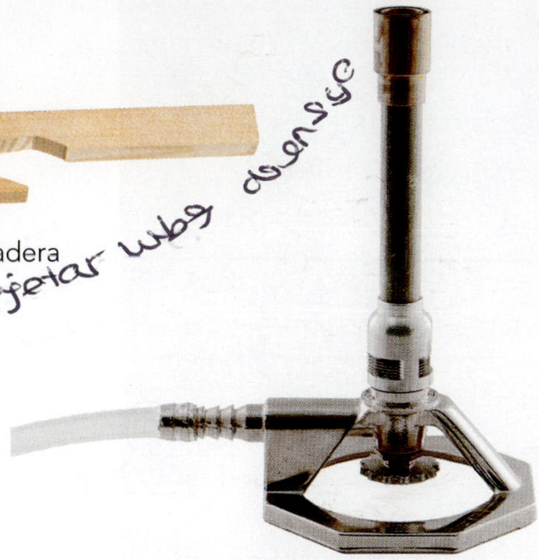

Mechero Bunsen

calentar

limpiar material

Frasco lavador

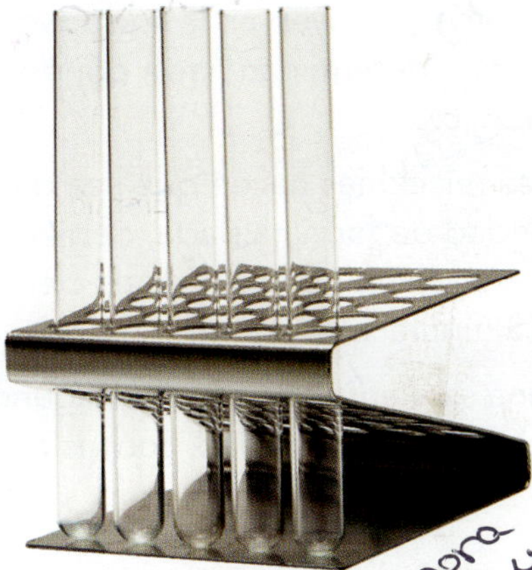

Tubos de ensayo y gradilla – pora mezclas muy pequeños

soporte de tubos de ensayo

Escobillas limpiar tubos de ensayo

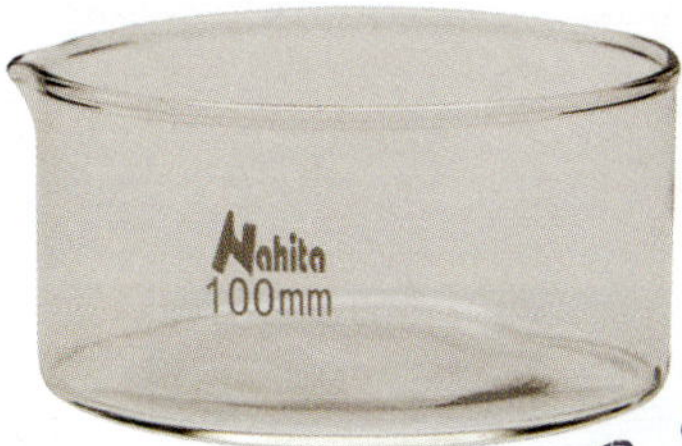

Cristalizador

como vaso de precipitados

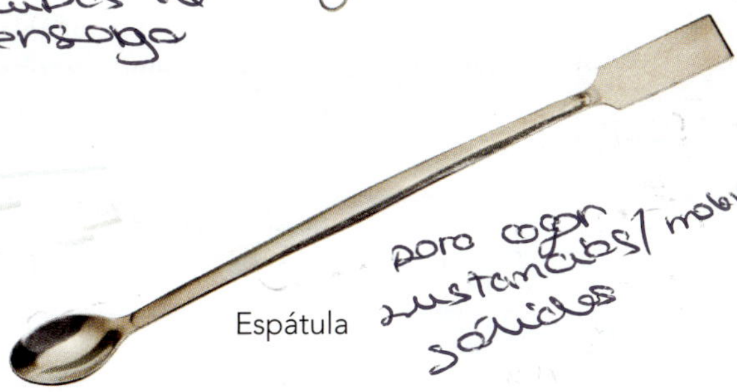

Espátula

para coger sustancias/ materiales sólidos

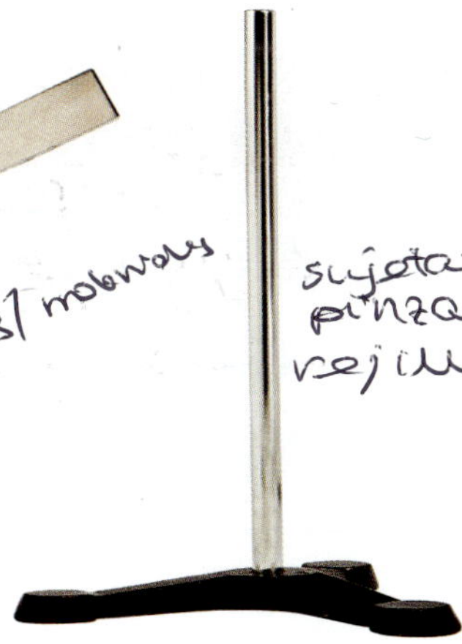

sujetar pinzas, rejillas...

Soporte universal

para soportar Sosa al calentarlas

Aro

Rejilla

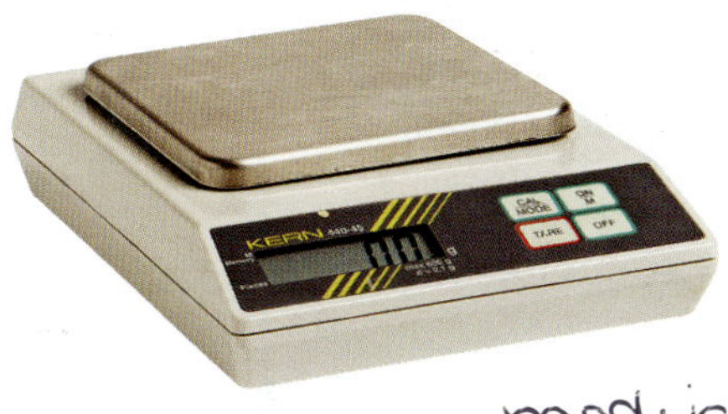

Balanza

medir masa

# 6 CIENCIA, TECNOLOGÍA Y SOCIEDAD

En muchas ocasiones se confunden la ciencia y la tecnología, aunque se diferencian en muchos aspectos como, por ejemplo:

- **Propósito.** El de la ciencia es explicar el mundo que nos rodea; el de la tecnología, la fabricación de dispositivos.
- **Punto de partida.** La ciencia parte de la necesidad de responder a un problema; la tecnología, de nuestras necesidades.
- **Procedimiento.** La ciencia busca soluciones emitiendo hipótesis que deben ser acordes con la realidad; la tecnología elabora diseños y después fabrica el producto, que debe funcionar.
- **Producto final.** El de la ciencia es conocimiento que se puede generalizar; el de la tecnología, un objeto particular.

Pese a estas diferencias, ciencia y tecnología están íntimamente relacionadas y, además, influyen en la sociedad que, por su parte, puede tomar decisiones que determinan hacia dónde se dirige la investigación científico-tecnológica.

Todas estas relaciones hacen que sea difícil referirnos a ciencia, tecnología o sociedad de forma aislada, debiendo hacerlo a todas en conjunto. Se habla, en general, de relaciones ciencia-tecnología-sociedad, o **relaciones CTS** (figura inferior).

En la página siguiente se muestran algunos ejemplos de relaciones entre ciencia, tecnología y sociedad, con las que convives en tu vida cotidiana.

## Relaciones CTS

## Algunos ejemplos de relaciones CTS

### Sector farmacéutico

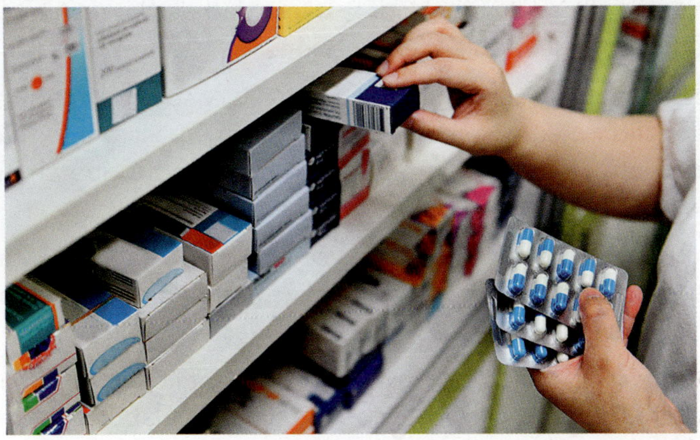

La industria farmacéutica ha aumentado nuestra esperanza de vida. La investigación científica participa en la determinación de los principios activos (parte fundamental del medicamento), y la tecnológica, en la fabricación de los medicamentos.

### Sector textil

Cada vez hay más personas en el planeta y, en consecuencia, se necesitan más prendas de vestir. Además, se investiga en nuevos tejidos más resistentes y con mejores propiedades térmicas.

### Industria automovilística

Para fabricar un coche se necesitan entre 70000 y 90000 piezas, y todas ellas se diseñan con relación a la investigación científico-tecnológica. Una vez fabricado, facilita nuestros desplazamientos.

### Comunicaciones

Una simple llamada de móvil lleva detrás un amplio camino de investigación científica y tecnológica, que ha permitido comunicarnos con personas de todo el planeta con dispositivos que caben en nuestra mano.

## Comprende, piensa, investiga...

**22** ODS Pese a que en la actualidad se fabrican medicamentos y ropa en cantidades masivas, en el planeta hay aún muchas personas que no pueden acceder a estos bienes, e incluso que no pueden cubrir sus necesidades básicas de agua y alimentos. Consulta las **metas 2.1** y **6.1** de los **Objetivos de Desarrollo Sostenible**, reflexiona sobre este hecho y resume tu opinión para debatirla en clase.

**23** ¿Desde cuándo crees que existen los teléfonos móviles? ¿Cómo eran los de hace, por ejemplo, quince años? Después de responder, busca información en Internet y contrástala con tus respuestas.

**24** En la actualidad, la mayoría de los coches funcionan con gasolina o gasoil, aunque cada vez hay más coches eléctricos o que hacen uso de otros combustibles. En pequeños grupos, buscad información sobre los tipos de motores y preparad una presentación de diapositivas sobre uno de ellos.

**25** ODS Para fabricar las baterías de los móviles se necesita coltán, un mineral de columbita y tantalita. Busca información sobre la «guerra del coltán» y, teniendo en cuenta los datos relativos a las **metas 8.7** y **8.8** elabora un breve informe. Comenta tus conclusiones con el resto de la clase.

¿Te gustaría ser técnico/a superior en laboratorio de diagnóstico clínico? En **anayaeducacion.es** encontrarás un documento con el que podrás informarte más acerca de este trabajo.

# INFORME CIENTÍFICO. EL MUÑECO DE NIEVE

Toda investigación científica comienza por la necesidad de dar respuesta a un problema, o hecho, que requiere explicación.

Para encontrar esta respuesta, se emite una hipótesis, y se comprueba si es acorde con la realidad; en caso de serlo, la hipótesis pasará a formar parte del conocimiento científico y, en caso contrario, habrá que emitir una nueva hipótesis.

Para hacer esta comprobación, normalmente se acude a la experimentación, que se puede llevar a cabo de maneras diversas, debiendo prestar atención a que otros investigadores puedan repetir las experiencias.

Para ello, un aspecto importante de la investigación científica es la comunicación de resultados, lo que se lleva a cabo mediante la elaboración de un informe científico.

Normalmente consta de los siguientes apartados:

- Portada.
- Índice.
- Planteamiento del problema.
- Hipótesis.
- Procedimiento.
- Resultados.
- Conclusiones.
- Referencias bibliográficas.

## REFLEXIONA

En un día de invierno, nevado, estás con unos amigos haciendo un muñeco de nieve. Cuando acabáis, alguien propone ponerle un abrigo para que tarde más en derretirse.

¿Tiene razón? ¿Tardará más en derretirse si se le pone un abrigo?

Formad pequeños grupos y afrontad el problema siguiendo el método científico. Para comunicar los resultados, elaborad un informe, en formato mural, como se indica a continuación.

## ORIENTACIONES PARA LA REALIZACIÓN DEL INFORME CIENTÍFICO

Hay que especificar, de modo claro, el problema a resolver. En este caso, por ejemplo, podría ser: ¿Se derrite antes un muñeco de nieve con abrigo, o sin él?

Se ha de especificar la hipótesis, explicando por qué se piensa que esa será la respuesta. Puede ser más de una.

Después hay que indicar el procedimiento mediante el que se comprueba cada una de las hipótesis, especificando tanto los materiales que se utilizan en la experiencia como el modo en que se usan.

Para cada una de las hipótesis, se deben presentar los resultados obtenidos, en lenguaje verbal, matemático y/o gráfico.

Las conclusiones se han de basar en los resultados obtenidos. Si las conclusiones apoyan la hipótesis, habremos dado respuesta al problema; si no, habrá que emitir nuevas hipótesis.

# TRABAJO PRÁCTICO

## LOS ERRORES DE MEDIDA

### EXPRESIÓN DE LA MEDIDA

Seguramente hayas ido observando que los valores obtenidos en las medidas dependen del instrumento utilizado, e incluso que con un mismo instrumento se pueden obtener valores distintos. Se acepta, pues, que toda medida se ve afectada por un error, o **incertidumbre.**

Existen técnicas para determinar el error de una medida, pero recuerda siempre que, **como mínimo, se comete un error igual a la sensibilidad del instrumento de medida.**

Conocido el error, la medida se expresa como:

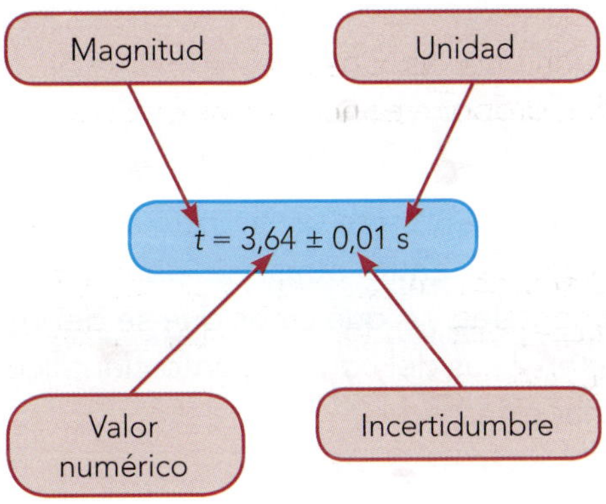


Esto significa que el tiempo medido puede oscilar entre 3,63 s y 3,65 s, proporcionando un rango de posibles valores en lugar de uno concreto. Eso sí, si tuvieras que utilizar este tiempo para realizar otros cálculos, tomarías el valor 3,64 s.

### OBJETIVO

El objetivo de esta práctica es reconocer que siempre que se realiza una medida se cometen errores, que hay que indicar en la medida.

### TU PROPUESTA

¿Se te ocurre algún modo de comprobar que al realizar una medida siempre se cometen errores? Si es así, comenta cómo lo harías.

### NUESTRA PROPUESTA

La medida de una magnitud se ve influida, entre otras posibles causas, por las características del instrumento que se usa, y el modo de utilizarlo. Lo comprobaremos realizando algunas medidas de dos magnitudes fundamentales: la longitud y el tiempo.

### MATERIAL

• Regla • Cinta métrica • Cronómetro • Teléfono móvil.

### MEDIDA DE LONGITUDES

- Mide el ancho y el alto de un teléfono móvil, primero, con la regla y, después, con la cinta métrica. Anota los resultados y, junto a ellos, la sensibilidad del instrumento de medida utilizado.
- Si el extremo del móvil queda entre dos marcas de la escala, se toma la marca de menor valor, pues es a la que podemos asegurar que ha llegado (se actúa así siempre que se utilizan escalas graduadas).

### MEDIDA DE TIEMPOS

- Deja caer un objeto desde 1 m de atura (utiliza la cinta métrica para medirla) y mide el tiempo que tarda en impactar con el suelo, primero, con el cronómetro de laboratorio y, después, con el de la aplicación de un teléfono móvil.
- Realiza dos medidas con cada uno de los cronómetros, anota los resultados y, junto a ellos, la sensibilidad del cronómetro utilizado.

Una vez obtenidos los datos, revisa la información de la izquierda y responde a las actividades propuestas.

### Extrae conclusiones...

**1** ¿Has obtenido las mismas medidas del ancho y alto del móvil con la regla y con la cinta métrica? ¿Y del tiempo de caída con los dos cronómetros? Calcula, de existir, la diferencia en cada caso.

**2** ¿Para qué magnitud, longitud o tiempo, son mayores las diferencias? Indica, de forma razonada, a qué crees que puede deberse.

**3** Escribe las medidas realizadas en el experimento indicando su incertidumbre, y estudia si las de la misma magnitud se encuentran todas en los rangos de valores posibles.

**4** Busca información sobre los «errores aleatorios y sistemáticos» y resúmela, mostrando ejemplos, en pocas líneas.

Recuerda seleccionar el material de trabajo de esta unidad para tu **portfolio.**

# TRABAJA CON LO APRENDIDO

## ORGANIZO MI MENTE Mapa conceptual sistémico

**1 Resume información en un dibujo.** Realiza un dibujo de la escala de un instrumento de medida de longitudes. Señala en ella la cota mínima, la cota máxima, el intervalo de medida y la sensibilidad. Expresa algunos ejemplos de medidas tomadas con él.

**2 Mapa conceptual.** Copia y completa el siguiente mapa conceptual. Siguiendo el ejemplo, elabora uno que resuma el objetivo del conocimiento científico y los tipos de lenguaje que se utilizan para comunicar los resultados de la investigación científica.

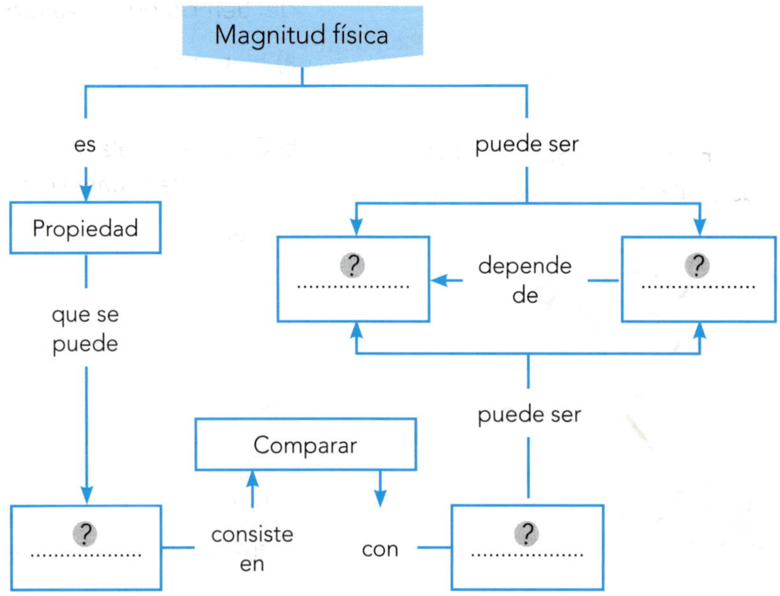


### Conocimiento científico

**1** **Sumamos.** Explica con tus palabras qué es el método científico. ¿Recuerdas alguna situación de tu vida cotidiana en la que, consciente o no, lo hayas utilizado?

**2** ¿Qué horóscopo eres? Busca en varios sitios de Internet las fechas que le corresponden y lee lo que dicen sobre él para, por ejemplo, el día de mañana. Razona si lo que has leído es conocimiento científico.

### Cambios físicos y químicos

**3** Clasifica los siguientes cambios en físicos o químicos, y explica las razones de tus decisiones:

a) Se obtiene hierro a partir de óxido de hierro.

b) El alcohol de farmacia solidifica.

c) Formación de las nubes.

d) Se rompe un papel.

e) Fundimos hierro.

f) Encendemos la luz de una habitación.

g) Se quema una tostada.

**4** La física y la química, entre otras, se denominan ciencias experimentales. ¿A qué crees que se debe? ¿Con qué características del conocimiento científico puedes relacionar este hecho?

### Magnitudes físicas. Unidades y medida

**5** Propón, de forma razonada, dos ejemplos de magnitudes físicas y otros dos de propiedades o características que no lo sean. Para las magnitudes físicas, indica al menos dos unidades de medida para cada una, diferentes a las del SI.

**6** ¿Qué ancho tiene tu mesa? ¿Cuánto mides? ¿Qué distancia hay entre Madrid y Berlín? ¿Por qué has utilizado unidades distintas en cada caso? Expresa estas longitudes en notación científica y en unidades SI.

**7** ¿Qué longitudes están mal expresadas? ¿Por qué?

a) 10 ms.

b) 25 m.

c) 42 mt.

Recuerda que puedes consultar las soluciones de todas las actividades numéricas en **anayaeducacion.es**.

**8** En astronomía, las distancias son enormes, y se definen unidades adecuadas para expresarlas:

- Unidad astronómica (UA). Se define como la distancia media Tierra–Sol. Equivale a 150 000 000 km.
- Año luz. Es la distancia que recorre la luz en un año, propagándose en el vacío a 300 000 km/s. Equivale a $9{,}5 \cdot 10^{12}$ km.
- Pársec (pc). Equivale a 3,261 6 años luz.

Expresa estas unidades en el SI, primero, sin notación científica y, luego, con ella. Relaciona el pársec y el año luz con la UA.

**9** Indica qué magnitud física podrías medir con el siguiente instrumento, y sus cualidades.

**10** Un avión vuela a 2 000 pies de altitud y se desplaza a 400 mph (millas por hora). Busca los factores de conversión que necesites para expresar los datos en el SI.

**11** El resultado de una operación matemática se debe que redondear a la cifra decimal del valor utilizado que menos tenga. En relación con esto, expresa correctamente el resultado de las siguientes operaciones:

a) 55,78 + 16,3 + 6,274

b) (5,7 + 1,49)/0,082

c) 0,265 + 26,34/3,72

**anayaeducacion.es** Consulta los apartados «Para estudiar» y «Aprende jugando» en el banco de recursos.

**12** **Cabezas pensantes.** Diseña un procedimiento para medir el radio del pie cilíndrico de una farola. Estimando los valores, expresa la medida.

## El lenguaje de la ciencia

**13** A partir de la siguiente gráfica, en la que se representa el espacio recorrido por un vehículo en función del tiempo que lleva moviéndose:

a) Elabora una tabla con al menos cinco pares de datos.

b) Estudia la relación entre las magnitudes y exprésala en lenguaje verbal y matemático.

c) Determina la rapidez media del vehículo.

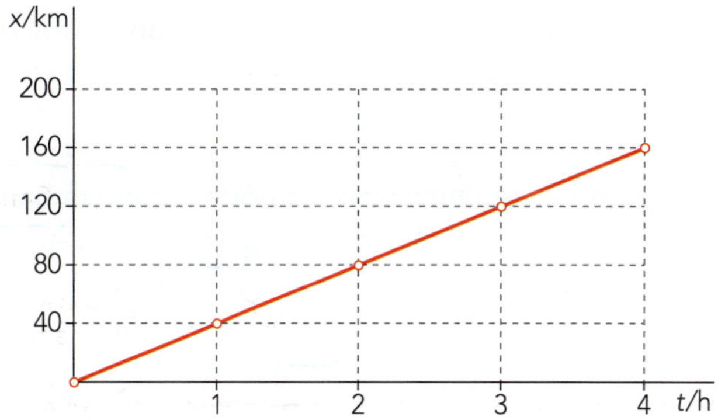


**14** **Interpretación compartida.** Expresa, en lenguaje verbal y matemático, la relación entre las magnitudes representadas en la siguiente gráfica.

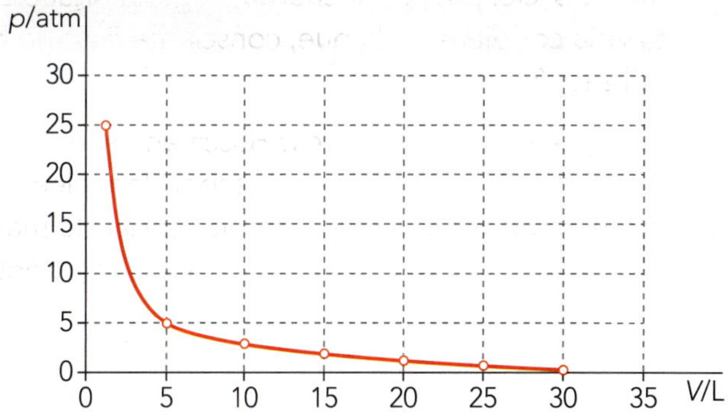


**15** La segunda ley de Newton, que estudiarás en próximos cursos, relaciona la fuerza que actúa sobre un cuerpo con la aceleración que le comunica. Su expresión matemática es:

$$F = m \cdot a$$

donde «$m$» es la masa del cuerpo. Exprésala en lenguaje verbal, indicando las relaciones de proporcionalidad que observes.

# 1

# LA MATERIA

## La decantación del agua en tiempos de Roma

Los ingenieros romanos demostraron, sobradamente, que conocían algunas propiedades de la materia, al aplicar con corrección conceptos como los de presión o densidad, y que dominaban técnicas de separación de mezclas como la decantación. Ello puede comprobarse observando y analizando sus increíbles construcciones; ejemplos de estas son el acueducto de Segovia o el de Nimes (Francia).

Durante mucho tiempo, se pensó que la civilización romana se limitaba a almacenar agua en los grandes depósitos que tradicionalmente se encontraban en las proximidades de las ciudades donde concluían los acueductos o en los que se construían para recoger el agua de lluvia, como la cisterna de Monturque (Córdoba) o la de Teodosio (Estambul). Sin embargo, estudios recientes han demostrado que el propósito de estos era muy distinto. Así, estos inmensos depósitos presumiblemente actuarían como decantadores, a fin de separar las partículas sólidas suspendidas en el agua. Este hecho, junto con la pintura rojiza que recubría las paredes interiores del acueducto (recientemente se han emitido hipótesis que le atribuyen una función bactericida y fungicida), evidencia la relevancia otorgada por la civilización romana al saneamiento del agua.

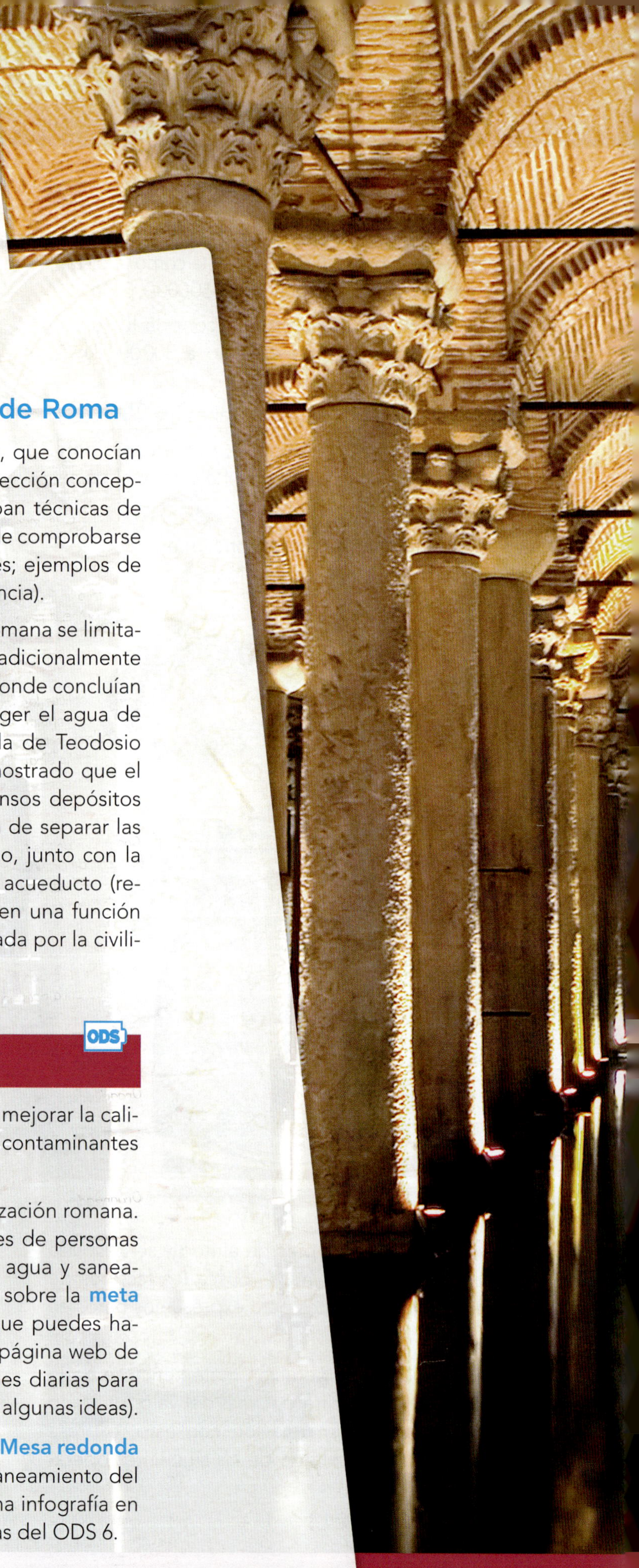

## COMPROMISO ODS

ODS

**1** Busca en la web iniciativas actuales que pretendan mejorar la calidad del agua y/o reducir la cantidad de elementos contaminantes en pantanos, ríos, mares u océanos.

**2** El acceso al agua ya era una prioridad para la civilización romana. Pero 2000 años después aun existen 2000 millones de personas que carecen de acceso a los servicios básicos de agua y saneamiento. Consulta en **anayaeducacion.es** el vídeo sobre la **meta 6.4** de los ODS y elabora una lista de acciones que puedes hacer para ayudar a conseguirlo (ayuda: busca en la página web de la ONU sobre los ODS el documento «170 acciones diarias para transformar nuestro mundo», en el que encontrarás algunas ideas).

**3** Aplicad la técnica de aprendizaje cooperativo **Mesa redonda** para idear una estrategia que permita mejorar el saneamiento del agua de vuestra localidad. Luego, plasmadla en una infografía en la que indiquéis el impacto que tendría en las metas del ODS 6.

*Antes de empezar a estudiar esta unidad, consulta la presentación «Qué necesitas saber» en anayaeducacion.es.*

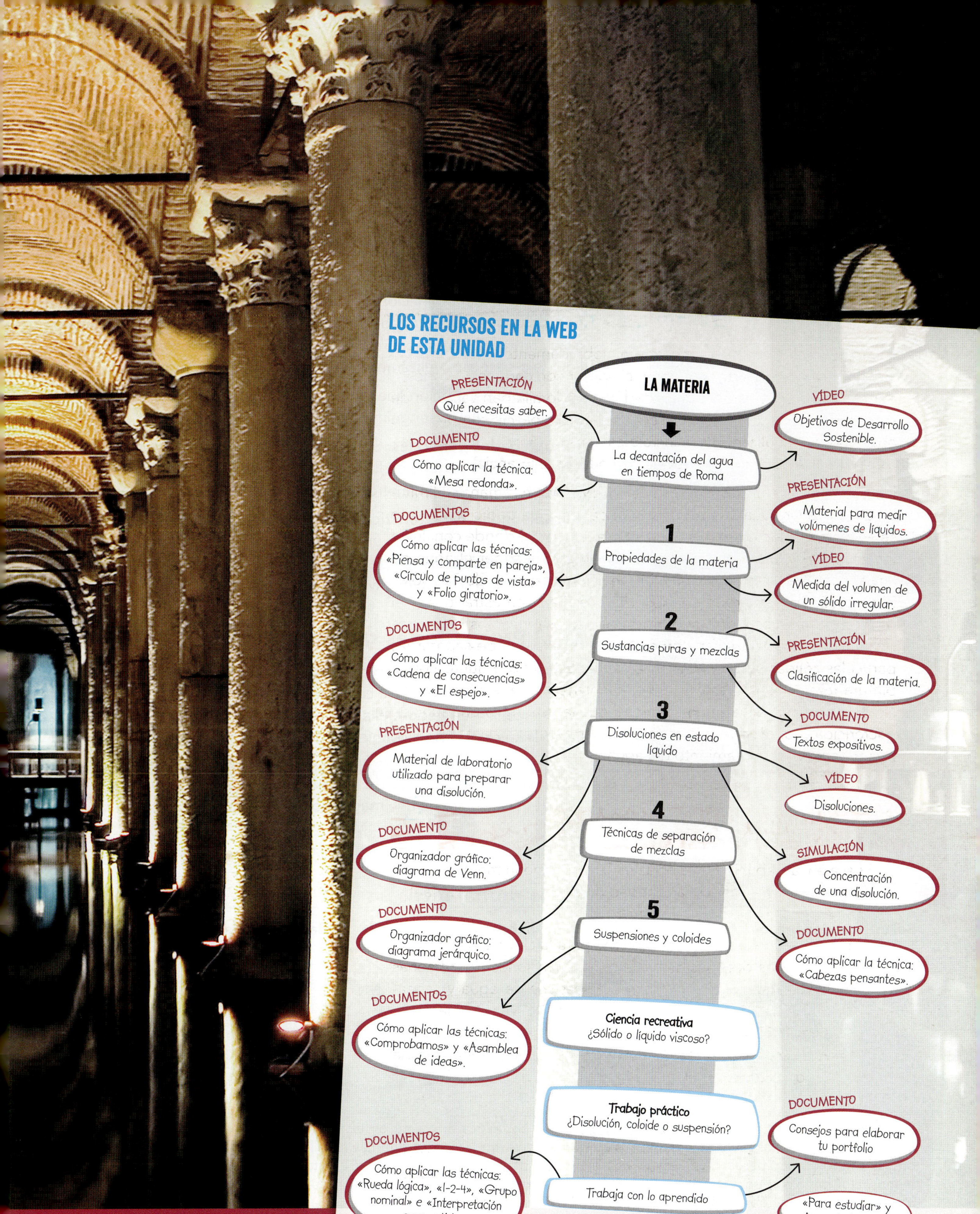

## LOS RECURSOS EN LA WEB DE ESTA UNIDAD

**LA MATERIA**

**La decantación del agua en tiempos de Roma**
- PRESENTACIÓN: Qué necesitas saber.
- DOCUMENTO: Cómo aplicar la técnica: «Mesa redonda».
- VÍDEO: Objetivos de Desarrollo Sostenible.

**1 Propiedades de la materia**
- DOCUMENTOS: Cómo aplicar las técnicas: «Piensa y comparte en pareja», «Círculo de puntos de vista» y «Folio giratorio».
- PRESENTACIÓN: Material para medir volúmenes de líquidos.
- VÍDEO: Medida del volumen de un sólido irregular.

**2 Sustancias puras y mezclas**
- DOCUMENTOS: Cómo aplicar las técnicas: «Cadena de consecuencias» y «El espejo».
- PRESENTACIÓN: Clasificación de la materia.
- DOCUMENTO: Textos expositivos.

**3 Disoluciones en estado líquido**
- PRESENTACIÓN: Material de laboratorio utilizado para preparar una disolución.
- DOCUMENTO: Organizador gráfico: diagrama de Venn.
- VÍDEO: Disoluciones.
- SIMULACIÓN: Concentración de una disolución.

**4 Técnicas de separación de mezclas**
- DOCUMENTO: Organizador gráfico: diagrama jerárquico.
- DOCUMENTO: Cómo aplicar la técnica: «Cabezas pensantes».

**5 Suspensiones y coloides**
- DOCUMENTOS: Cómo aplicar las técnicas: «Comprobamos» y «Asamblea de ideas».

**Ciencia recreativa**
¿Sólido o líquido viscoso?

**Trabajo práctico**
¿Disolución, coloide o suspensión?

**Trabaja con lo aprendido**
- DOCUMENTOS: Cómo aplicar las técnicas: «Rueda lógica», «1-2-4», «Grupo nominal» e «Interpretación compartida».
- DOCUMENTO: Consejos para elaborar tu portfolio
- «Para estudiar» y «Aprende jugando».

**Y ADEMÁS...** Soluciones de todas las actividades numéricas

1

# PROPIEDADES DE LA MATERIA

La materia es todo lo que nos rodea. Aunque en las condiciones de la corteza terrestre se encuentra en tres estados de agregación diferentes, la materia tiene características comunes.

La materia, o sistema material, es todo lo que posee una propiedad fundamental llamada **masa,** y ocupa un espacio, es decir, un **volumen.**

Cuando nos referimos a materia en estado sólido, con límites definidos, utilizamos la denominación de **cuerpo,** que puede ser regular, si tiene una forma geométrica conocida (cubo, esfera, cilindro, etc.), o irregular en caso contrario. Para hacer referencia a una porción de materia en estado líquido o gaseoso, utilizamos la denominación **sistema material.**

La diferente percepción que tenemos de la materia se debe también a sus propiedades. Así, distinguimos entre:

- **Propiedades generales.** Son las propiedades que nos permiten distinguir lo que es materia de lo que no lo es, pero no nos permiten diferenciar unos materiales de otros. Las más importantes son masa y volumen.
- **Propiedades características** o **específicas.** Son las propiedades que nos permiten diferenciar un tipo de materia de otra. Algunas de ellas son la densidad, las temperaturas de cambio de estado, la conductividad eléctrica o la conductividad térmica, junto con otras muchas.

## 1.1 Propiedades generales: masa y volumen

Como estudiaremos en los próximos cursos, la masa está relacionada con otras variables, como son la cantidad de sustancia, la fuerza de atracción que ejerce la Tierra sobre ella (el peso) o la dificultad que presenta para cambiar su estado de movimiento (detenerse o cambiar de dirección).

La **masa** es la cantidad de materia que tiene un cuerpo o sistema material. Se trata de una **magnitud fundamental.**

La masa se mide con una balanza y su unidad en el SI es el kilogramo.

### Tipos de balanzas

**Balanza de dos brazos**

Para medir la masa de un objeto, se coloca este en uno de los platillos, y en el otro se van colocando pesas, de mayor a menor valor, hasta conseguir equilibrar la balanza. La masa del objeto es la suma de las masas de las pesas utilizadas.

**Balanza de un brazo**

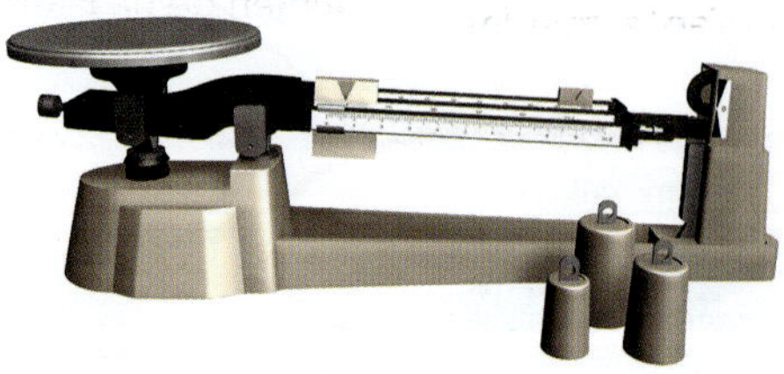

En este caso, se coloca el objeto en el platillo, y se mueven las pesas que hay en las guías, de mayor a menor valor, hasta equilibrarla. La masa del objeto es la suma de los valores indicados en las posiciones de las pesas.

**Balanza digital o electrónica**

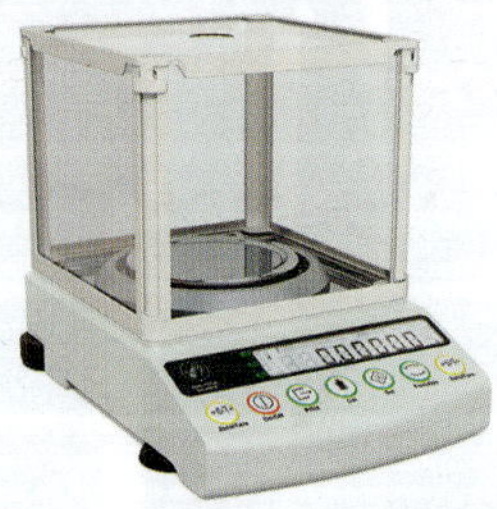

Su funcionamiento es mucho más sencillo que el de las balanzas analógicas. Se sitúa el objeto en el plato y, por medio de sensores, se mide su masa por acción de la fuerza peso. El valor de la medida se mostrará en la pantalla digital.

La otra propiedad general de la materia es el volumen, es decir, el espacio que ocupa. Se trata, en este caso, de una magnitud derivada. Su unidad en el SI es el metro cúbico, $m^3$.

El **volumen** es el espacio que ocupa un cuerpo o un sistema material.

Para medir el volumen de un líquido, es necesario introducirlo en un recipiente; el volumen máximo que puede contener un recipiente es su capacidad; la unidad de capacidad es el litro (L).

Un litro es el volumen máximo que puede contener un recipiente cúbico de 1 dm de arista. Con frecuencia utilizamos algunos múltiplos y submúltiplos del litro:

$$1\ L = 1 dm^3;\ 1\ mL = 1\ cm^3;\ 1\ kL = 1 m^3$$

## Unidad de volumen y capacidad

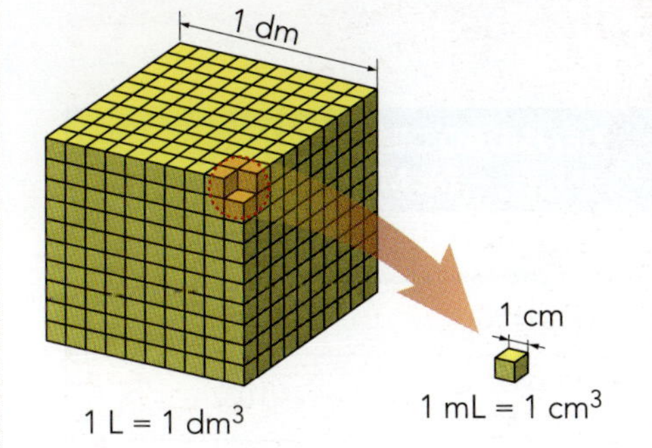


## Medida de volúmenes de líquidos y sólidos

Para medir diferentes volúmenes de líquidos, utilizamos material graduado, como probetas graduadas, pipetas o buretas; sin embargo, para medir volúmenes concretos de líquidos utilizamos material aforado, como los matraces y las pipetas aforadas cuya capacidad corresponde al volumen medido.

El volumen de los gases coincide con el recipiente que los contiene.

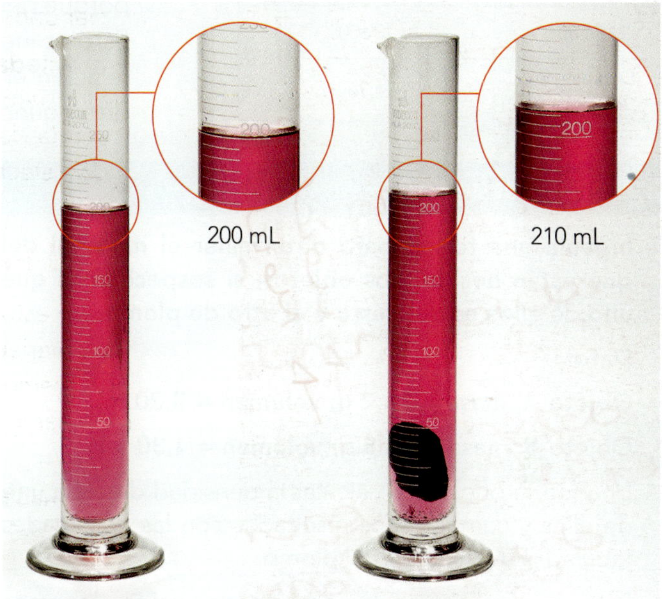


El volumen de un **sólido irregular** coincide con el volumen de agua que desplaza y se obtiene restando los volúmenes de agua con el sólido introducido y sin él. El volumen de un **sólido regular** se obtiene midiendo sus dimensiones y aplicando la expresión matemática correspondiente; por ejemplo, el volumen de un **cilindro** de radio $r$ y altura $L$ es:

$$V = \pi \cdot r^2 \cdot L$$

### Comprende, piensa, investiga...

1 **Piensa y comparte en pareja.** ¿Es la luz materia? Responded a esta pregunta dando argumentos a partir de las propiedades generales de la materia.

2 ¿Qué magnitud se ha medido en la imagen superior? ¿Se trata de una medida expresada en unidades del SI? Si tu respuesta es negativa, escribe el valor de esa medida en unidades del SI.

3 No todo el material de vidrio del laboratorio se utiliza para medir volúmenes. Identifica en la fotografía de la izquierda los recipientes de este material que tienen otros usos, dibújalos y explica para qué se emplean.

4 Un error común es confundir el centilitro, cL, con el centímetro cúbico, $cm^3$. Utilizando las equivalencias que hemos visto, indica qué relación existe entre estas unidades.

En **anayaeducacion.es** puedes encontrar una presentación del material necesario para medir volúmenes de líquidos en el laboratorio.

## 1.2 Una propiedad específica: la densidad

El valor de esta propiedad, que es una magnitud derivada, nos permite diferenciar unas sustancias de otras.

La **densidad** es la **relación entre la masa** de un cuerpo, o sistema material, **y el volumen** que ocupa.

Esta relación, en lenguaje matemático, se representa mediante un cociente:

$$d = \frac{m}{V}$$

En la expresión anterior, *m* es la masa, que en unidades del SI se mide en kg, *V* es el volumen, expresado en $m^3$ y *d* será, entonces, la densidad en $kg/m^3$, que es la unidad del SI para esta magnitud derivada.

En el lenguaje cotidiano tendemos a utilizar de forma errónea el concepto de densidad; por ejemplo, cuando decimos que «algo flota en el agua porque pesa poco» hacemos referencia solamente a que tiene poca masa. Esto es incorrecto, pues para que un sistema material flote sobre otro, la relación entre la masa y el volumen del primero debe ser menor que la del segundo; es decir, que el primero será menos denso que el segundo.

**DENSIDAD DE ALGUNOS TIPOS DE MATERIA**

| Materia | Densidad ($kg/m^3$) |
|---|---|
| Agua (4 °C) | 1 000 |
| Agua de mar (valor medio) | 1 027 |
| Etanol | 789 |
| Plomo | 11 340 |
| Hierro | 7 870 |
| Mercurio | 13 600 |
| Dióxido de carbono | 1,96 |

### Ejercicio resuelto

**1** **Ingenia una forma para determinar el material del que están hechos dos objetos, si sospechamos que uno de ellos es de hierro y el otro de plomo.**

**Datos:**

**Objeto *A*: masa = 36,2 g; volumen = 3,20 mL**

**Objeto *B*: masa = 33,8 g; volumen = 4,30 mL**

Una forma puede ser calcular la densidad de cada uno de ellos y comparar los resultados con las densidades tabuladas del hierro y del plomo.

Para obtener la densidad en unidades del SI, debemos expresar la masa y el volumen en sus correspondientes unidades del SI, kg y $m^3$, respectivamente.

Para tener la masa en kg, dividimos entre $10^3$:

$$m_A = 36{,}2 \text{ g} = 0{,}0362 \text{ kg} = 3{,}62 \cdot 10^{-2} \text{ kg}$$

$$m_B = 33{,}8 \text{ g} = 0{,}0338 \text{ kg} = 3{,}38 \cdot 10^{-2} \text{ kg}$$

Sabemos que 1 mL = 1 $cm^3$. Para expresar el volumen en $m^3$, tendremos que dividir entre $10^6$:

$$V_A = 3{,}20 \text{ mL} = 3{,}20 \cdot 10^{-6} \text{ m}^3$$

$$V_B = 4{,}30 \text{ mL} = 4{,}30 \cdot 10^{-6} \text{ m}^3$$

Dividiendo masa entre volumen, obtenemos la densidad en cada caso:

$$d = \frac{m}{V}$$

$$d_A = \frac{3{,}62 \cdot 10^{-2} \text{ kg}}{3{,}20 \cdot 10^{-6} \text{ m}^3} = 11\,343 \frac{\text{kg}}{\text{m}^3}$$

$$d_B = \frac{3{,}38 \cdot 10^{-2} \text{ kg}}{4{,}30 \cdot 10^{-6} \text{ m}^3} = 7\,860 \frac{\text{kg}}{\text{m}^3}$$

Comparando estos resultados con la tabla, observamos que el material *A* corresponde al plomo, y el *B*, al hierro.

### Comprende, piensa, investiga...

**5** Utiliza los factores de conversión y la notación científica para realizar los cambios de unidades de las medidas expresadas en el ejercicio resuelto anterior.

**6** **Círculo de puntos de vista.** Indica cómo medirías el volumen de los objetos del ejercicio resuelto. ¿Por qué crees que dan ese dato expresado en mililitros?

**7** ¿Podrías almacenar 8 kg de etanol en una garrafa de 7 L? Calcula si sobrará o faltará etanol.

**8** **Folio giratorio.** La madera de balsa (*Ochroma piraminade*) es una madera muy cotizada, pues es muy poco densa ($d$ = 160 $kg/m^3$) y, sin embargo, es muy resistente. ¿Qué aplicaciones crees que tiene este tipo de madera?

**9** Calcula la masa de una tabla de surf de aproximadamente 60 $dm^3$ de volumen con los datos de la actividad anterior.

Recuerda que en **anayaeducacion.es** puedes encontrar la solución de todas las actividades numéricas.

## 1.3 Medida de la densidad

### Medida directa de la densidad

La densidad de un líquido se puede medir de forma directa utilizando el **densímetro,** un instrumento de vidrio que consiste en un cilindro hueco con un bulbo pesado en uno de sus extremos que puede flotar en posición vertical. Para medir el valor de la densidad, lo colocamos verticalmente en el líquido y lo dejamos libremente flotar. Cuando se mantiene, leemos el valor en el papel medidor.

### Medida indirecta de la densidad

La densidad es una magnitud derivada, por lo que puede calcularse a partir de los valores de las magnitudes que la definen, la masa y el volumen. Para ello, mediremos los valores de la masa y del volumen del cuerpo de forma independiente, y calcularemos el valor de su cociente para dar un valor de la densidad.

Para medir la masa utilizaremos una balanza, y para medir el volumen, requeriremos de instrumentos diferentes en función de si se trata de un sólido regular, irregular o de un líquido.

- **Orientaciones para el uso de la balanza**

  Podemos utilizar balanzas analógicas (de uno o dos brazos) o digitales. Su uso ya se ha descrito con anterioridad. Debemos evitar el error de cero: cuando los platillos están vacíos, la balanza debe marcar cero. En los extremos de los brazos hay tornillos para regularlas. En el caso de las balanzas electrónicas, habrá que tarar en cero cada vez que se haga una pesada.

- **Orientaciones para el uso de la probeta**

  Cuando usemos instrumentos graduados, como la probeta, es importante evitar el error de paralaje (imagen inferior).

### Procedimiento experimental

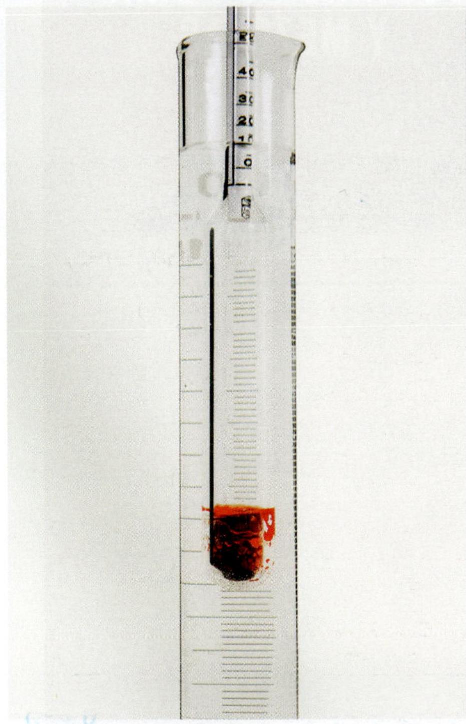

¿En qué propiedad se basa la medida de la densidad de la imagen? Investiga sobre la flotabilidad y comparte tus conclusiones con tu equipo de trabajo.

### Procedimiento experimental

Con una balanza, medimos la masa del objeto del cual queremos conocer su densidad.

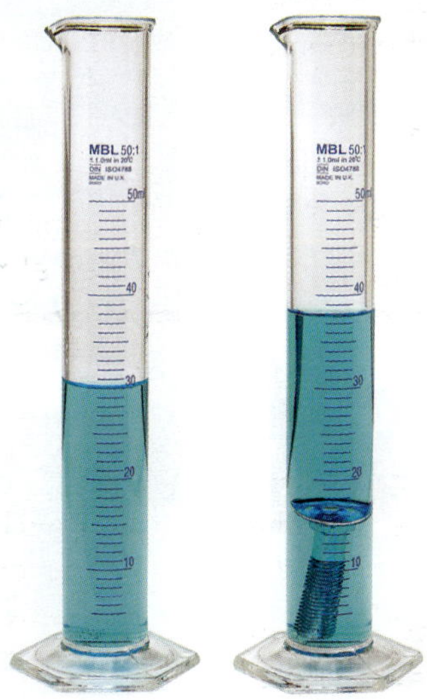

Con una probeta, calculamos su volumen, midiendo la parte más baja de la superficie en dirección horizontal.

$$m = 24\ g = 0{,}024\ kg$$

$$V = 8\ mL = 0{,}000\,008\ m^3$$

$$d = \frac{m}{V}$$

$$d = \frac{0{,}24\ kg}{0{,}000\,008\ m^3} = 3\,000\ kg/m^3$$

Finalmente, dividimos la masa del objeto en su volumen, y aplicamos las reglas de redondeo.

En anayaeducacion.es podrás ver un vídeo sobre la medida de la densidad y otro en el que te explicamos cómo medir el volumen de un sólido irregular.

# 2 SUSTANCIAS PURAS Y MEZCLAS

Cuando estudiamos un sistema material, podemos encontrarnos con dos situaciones diferentes: que se trate de una sustancia pura, es decir, que no esté mezclada con otras sustancias, o bien que sea una mezcla de varias sustancias puras.

Una **sustancia pura** es un tipo de materia que no puede descomponerse en otras más simples por métodos físicos. Por el contrario, una **mezcla** es un sistema material formado por diferentes sustancias puras, que sí pueden separarse mediante métodos físicos.

## 2.1 Sustancias puras: simples y compuestos

Existen dos tipos de sustancias puras: las sustancias simples, o elementales, y los compuestos.

- Las **sustancias simples** son las que están formadas por átomos del mismo elemento químico, por lo que no se pueden descomponer mediante un cambio químico (no se forman otras nuevas). Por ejemplo, el $O_2$ es una sustancia simple formada **únicamente por el elemento químico** oxígeno, O.
- Los **compuestos** son sustancias que se descomponen en otras mediante métodos químicos. En el siguiente cuadro se explica un caso concreto para el agua.

### Sustancias puras

**Sustancia simple**

El oro es una sustancia simple, por lo que sus propiedades características son constantes. Además, no se descompone al provocar un cambio químico.

**Sustancia compuesta**

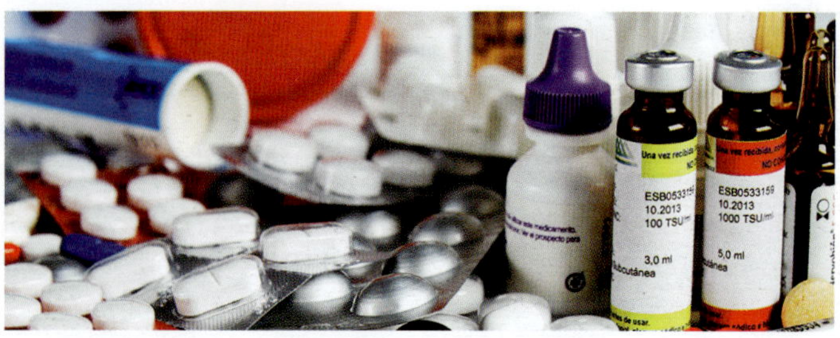

Muchas medicinas son sustancias compuestas que se descomponen en otras más simples cuando las ingerimos en nuestro tratamiento médico.

**Un ejemplo de descomposición: electrolisis del agua**

Durante este proceso (que estudiarás más adelante), el agua, $H_2O$, se descompone en dos sustancias simples, el hidrógeno, $H_2$, y el oxígeno, $O_2$.

## 2.2 Mezclas heterogéneas

Las sustancias que componen este tipo de mezclas se distinguen, a veces, a simple vista. Sus propiedades físicas varían de una parte a otra, de ahí que sean heterogéneas.

Existen mezclas heterogéneas en estado sólido (figura inferior), y también en estado líquido y gaseoso. Algunas de estas mezclas son las suspensiones, de las que hablaremos más adelante.

## 2.3 Mezclas homogéneas

Este tipo de mezclas también se denominan **disoluciones.** A simple vista no podemos diferenciar entre una sustancia pura y una mezcla homogénea, ya que sus propiedades son iguales en todas sus partes. Las disoluciones pueden estar en estado sólido, líquido y gaseoso (el recuadro inferior muestra un ejemplo de cada caso).

Para saber si estamos **ante una disolución o ante una sustancia pura,** debemos provocar, de alguna manera, la separación entre las sustancias que forman la mezcla, o bien, conocer de antemano su composición.

Para conseguir la separación de los componentes de la mezcla, suele provocarse el cambio de estado de uno de ellos, calentando la mezcla.

### Comprende, piensa, investiga...

**10** **Mesa redonda.** El agua embotellada suele mostrar en la etiqueta del envase un análisis químico, donde se da información acerca de las sustancias presentes. ¿Podríamos decir que se trata de una sustancia pura? Argumenta tu respuesta.

**11** **Cadena de consecuencias.** ¿Es la leche es una sustancia pura? Idea un método para comprobar tu respuesta y representa sus etapas y conclusiones.

**12** **El espejo.** Explica la diferencia entre un mineral y una roca. ¿Cuál de ellos es una sustancia pura y cuál una mezcla? Pon un ejemplo de cada uno.

**13** Indaga sobre la etimología de la palabra «electrolisis» y relaciónala con lo observado en la imagen de de la página anterior. ¿Qué aplicaciones tiene la electrolisis del agua?

### Tipos de mezclas

**Arena: mezcla heterogénea**

Como se observa a simple vista, se pueden distinguir los diferentes materiales que componen la arena, pues tienen distintos tamaños, texturas, colores, etc.

**Aire: disolución en estado gaseoso**

El aire es una mezcla de gases. Se trata de una disolución en estado gaseoso. Su composición aproximada es de 79 % de nitrógeno y 21 % de oxígeno.

**Agua potable: disolución en estado líquido**

El agua potable es una disolución en estado líquido de sales y agua. Si ingiriéramos agua pura, se provocaría un desequilibrio en nuestro cuerpo.

**Acero: disolución en estado sólido**

El acero es una disolución en estado sólido de hierro y carbono. Las disoluciones de metales en estado sólido se denominan **aleaciones.**

En anayaeducacion.es encontrarás un organizador gráfico que explica la clasificación de la materia.

# 3 DISOLUCIONES EN ESTADO LÍQUIDO

## Ejemplos de disoluciones

| EJEMPLOS DE DISOLUCIONES SEGÚN EL ESTADO DE AGREGACIÓN | | | |
|---|---|---|---|
| **Estado físico** | **Disolvente** | **Soluto** | **Ejemplo** |
| Sólido | Sólido | Sólido | Acero |
| Líquido | Líquido | Gas | Oxígeno en agua |
| | | Líquido | Alcohol en agua |
| | | Sólido | Azúcar en agua |
| Gas | Gas | Gas | Aire |

## 3.1 Disoluciones

Como ya hemos visto, las mezclas homogéneas de varias sustancias puras se conocen también como disoluciones. En todas las disoluciones denominamos a los componentes que la forman de esta manera:

- **Disolvente,** que es la sustancia que está en mayor proporción en una disolución. Si se trata de una disolución en la que está presente el agua, las llamadas **disoluciones acuosas,** consideraremos siempre que el disolvente es el agua, aunque esté en menor proporción.
- **Soluto** es la sustancia que se disuelve en el disolvente. Normalmente, se encuentra en menor proporción que el disolvente. Podemos tener más de un soluto en una disolución.

Existen disoluciones en estado sólido, líquido y gaseoso. En la tabla de la izquierda se recogen ejemplos de disoluciones en estado sólido, líquido y gaseoso; en el resto de epígrafe estudiaremos la preparación y la caracterización de disoluciones en estado líquido.

## Procedimiento de preparación de una disolución

Cuando vamos a preparar una disolución de un sólido en un líquido en el laboratorio, seguimos un procedimiento en cuatro pasos. Veamos, a modo de ejemplo, la preparación de una disolución de 4 g de soluto en 100 mL de disolución.

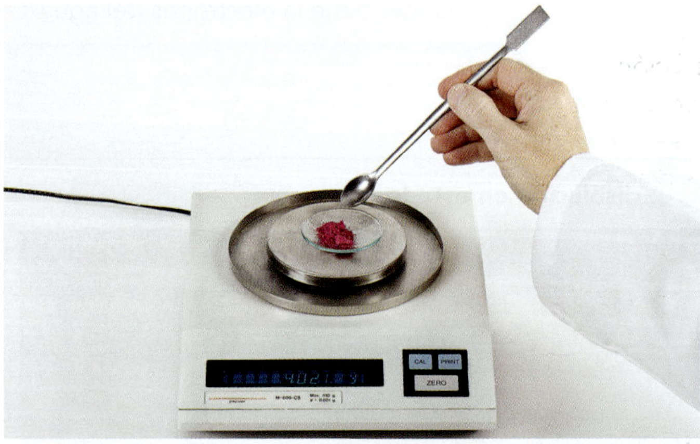

1. Medimos la masa de soluto utilizando una balanza intentando ser lo más precisos posible.

2. Vertemos el sólido en un vaso de precipitados, donde se disolverá con agua destilada.

3. Transferimos la disolución desde el vaso de precipitados al matraz aforado con la ayuda del embudo.

4. Por último, con un frasco lavador y un cuentagotas añadiríamos agua destilada hasta el enrase.

En **anayaeducacion.es** puedes ver una presentación del material de laboratorio necesario para preparar una disolución.

## 3.2 Concentración de una disolución

Podemos encontrar disoluciones que contengan las mismas sustancias, pero en distinta proporción. Decimos entonces que tienen diferente concentración.

> La **concentración** de una disolución es la cantidad de soluto que hay en una cantidad determinada de disolución.

En el ejemplo de la página anterior, la concentración está expresada en masa/volumen, y la calculamos de este modo:

$$C = \frac{m_s\,(\text{g})}{V_T\,(\text{L})}$$

donde diremos que $m_S$ es la masa de soluto en gramos, g; $V_T$ es el volumen total de la disolución, en litros, L, y $C$ es la concentración expresada en gramos por litro, g/L.

## 3.3 Disoluciones diluidas, concentradas y saturadas

Si una disolución tiene una concentración mayor que otra, diremos que la primera es una disolución **más concentrada** que la segunda, y la segunda es una disolución más diluida que la primera.

Si una disolución tiene la máxima concentración posible, la adición de más soluto provoca que este ya no se disuelva; tendremos entonces una disolución saturada. Si añadimos más soluto a una disolución saturada obtendremos un precipitado, que es soluto que no conseguimos disolver.

> La **solubilidad** es la **concentración de la disolución saturada.** El valor de esta concentración depende del soluto, del disolvente y de la temperatura.

### Comprende, piensa, investiga...

**14** El aire está formado principalmente por nitrógeno (en un 79 %); el soluto de mayor proporción es el oxígeno. ¿Tiene más solutos el aire?

**15** Calcula la concentración, expresada en g/L, de la disolución de las fotografías de la página anterior.

**16** Compara la expresión matemática de la densidad con la de la concentración. ¿Qué parecidos y qué diferencias encuentras? ¿Se trata de la misma magnitud? Realiza un **diagrama de Venn** con tu respuesta.

### Tipos de disoluciones según su concentración

**Diluida**

Si la concentración de una disolución es mucho menor que su solubilidad, la disolución es diluida.

**Concentrada**

Cuando la concentración se acerca al valor de la solubilidad, decimos que la disolución está concentrada.

**Saturada**

Al alcanzarse el valor de la solubilidad, la disolución no admite más soluto, y diremos que está saturada.

**Sobresaturada**

No es posible disolver más soluto a esa temperatura y en ese volumen de disolvente. El soluto empieza a precipitar.

En **anayaeducacion.es** puedes ver un vídeo sobre disoluciones y trabajar con una simulación sobre la concentración de una disolución.

# 4 TÉCNICAS DE SEPARACIÓN DE MEZCLAS

## 4.1 Para mezclas heterogéneas

Existen una gran variedad de técnicas que nos permiten separar los componentes de una mezcla heterogénea. Todas ellas son métodos físicos que se basan en el diferente valor de una propiedad de los componentes de la mezcla, como el estar en el mismo estado de agregación o diferente, su densidad o su tamaño. Algunas de ellas se muestran en el recuadro inferior, aunque hay muchas otras que aprenderás más adelante.

### Técnicas para separar mezclas heterogéneas

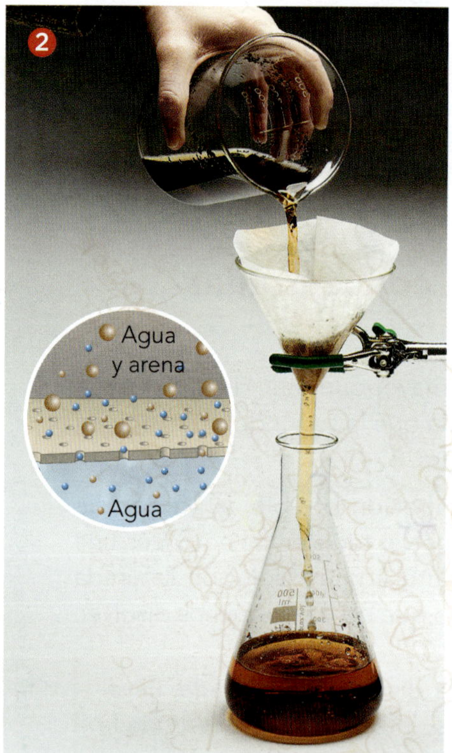


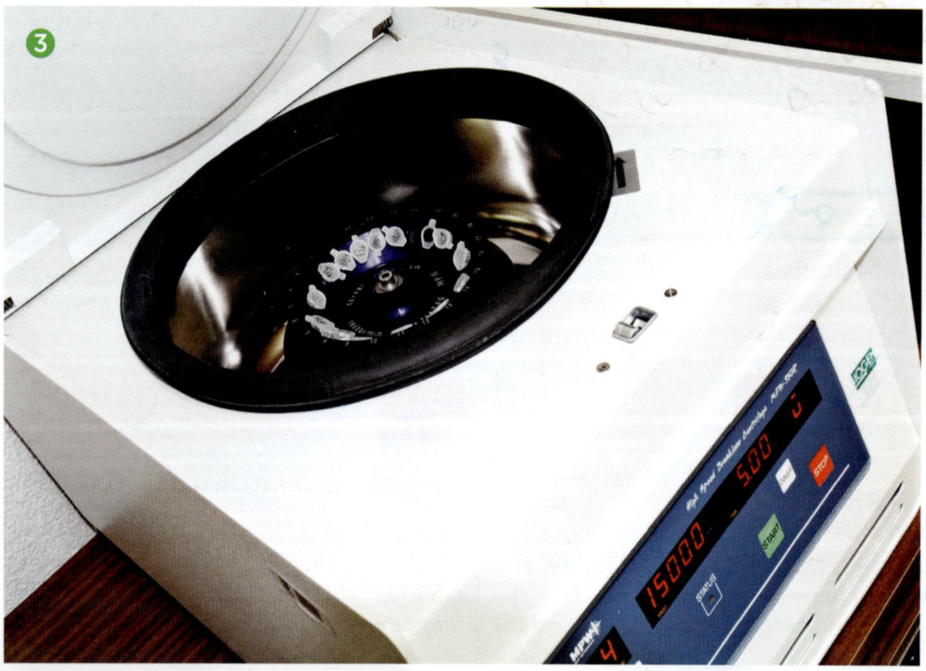


**1 DECANTACIÓN**

Consiste en la separación de los componentes de una mezcla heterogénea si estos tienen diferente densidad. Puede ser una mezcla de líquidos inmiscibles (que no se disuelven, como el agua en el aceite), o de un sólido suspendido en un líquido o un gas.

Para dos líquidos inmiscibles, vertemos la mezcla en el embudo de decantación, como el de la figura. Al cabo de cierto tiempo, el líquido menos denso flota. En ese momento, abrimos la llave para separar el líquido más denso, que recogemos en un vaso de precipitados.

**2 FILTRACIÓN**

Si tenemos una mezcla formada por un sólido y un líquido, será posible separar las partículas del sólido, de mayor tamaño, utilizando un filtro, o medio filtrante.

El papel de filtro de la imagen retiene las partículas de sólido, mientras que el agua pasa a su través.

**3 CENTRIFUGACIÓN**

La separación se obtiene porque los componentes de la mezcla tienen diferente densidad.

En este caso, se somete la mezcla a la acción de una fuerza centrípeta, provocada por un movimiento de giro a gran velocidad.

Esta técnica se utiliza para separar mezclas heterogéneas para las que la decantación o la filtración no son suficientes; por ejemplo, para separar el plasma de la sangre.

## 4.2 Para mezclas homogéneas

Las técnicas de separación de mezclas homogéneas permiten separar el disolvente del soluto, o de los solutos. Las dos más utilizadas se muestran a continuación.

### Técnicas para separar mezclas homogéneas

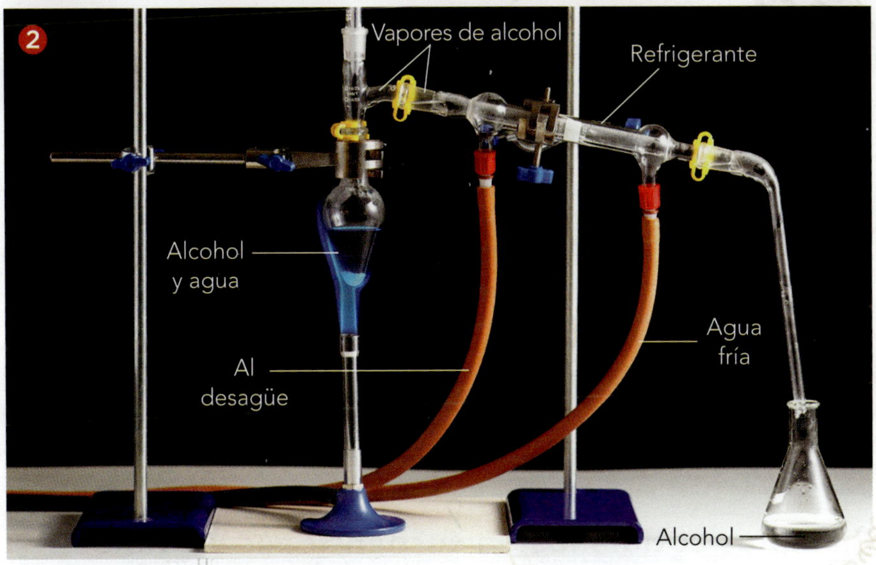


**1 CRISTALIZACIÓN**

Esta ténica está indicada cuando tenemos un soluto sólido; por ejemplo, una sal, disuelto en agua.

Consiste en la evaporación del disolvente para conseguir una disolución saturada, en la que comenzará a precipitar el sólido. Para ello, vertemos la disolución en un cristalizador. Una vez que se haya evaporado el disolvente, tendremos los cristales de sal.

**2 DESTILACIÓN**

Una destilación permite separar una disolución formada por dos líquidos de distinta temperatura de ebullición.

Para ello, la disolución se introduce en el matraz de fondo redondo y se calienta. Al alcanzarse la temperatura de ebullición de la sustancia más volátil, esta pasa a estado gaseoso. Los vapores generados pasan al tubo interior del refrigerante, donde se condensan y son recogidos en el colector. Por el tubo exterior del refrigerante circula agua de refrigeración, que enfría los vapores, pero que no entra en contacto directo con ellos.

### Comprende, piensa, investiga...

**17** Realiza un **diagrama jerárquico** con la clasificación de las mezclas y las técnicas de separación que se pueden utilizar en cada caso atendiendo al estado de agregación de las sustancias que forman la mezcla y la propiedad en la que se basa cada técnica de separación. Utiliza el esquema de la derecha.

**18** **Cabezas pensantes.** Tienes una muestra de un residuo formado principalmente por arena y agua. Se observa también en esa mezcla un líquido viscoso que parece ser aceite. Te piden que determines si además existen sales disueltas. ¿Cómo procederías para separar los componentes de esta mezcla?

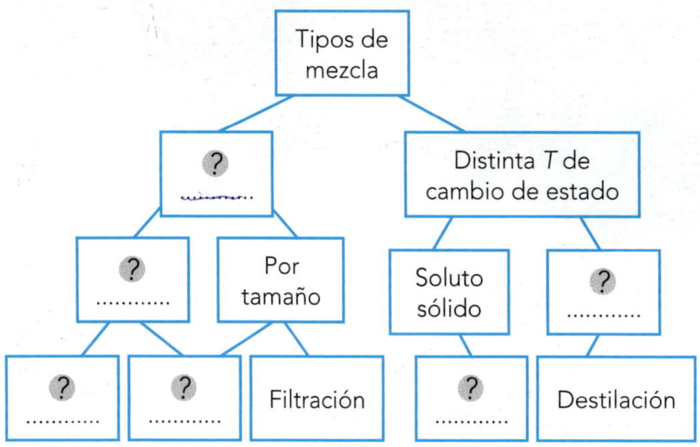


Consulta en **anayaeducacion.es** la presentación en la que te mostramos el material para trabajar en el laboratorio.

# 5 SUSPENSIONES Y COLOIDES

Hemos visto que una mezcla homogénea es aquella en la que no es posible distinguir sus componentes a simple vista, pero en ocasiones puede ocurrir que pensemos, erróneamente, que una mezcla es homogénea cuando, en realidad, estemos ante una suspensión o un coloide.

## 5.1 Suspensiones

Pensemos, por ejemplo, en un sólido finamente dividido (en polvo), que está disperso en un líquido o en un gas. En ausencia de agitación, y con el tiempo suficiente, el sólido se deposita y cae.

Se trata, en este caso, de una mezcla heterogénea que recibe el nombre de **suspensión.** Las suspensiones más habituales son de sólidos en gases o en líquidos. La fase en la que ocurre la dispersión se denomina **fase dispersante** y el sólido que está suspendido se conoce como **fase dispersa.**

## 5.2 Coloides

Una mezcla con **características intermedias** entre la suspensión (heterogénea) y la disolución (homogénea) se denomina **coloide.**

En este caso, las partículas no se depositan en el fondo con el transcurso del tiempo. Se trata de partículas con un tamaño inferior a 100 nm, que son muy difíciles de separar de la fase dispersante.

Estrictamente hablando, un coloide no es una disolución, ni una mezcla heterogénea. No obstante, en muchos casos se utiliza la terminología propia de las disoluciones para hacer referencia a un coloide. Por ejemplo, hablamos de soluto para referirnos a la sustancia que está en menor proporción en esta mezcla.

Existen coloides formados por la dispersión de un sólido o un líquido en un gas o en un líquido, o por condensación de un gas en otra fase gaseosa, como es el caso de las nubes.

### Ejemplos cotidianos de suspensiones y coloides

**Suspensión**

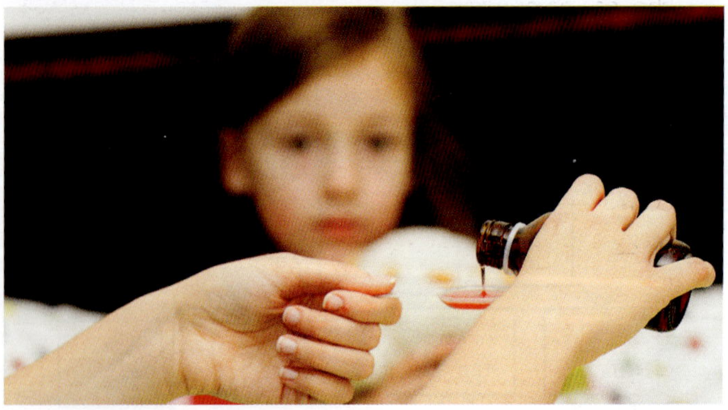

Los antibióticos para niños no son solubles en agua. Se preparan realizando una suspensión del medicamento en agua, para poder administrarlos en forma líquida.

**Coloide**

Un ejemplo de coloide son las gelatinas caseras. En la cocina existen multitud de ejemplos de coloides, pues no todas las sustancias se disuelven en el disolvente.

| EJEMPLOS DE SUSPENSIONES | | | |
|---|---|---|---|
| **Estado físico** | **Fase dispersante** | **Fase dispersa** | **Ejemplo** |
| Gas | Gas | Sólido | Contaminación atmosférica |
| Líquido | Líquido | Sólido | Horchata |

| EJEMPLOS DE COLOIDES | | | |
|---|---|---|---|
| **Estado físico** | **Fase dispersante** | **Fase dispersa** | **Ejemplo** |
| Gas | Gas | Líquido | Nubes |
| | | Sólido | Humos |
| Líquido | Líquido | Líquido | Leche, mahonesa |

## Cómo diferenciar un coloide de una disolución

**Trabaja con la imagen**

A partir de lo aprendido sobre el efecto Tyndall, di cómo podrías idear un experimento para demostrar que el ejemplo de la página anterior es realmente un coloide.

Las partículas sólidas que forman un coloide son de mayor tamaño que las del soluto que se encuentra disuelto en una disolución. Por ello, estas partículas son capaces de hacer cambiar la dirección de propagación de la luz, dispersándola.

Esto es debido a que cada una de las pequeñas partículas que componen la fase dispersa actúa como un emisor de luz haciendo que su dirección cambie, provocando que los rayos de luz puedan ser vistos.

Este fenómeno se conoce como **efecto Tyndall** y se puede observar claramente en cielos parcialmente nublados, pues las nubes son un ejemplo de coloide.

### Comprende, piensa, investiga...

**19** **Comprobamos.** Indica qué técnica utilizarías para separar los componentes de estas mezclas. ¿Se trata de disoluciones, suspensiones o coloides?

a) Agua salada.

b) Nube de polvo.

c) Leche.

d) Una muestra de sangre.

e) Pintura de paredes.

**20** Elabora una definición para los términos siguientes: suspensión y coloide. Busca información sobre el término «emulsión» y explica su significado con tus propias palabras. Pon un ejemplo de cada uno de ellos utilizando para ello sistemas materiales que estén presentes en tu hogar.

**21** **Asamblea de ideas.** La mahonesa, igual que la leche, es una emulsión. Una versión de esta salsa se prepara a partir de leche y aceite de oliva. ¿Por qué crees que es necesario batir la mezcla para obtener la salsa? ¿Qué ocurre cuando decimos que la salsa se ha «cortado»?

**22** Busca en tu casa los siguientes materiales y clasifícalos como mezclas homogéneas, heterogéneas o coloides:

a) Zumo hecho a partir de concentrado.

b) Leche entera.

c) Desodorante en espray.

d) Infusión de manzanilla.

e) Agua oxigenada.

f) Crema corporal.

g) Nata.

En **anayaeducacion.es** puedes encontrar información sobre el ciclo formativo de grado superior en gestión del agua.

# CIENCIA RECREATIVA

## ¿SÓLIDO O LÍQUIDO VISCOSO?

### INTRODUCCION

Una de las características que nos permite reconocer los tres estados de agregación es la **viscosidad;** es decir, la resistencia a fluir que tienen gases y líquidos. En la siguiente experiencia aprenderemos a identificarla.

### ANALIZA

- Si derramamos agua, aceite o miel sobre una superficie, ¿qué ocurre? Se puede ver que su comportamiento es bastante diferente: el agua, al verterse, se esparce más que el aceite y que la miel. Esto es así porque el agua es menos viscosa.
- Al jugar con una pasta verdosa que venden para gastar bromas, habrás notado que su comportamiento es diferente al de los líquidos y al de los sólidos.

### MATERIAL

- Almidón en polvo • Cola blanca • Colorante alimentario • Agua
- Una cuchara • Un vaso • Un cuenco • Una bolsa de autosellado.

### CONSTRUYE

Vamos a elaborar esta pasta verdosa de forma casera.

- En medio vaso de agua templada, diluimos una cucharadita de almidón.
- En un cuenco, añadimos una cucharada sopera de esta disolución y dos cucharadas soperas de cola blanca. Se pueden añadir unas gotas de colorante alimentario.
- Removemos la mezcla, al principio con la cuchara y luego con los dedos. Guardamos la pasta en la bolsa de autosellado y la refrigeramos.

### EXPERIMENTA

- La pasta preparada, ¿fluye? ¿Más o menos que la miel? ¿Y que el aceite? ¿Es un líquido o es un sólido? ¿Es la viscosidad lo mismo que la densidad?
- Vertemos la pasta con cuidado en un vaso y hacemos que resbale. Medimos el tiempo que tarda en alcanzar el borde. Hacemos lo mismo con el aceite y el agua; de este modo, estaremos comparando la viscosidad de estos materiales.
- Amasamos la pasta con las manos y hacemos una bola con ella. Observamos que, cuanto mayor es la fuerza imprimida, menos se parece su comportamiento al de un líquido; es decir, aumenta su viscosidad.

### CONCLUSIONES

La pasta que hemos preparado se comporta como un líquido muy viscoso. Además, su viscosidad aumenta cuando la sometemos a algún tipo de esfuerzo, como tensiones, torsiones, o si la golpeamos. Por eso, decimos que algunos fluidos, como el que hemos fabricado, pueden comportarse como sólidos. Estos fluidos se denominan no newtonianos, y son muy habituales.

Buscad información sobre **fluidos no newtonianos** cotidianos, y relacionadla con el comportamiento del kétchup y del chocolate.

# TRABAJO PRÁCTICO

## ¿DISOLUCIÓN, COLOIDE O SUSPENSIÓN?

### PLANTEAMIENTO DEL PROBLEMA

El objetivo de esta práctica es clasificar mezclas de sustancias cotidianas en disoluciones, coloides y suspensiones.

### TU PROPUESTA

¿Cómo podríamos diferenciar una suspensión de una disolución? ¿Y una disolución de un coloide? ¿Qué pruebas podemos plantear para determinar si estamos ante alguno de estos tipos de mezcla?

### NUESTRA PROPUESTA

Nos fijaremos en algunas propiedades que nos permiten diferenciar entre suspensión, disolución y coloide:

- Si la mezcla se separa en capas al no ser agitado durante cierto tiempo.
- Si la mezcla completa atraviesa el papel de filtro o queda parte de ella sin filtrarse.
- Si es transparente a la luz de un puntero láser o si, por el contrario, hace que esta luz se disperse, pudiendo entonces ser observada.

### MATERIAL

• Agua • Harina • Café • Leche • Papel de filtro • Embudo • Balanza • Probeta • Vasos de precipitados • Puntero láser o linterna.

### ORIENTACIONES PARA LA REALIZACIÓN DE LA EXPERIENCIA

**Preparación de las mezclas**

Elaboramos tres mezclas diferentes: una de agua y harina, otra de agua y café y, por último, otra de agua y leche. Para estas dos últimas, utiliza solamente unas gotas de café o de leche.

**Secuencia de pruebas**

- **Filtración.** En primer lugar, haremos que las mezclas pasen a través del papel de filtro, utilizando el embudo (montaje mostrado en el epígrafe 4). Observaremos si hay diferencias entre el aspecto de la mezcla original, el filtrado y la parte retenida en el papel de filtro.
- **Sedimentación.** A continuación, dejaremos las muestras en reposo, cada una en un recipiente, durante varias horas; observaremos si existen diferencias antes y después del tiempo de reposo.
- **Efecto Tyndall.** Hacemos pasar la luz de un puntero láser a través de las mezclas. Para verlo mejor, apagamos las luces del laboratorio. Observaremos si se aprecia, o no, el rayo de luz al atravesar la mezcla.

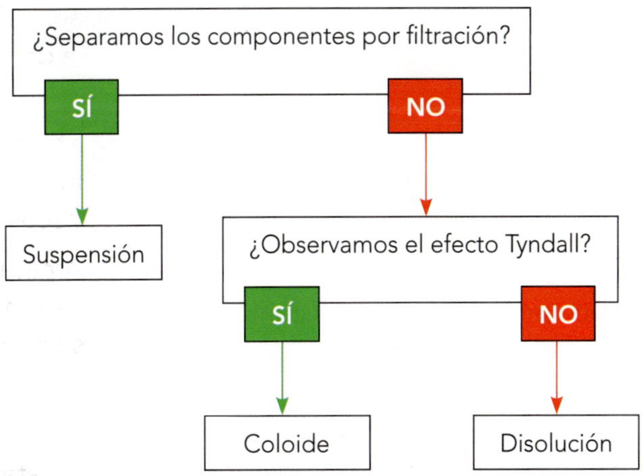


### Extrae conclusiones...

1 Utilizando el esquema anterior, extrae conclusiones sobre las experiencias que has realizado.

2 Explica por qué es posible ver el rayo de luz a través de un coloide y de una suspensión.

Recuerda seleccionar el material de trabajo de esta unidad para tu **portfolio.**

# TRABAJA CON LO APRENDIDO

## ORGANIZO MI MENTE · Mapa conceptual jerárquico

**1 Trabaja con el esquema.** Copia el esquema en tu cuaderno e incluye nuevas ramas y recuadros a partir de estas ideas:

- Incluye tres ejemplos de sustancias simples y de compuestos.
- A partir del cuadro «Homogéneas o disoluciones», incluye una rama para describir las particularidades de las disoluciones acuosas y otra con el concepto de concentración y los tipos que hay según la cantidad de soluto presente.

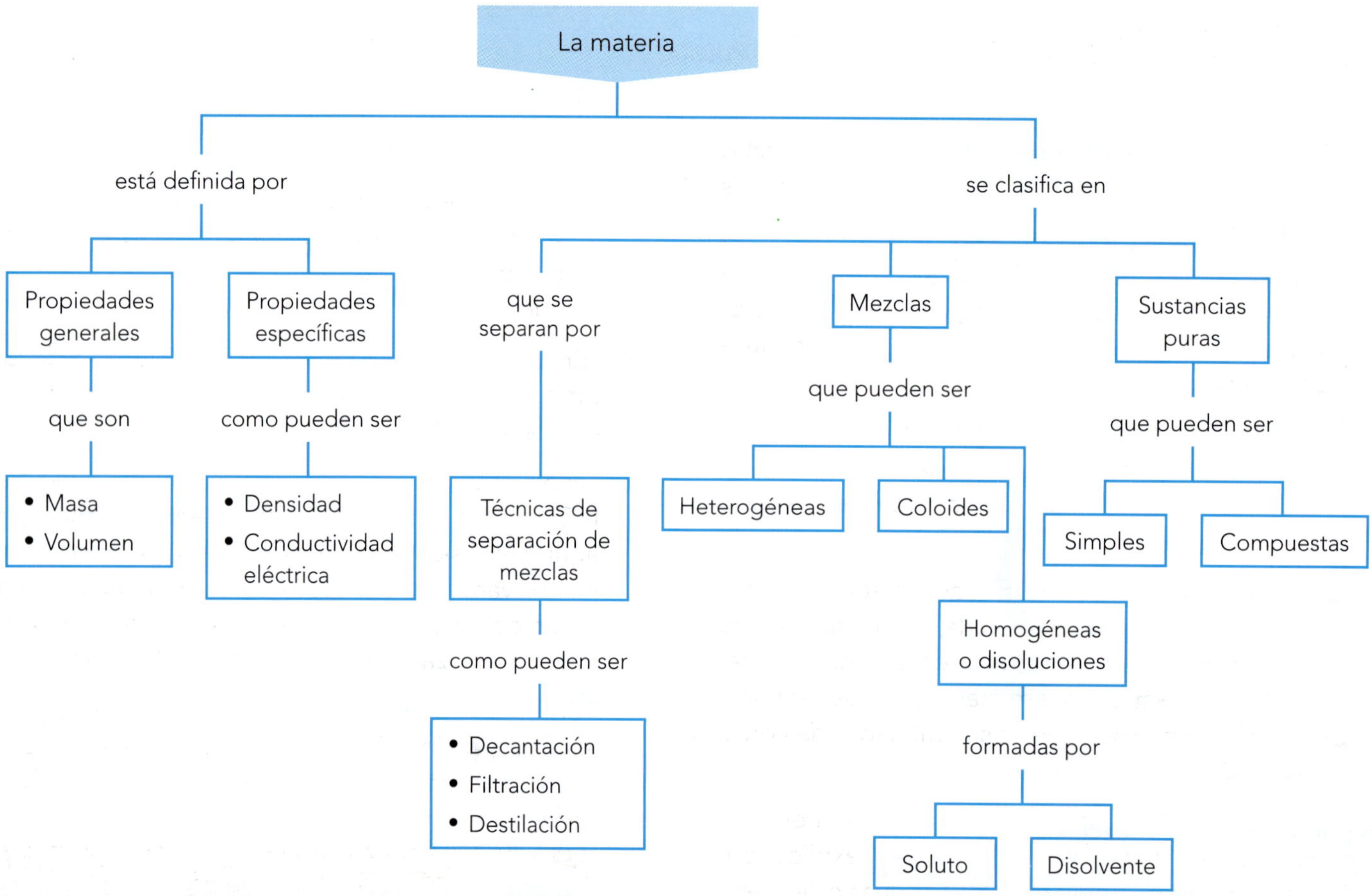


## Propiedades de la materia

**1** Indica si las siguientes medidas son de masa, densidad, volumen o ninguna de las anteriores:

a) 3 kg b) 4 cL c) 27 $m^3$ d) 3 g/L e) 690 mm

**2** ¿Cuántas garrafas de 7 L se necesitan para llenar una piscina de 3 $m^3$? ¿Podríamos instalarla en una terraza que soportara una masa máxima de 1 500 kg? Densidad del agua = 1 kg/L.

**3** Teniendo en cuenta que la conductividad térmica de la madera es muy inferior a la de los metales, explica por qué las sartenes están hechas de metal, mientras que su mango suele ser de madera. ¿Es la conductividad térmica una propiedad característica?

**4** **Rueda lógica.** Tenemos dos barras de distinto material, ambas de la misma longitud y volumen. Si una de ellas tiene más masa que la otra, ¿podríamos saber de qué material se trata? Supón que nos dieran los valores de las magnitudes que mencionamos en el enunciado.

## Sustancias puras y mezclas

**5** Clasifica estos materiales según sean sustancias puras, mezclas homogéneas o mezclas heterogéneas:

a) Aire
b) Cuarzo
c) Hierro
d) Zumo de naranja

**6** **1-2-4.** Indica la diferencia entre sustancia química y elemento químico.

Recuerda que puedes consultar las soluciones de todas las actividades numéricas en **anayaeducacion.es**.

## Disoluciones

7 Preparamos en el laboratorio una disolución que contiene 70 g de alcohol en 100 mL de agua. Indica cuál es el soluto y cuál el disolvente.

8 Calcula la concentración de la disolución del ejercicio anterior, expresada en g/L.

9 Si preparamos otra disolución, pero utilizando, en este caso, 20 g de alcohol, ¿será una disolución más concentrada o más diluida respecto a la anterior?

10 **Círculo de puntos de vista.** ¿Existen mezclas en estado sólido? ¿Se trata de mezclas homogéneas o heterogéneas?

11 Señala el material de laboratorio que necesitas para preparar una disolución acuosa de 10 g de sal por cada 250 mL de disolución. ¿Cuál es la concentración de esta disolución?

12 **Grupo nominal.** ¿Podemos comparar la solubilidad de dos sales en agua? Desarrolla un procedimiento para comprobar cuál de las dos sales es más soluble.

13 Cuando preparamos una limonada casera con azúcar, en ocasiones, al refrigerarla, observamos que hay un gran depósito de azúcar en el fondo del recipiente que contiene la limonada. ¿Puedes explicar este hecho? Recuerda que la solubilidad varía con la temperatura.

14 La solubilidad de los gases disminuye al aumentar la temperatura. Utiliza esta evidencia para explicar por qué mueren peces por vertidos de aguas calientes.

**anayaeducacion.es** Consulta los apartados «Para estudiar» y «Aprende jugando» en el banco de recursos.

## Técnicas de separación de mezclas

15 Indica los nombres de estos materiales y si se utilizan en técnicas de separación de mezclas homogéneas o heterogéneas.

a)

b)

16 Diseña un método para separar una mezcla de aceite, vinagre y sal. Explica el material que utilizarías, las etapas que seguirías y el objetivo que tendría cada una de ellas.

17 ¿En qué propiedad se basa la separación por decantación? ¿Podríamos separar agua de sal mediante esta técnica? Explica tu respuesta.

18 Tenemos una suspensión de un sólido, cuyas partículas tienen un tamaño muy pequeño (polvo), en agua. Depositamos esta suspensión en un recipiente y observamos que las partículas tardan mucho tiempo en depositarse en el fondo. ¿Qué técnica de separación utilizarías para acelerar el proceso?

19 **Interpretación compartida.** Observa la imagen y explica qué tipo de mezcla hay en cada uno de los dos recipientes. Indica el nombre del efecto observado.

# 2

# ESTADOS DE AGREGACIÓN

## Gases de efecto invernadero

Eunice Foote predijo en 1856 que el incremento de la concentración de $CO_2$ en la atmósfera provocaría un ascenso de las temperaturas, dada su capacidad para bloquear la radiación infrarroja procedente del Sol. A pesar de ello, todavía algunos científicos consideran a John Tyndall como el primer científico en atisbar los efectos de la concentración de dióxido de carbono en la atmósfera, aunque sus investigaciones se desarrollasen tres años más tarde.

Actualmente, sabemos que existen otros gases de efecto invernadero (GEI). Nos referimos al metano, el óxido nitroso y los gases fluorados. Así, el modo en el que afectan los GEI al calentamiento global depende de dos factores: su concentración en la atmósfera y su potencial de calentamiento global (PGC), el cual, se calcula a partir de la capacidad del GEI para absorber la radiación infrarroja y del tiempo que permanecen en la atmósfera.

## COMPROMISO ODS

ODS

Responded las siguientes preguntas en grupo:

**1** **Círculo de puntos de vista.** La científica Eunice Foote no pudo presentar su estudio titulado *Circumstances Affecting the Heat of Sun's Rays* en la Octava Reunión Anual de la Asociación Americana para el Avance de la Ciencia (AAAS), celebrada en agosto de 1856, por ser mujer. Buscad en Internet más información sobre este caso y otros similares en la comunidad científica. Luego, debatid sobre los avances sociales logrados en igualdad, relacionándolos con la **meta 5.5**.

**2** ¿Cuál es el PGC del dióxido de carbono? ¿Qué GEI tiene el mayor PGC?

**3** Diseñad una infografía en la que abordéis el impacto de los GEI en el clima a fin de contribuir en la consecución de la **meta 13.3**.

*Antes de empezar a estudiar esta unidad, consulta la presentación «Qué necesitas saber» en anayaeducacion.es.*

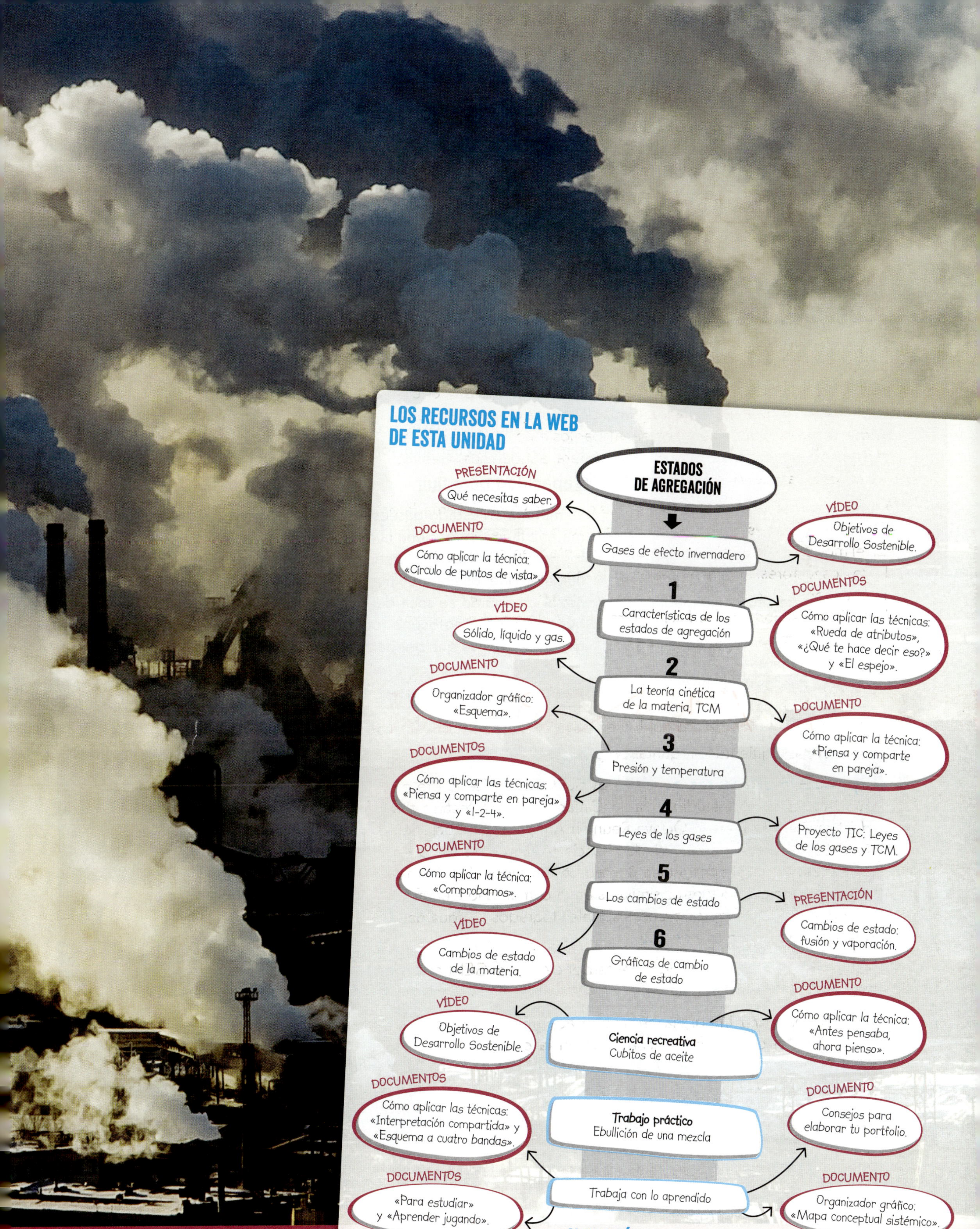

## LOS RECURSOS EN LA WEB DE ESTA UNIDAD

### ESTADOS DE AGREGACIÓN

**Gases de efecto invernadero**
- PRESENTACIÓN: Qué necesitas saber.
- DOCUMENTO: Cómo aplicar la técnica: «Círculo de puntos de vista».
- VÍDEO: Objetivos de Desarrollo Sostenible.

**1 Características de los estados de agregación**
- DOCUMENTOS: Cómo aplicar las técnicas: «Rueda de atributos», «¿Qué te hace decir eso?» y «El espejo».

**2 La teoría cinética de la materia, TCM**
- VÍDEO: Sólido, líquido y gas.
- DOCUMENTO: Cómo aplicar la técnica: «Piensa y comparte en pareja».

**3 Presión y temperatura**
- DOCUMENTO: Organizador gráfico: «Esquema».
- DOCUMENTOS: Cómo aplicar las técnicas: «Piensa y comparte en pareja» y «1-2-4».

**4 Leyes de los gases**
- Proyecto TIC: Leyes de los gases y TCM.
- DOCUMENTO: Cómo aplicar la técnica: «Comprobamos».

**5 Los cambios de estado**
- PRESENTACIÓN: Cambios de estado: fusión y vaporación.
- VÍDEO: Cambios de estado de la materia.

**6 Gráficas de cambio de estado**

**Ciencia recreativa** Cubitos de aceite
- VÍDEO: Objetivos de Desarrollo Sostenible.
- DOCUMENTO: Cómo aplicar la técnica: «Antes pensaba, ahora pienso».

**Trabajo práctico** Ebullición de una mezcla
- DOCUMENTOS: Cómo aplicar las técnicas: «Interpretación compartida» y «Esquema a cuatro bandas».

**Trabaja con lo aprendido**
- DOCUMENTOS: «Para estudiar» y «Aprender jugando».
- DOCUMENTO: Consejos para elaborar tu portfolio.
- DOCUMENTO: Organizador gráfico: «Mapa conceptual sistémico».

**Y ADEMÁS...** Soluciones de todas las actividades numéricas

# 1 CARACTERÍSTICAS DE LOS ESTADOS DE AGREGACIÓN

La materia se puede presentar en tres estados de agregación en las condiciones de presión y temperatura de la superficie terrestre: sólido, líquido y gaseoso. Para diferenciar un estado de agregación de otro, basta con acudir a nuestra experiencia. Sin embargo, es conveniente sistematizar estas diferencias atendiendo a algunas características.

## 1.1 Forma, volumen y capacidad para fluir

### Forma y volumen

La forma de la materia en estado sólido es constante, independientemente de dónde se ubique; sin embargo, los líquidos adaptan su forma a la del recipiente que los contiene. Ambos, sólidos y líquidos, tienen volumen propio.

Por otro lado, los gases ocupan todo el volumen disponible; por tanto, diremos que no tienen ni forma ni volumen propios.

### Capacidad para fluir

La materia en estado gaseoso o en estado líquido se denomina también materia fluida, pues tiene la capacidad de moverse de un lugar a otro de forma progresiva. La diferencia principal entre los estados de la materia fluida es que los líquidos tienen volumen propio, mientras que los gases no. Si un líquido se saca del recipiente que lo contiene pierde la forma que tenía, pero no ocupa todo el volumen disponible; sin embargo, un gas sí lo hace, ya que tiende a ocupar todo el volumen disponible.

**Trabaja con las imágenes**

Si en lugar de situar una piedra en el vaso, lo llenamos de arena de playa, ¿podríamos afirmar que los sólidos adaptan su forma al recipiente que los contiene?

### Forma y volumen de los estados de agregación

**Sólidos**

La forma de la materia en estado sólido es independiente del recipiente; decimos que los sólidos tienen forma propia. Su volumen tampoco varía.

**Gases**

Los gases se adaptan a la forma del recipiente que los contiene, ocupando todo el volumen de que disponen; por eso, no tienen volumen propio.

**Líquidos**

Los líquidos adaptan su forma al recipiente que los contiene y mantienen su volumen constante, independientemente del recipiente que los contenga.

## 1.2 Capacidad para comprimirse

Los sistemas materiales que pueden comprimirse son aquellos que tienen la capacidad de disminuir su volumen bajo la acción de una fuerza. Por tanto, los sólidos no son compresibles, los líquidos apenas son compresibles y los gases son muy compresibles.

## 1.3 Capacidad para difundirse

La difusión es un fenómeno que ocurre cuando una sustancia se puede entremezclar con otra. Un gas se difunde en otro de forma muy rápida; por eso, percibimos tan fácilmente los olores. Los líquidos también pueden difundirse, aunque lo hacen de forma más lenta que los gases. Entre sólidos, la difusión es extremadamente lenta; por ello, la consideramos casi inexistente.

## 1.4 Viscosidad

La viscosidad es la resistencia al movimiento de los fluidos; por tanto, cuanto más viscoso es un sistema material, más difícilmente fluye. Existen líquidos más viscosos que el agua, como el aceite o la miel. Es importante no confundir la viscosidad con la densidad.

### Características de la materia

**Difusión**

En la percepción del sabor de un alimento, influye mucho su olor, pues, además de actuar las papilas gustativas, actúa el sentido del olfato de forma simultánea para potenciar el sentido del gusto.

**Compresión**

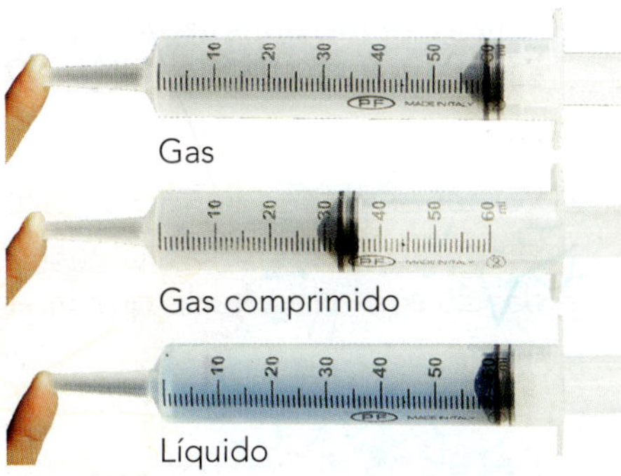


Si llenamos dos jeringas, una con un líquido y otra con un gas, taponamos las salidas y aplicamos presión, el volumen disminuye notablemente en el caso del gas y apenas nada en el líquido.

**Viscosidad**

Existen fluidos cuya viscosidad aumenta tanto al ser sometidos a tensiones que tienen un comportamiento en esas condiciones igual a un sólido; se conocen como fluidos no newtonianos.

### Comprende, piensa, investiga...

1 Explica qué significa que una porción de materia sea compresible.

2 **El espejo.** ¿Cuál es la diferencia entre fluir y difundirse? Explícalo con un ejemplo.

3 El combustible que usan las calderas de muchos hogares llega hasta ellos a través de tuberías. ¿Se trata de un combustible sólido? Averigua de cuál se trata y su procedencia.

4 Elabora una **rueda de atributos** con las características de la materia en estado líquido.

5 **¿Qué te hace decir eso?** ¿Realmente los líquidos se difunden? Para contestar a esta pregunta, investiga utilizando tinta y un vaso con agua. Explica tu procedimiento, observaciones y conclusiones. Para ello, toma datos durante la experiencia y compara tus resultados con los del resto de compañeras y compañeros.

# 2 LA TEORÍA CINÉTICA DE LA MATERIA, TCM

### ¿Cómo se mueven las partículas en un gas?

Las partículas de un gas se mueven por todo el volumen disponible en línea recta, y su recorrido será libre hasta el momento en que choquen con otra partícula o contra las paredes del recipiente, cuando cambiarán de dirección.

Todas las características que hemos visto se pueden explicar utilizando un **modelo** para describir la materia: la teoría cinético-molecular o teoría cinética de la materia, TCM.

## 2.1 Postulados de la teoría cinética

La TCM se basa, principalmente, en tres ideas para describir la materia:

1. **La materia está formada por partículas,** que podrán ser moléculas, átomos o iones. Es importante destacar que las partículas que componen la materia son características de cada sustancia, no de su estado de agregación. Por ejemplo, las moléculas de agua que componen el agua líquida son idénticas a las que componen el hielo o el vapor.
2. **Las partículas que forman la materia están en continuo movimiento.** El movimiento de las partículas en los estados sólido, líquido y gas es diferente, pues es más libre en el estado gaseoso y se limita solo a una vibración en el estado sólido.
3. **Las partículas que forman la materia se atraen entre sí.** La intensidad de estas fuerzas de atracción es diferente según sea el estado de agregación; será mayor en el estado sólido, mientras que en el estado gaseoso será prácticamente inexistente.

## 2.2 Los estados de agregación según la TCM

Los estados de agregación se pueden describir atendiendo a tres características: el **movimiento de las partículas** que forman la materia, las **fuerzas de atracción** entre ellas y el **orden o el desorden** de estas partículas en su conjunto.

Por tanto, dependiendo de la intensidad de la fuerza de atracción entre las partículas de una sustancia, su movimiento será más o menos libre, dando como resultado que la estructura esté más o menos ordenada.

### Estados de agregación según la TCM

**Sólido**

- Las fuerzas de atracción entre partículas son muy intensas.
- El movimiento de las partículas es solo de vibración, no se desplazan unas respecto de otras.
- Son estructuras ordenadas.

**Líquido**

- Las fuerzas de atracción entre partículas son intermedias.
- Las partículas se desplazan unas respecto de otras.
- Su estado es más desordenado que el sólido.

**Gas**

- Las fuerzas de atracción entre partículas son casi inexistentes.
- El movimiento de las partículas es prácticamente libre, sin dirección ni sentido concretos.
- Es el estado más desordenado.

En **anayaeducacion.es** puedes ver un vídeo sobre el movimiento de las partículas en los tres estados de agregación.

## Características de los estados de agregación según la TCM

**CAPACIDAD PARA FLUIR**

En un sólido, la forma es fija, puesto que sus partículas no pueden desplazarse unas respecto de las otras. Los líquidos se adaptan a la forma del recipiente, ya que sus partículas se desplazan, lo que hace que fluyan por el fondo del recipiente que los contiene. En los gases, las fuerzas de atracción entre sus partículas son casi nulas y por eso se mueven con total libertad ocupando todo el volumen disponible.

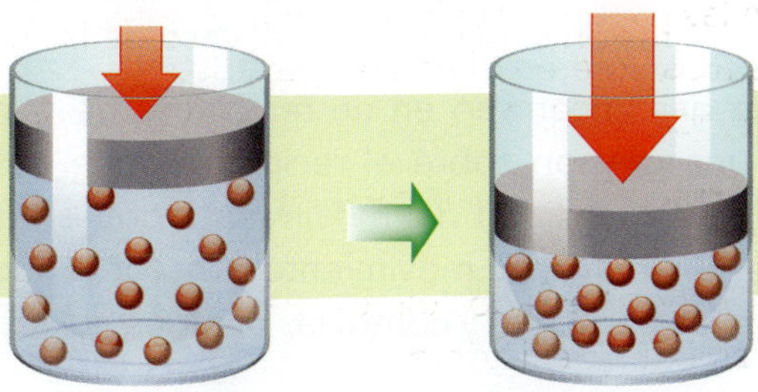

**CAPACIDAD PARA COMPRIMIRSE**

Para que un sistema material se comprima, le aplicamos presión, así disminuimos el espacio que queda entre las partículas que lo forman. En el caso de los sólidos, la compresión será imperceptible, y en el de los líquidos podrá producirse, pero apenas se notará. Sin embargo, los gases son fácilmente compresibles.

**CAPACIDAD PARA DIFUNDIRSE**

En los líquidos y en los sólidos, el espacio que hay entre las partículas es muy pequeño. Por el contrario, en los gases, el espacio que queda entre las partículas es muy grande en comparación con el tamaño de estas. Por lo que esos huecos pueden ocuparlos partículas de otra sustancia, llevándose a cabo la difusión de un gas en otro.

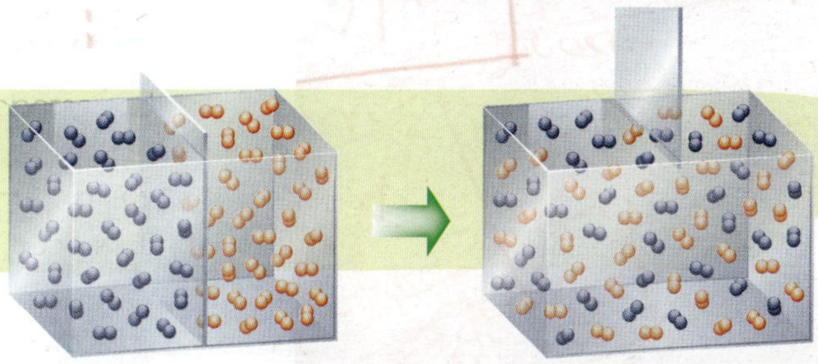

### Comprende, piensa, investiga...

**6** Busca el significado del término «discontinuo» y explica el siguiente enunciado: «A partir de las ideas de la TCM, podemos afirmar que la materia es discontinua».

**7** **Piensa y comparte en pareja.** ¿Se aprecia el movimiento en las partículas de un sólido? A partir de tu experiencia, ¿dirías que la TCM es errónea al describir el estado sólido?

**8** ¿Cómo podrías explicar qué es un «modelo» en un contexto científico? Utiliza lo explicado en la página anterior y completa tu explicación a partir de otros modelos que hayas utilizado en tu aprendizaje de ciencias.

**9** Explica, utilizando las ideas de la TCM:

a) ¿Por qué los sólidos no fluyen?

b) ¿Por qué los gases no tienen volumen propio, mientras que los líquidos sí?

**10** Indica si las afirmaciones siguientes son verdaderas o falsas y explica tu respuesta:

a) Las partículas que forman la materia en estado sólido no se mueven.

b) Las partículas que forman una sustancia en estado gaseoso son diferentes de las que forman esa misma sustancia en estado líquido.

c) Los gases son fácilmente compresibles porque sus partículas son más pequeñas que las que componen el estado líquido o sólido.

**11** Busca información sobre la ósmosis. ¿Cómo podrías relacionar este proceso con la difusión? Destaca la importancia de los dos movimientos de partículas dentro de nuestro cuerpo.

**12** Por grupos, intentad explicar la viscosidad con lo que habéis aprendido sobre la TCM.

# 3 PRESIÓN Y TEMPERATURA

La teoría cinética de la materia nos permite dar una explicación a las magnitudes que podemos observar macroscópicamente. En este epígrafe, trataremos dos de ellas, la presión y la temperatura.

## 3.1 Presión

La presión es una magnitud derivada que se define como la fuerza ejercida sobre una unidad de superficie. Su unidad en el SI es el pascal (Pa) que se define como la fuerza que ejerce un newton sobre una superficie de un metro cuadrado, 1 Pa = 1 N/m$^2$.

Cuando caminamos por la nieve, las huellas que dejamos al pisar con las botas son mucho más profundas que si vamos andando con raquetas. Esto se debe a que la fuerza que ejercen nuestros pies sobre la nieve es la misma en ambos casos, pero el área de las raquetas es mayor que la de las botas, por lo que la presión será menor en el caso de las raquetas.

Pensemos, ahora, en un gas encerrado en un recipiente de paredes rígidas. Este gas ejerce una presión sobre el recipiente, que está directamente relacionada con la intensidad del movimiento de las partículas; cuanto mayor sea la presión, mayor su movimiento y mayor el número de choques que habrá entre las partículas y contra las paredes del recipiente.

## 3.2 Presión atmosférica

La presión que ejerce la masa de aire que forma la atmósfera sobre la corteza terrestre, y sobre todos los sistemas materiales que la contienen, se denomina **presión atmosférica.** Este valor disminuye con la altitud, puesto que, a medida que ascendemos, la masa de aire que ejerce presión sobre nosotros es menor. A nivel del mar, la presión atmosférica tiene un valor de 101 300 Pa.

Para expresar el valor de la presión atmosférica se utilizan otras unidades distintas de las del SI, como son las atmósferas, atm, o los bares, bar.

1 atm = 101 300 Pa; 1,013 bar = 101 300 Pa

cuando los partículas choque chocan con el recipiente y ejercen fuerza

**Efectos de la presión**

**Presión en un sólido**

**Presión de un gas**

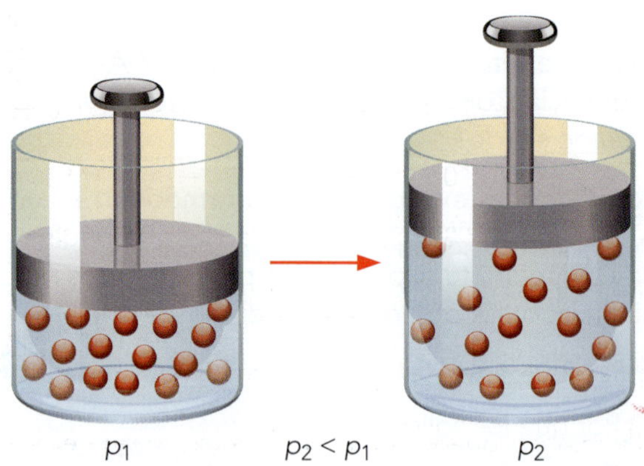

presión = pascales en SI (pa) y atmos (atm)

## 3.3 Temperatura

Igual que la presión, la temperatura también puede explicarse utilizando la TCM. La temperatura es una magnitud fundamental y su unidad en el SI es el kelvin, K.

> La **temperatura** está relacionada de forma directa con **la energía cinética** promedio del conjunto de partículas que forman el sistema material. Lo rápido con la que se mueven las partículas

La variación de la temperatura sobre un sistema material puede tener diferentes efectos; por ejemplo, la modificación del volumen. Este hecho se utiliza para medir la temperatura de los cuerpos.

### Energía cinética

La energía cinética es la asociada a un sistema material por el hecho de tener masa, *m*, y moverse a cierta velocidad, *v*. Se calcula así:

$$E_c = \frac{1}{2} \cdot m \cdot v^2$$

De acuerdo con la TCM, cuando aumentamos la temperatura de un sistema material, también lo hace la energía cinética de sus partículas.

## 3.4 Escalas de temperatura

Los termómetros son instrumentos que miden la temperatura de los cuerpos. Hasta hace no mucho tiempo, los termómetros digitales no existían, por lo que se utilizaban los tradicionales, que contenían un líquido (mercurio o un alcohol coloreado) encerrado en un tubito de vidrio. Al poner el termómetro en contacto con el cuerpo, el líquido subía o bajaba por el tubito según aumentaba o disminuía la temperatura.

> Las **escalas** de temperaturas denominadas **centígradas** están divididas en cien unidades entre la temperatura de fusión y la de ebullición del agua.

- En la **escala Celsius,** las temperaturas de **fusión** y de **ebullición del agua** son, respectivamente, **0 °C** y **100 °C,** que se leen como «cero grados Celsius» y «cien grados Celsius».
- En la **escala Kelvin,** las temperaturas de **fusión** y de **ebullición del agua** son, respectivamente, **273 K** y **373 K,** que se leen como «273 kelvin» y «373 kelvin».

### Relación entre escalas Celsius y Kelvin

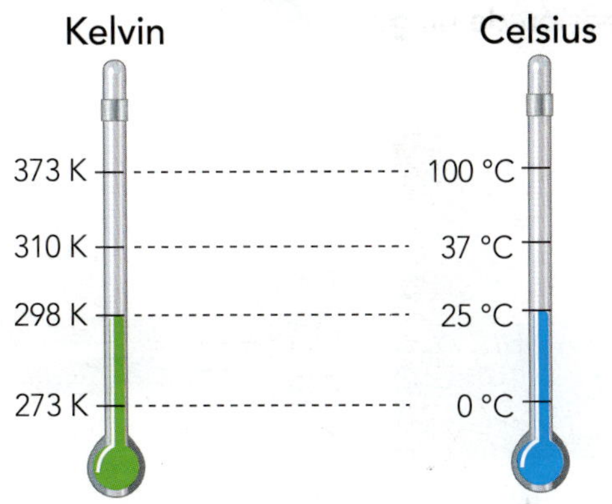


En esta imagen puedes observar la relación que existe entre las dos escalas termométricas, lo que te ayudará a obtener una expresión matemática que las relacione.

### Comprende, piensa, investiga...

**13** Realiza un **esquema** en el que relaciones estos conceptos: energía cinética de las partículas; velocidad de las partículas; número de choques; intensidad de choques; presión; temperatura.

**14** Explica por qué para medir la cantidad de aire que hay dentro de una rueda se utiliza un aparato que mide la presión.

**15** **Piensa y comparte en pareja.** ¿Qué valor de presión es el habitual en una rueda de bicicleta? ¿Te parece adecuado expresar la presión de una rueda de bicicleta en unidades del SI?

**16** Utiliza factores de conversión para expresar estas medidas en unidades SI y extrae conclusiones de las dos últimas:

a) 0,98 atm b) 1 mbar c) 1 hPa

**17** **1-2-4.** Obtén una expresión para calcular la temperatura en kelvin a partir de una medida expresada en grados Celsius, y viceversa, compárala con la de tu compañero o compañera y llegad a una respuesta común. Luego exponedla a otra pareja de la clase.

**18** Utiliza la expresión que has deducido en el ejercicio anterior para expresar en kelvin:

a) –10 °C b) 5 °C c) 0 °C

# 4 LEYES DE LOS GASES

## Gas ideal

Para el estudio de estas leyes, consideraremos que los gases se comportan de forma ideal, es decir, que las partículas que componen el gas ocupan un volumen despreciable frente al del recipiente que lo contiene, siendo las fuerzas de atracción entre ellas nulas.

## 4.1 Leyes de los gases ideales

Las leyes de los gases ideales muestran la relación entre la presión, el volumen y la temperatura de un gas. Para observar cómo varía una de estas tres magnitudes (magnitud **dependiente**), se mantiene constante otra (magnitud **controlada**) y se hace variar la tercera de ellas (magnitud **independiente**). De esta forma, las leyes de los gases ideales están consideradas leyes empíricas, pues están basadas en la experiencia; es decir, son evidencias experimentales.

Posteriormente, y a partir de la teoría cinética de la materia, es posible dar una explicación a estas observaciones. A partir de la siguiente información, realiza el proyecto de las páginas siguientes.

- **Ley de Boyle y Mariotte.** En 1662 R. Boyle y E. Mariotte estudiaron la relación entre la presión y el volumen de un gas, manteniendo constante la temperatura y observaron que, al disminuir el volumen del recipiente, la presión aumentaba, y viceversa.
- **Primera ley de Charles y Gay Lussac.** En 1802, J. L. Gay-Lussac publicó la ley empírica que lleva su nombre basándose en un artículo de 1787 de J. Charles. Esta ley recoge la observación de la variación de volumen de un gas al aumentar o disminuir su temperatura, manteniendo constante la presión.
- **Segunda ley de Charles y Gay-Lussac.** Da cuenta de la variación de la presión al aumentar o disminuir la temperatura de un gas encerrado en un recipiente de volumen constante.

## Leyes de los gases

**Ley de Boyle y Mariotte**

Al empujar el pistón, hacemos disminuir el volumen del interior de la bomba, haciendo que la presión aumente y salga el aire.

**1.ª Ley de Charles y Gay-Lussac**

Al aumentar la temperatura del aire, el volumen también lo hace, provocando que disminuya la densidad y el globo ascienda.

**2.ª Ley de Charles y Gay-Lussac**

Al aumentar la temperatura del vapor, aumenta la presión dentro de la olla, ya que un aumento del volumen no es posible, pues el recipiente es rígido.

## Proyecto TIC: Las leyes de los gases y la TCM

### CONSIDERACIONES GENERALES

Para elaborar este proyecto, vamos a utilizar un simulador del comportamiento de un gas basado en la TCM, al que puedes acceder a través de **anayaeducacion.es**. En los tres experimentos, empezaremos la práctica introduciendo partículas del gas de color azul en el recipiente y midiendo los valores de presión, temperatura y volumen iniciales.

### LEY DE BOYLE Y MARIOTTE

1. Mantenemos constante la temperatura durante el proceso.
2. Variamos el volumen y vemos qué ocurre con la presión. Apuntamos los valores que vamos obteniendo.

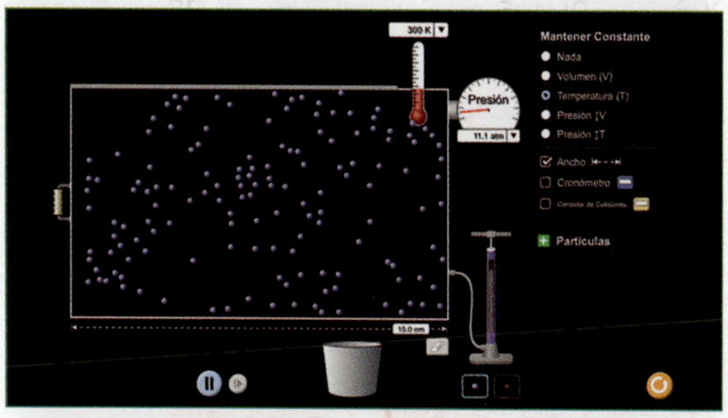


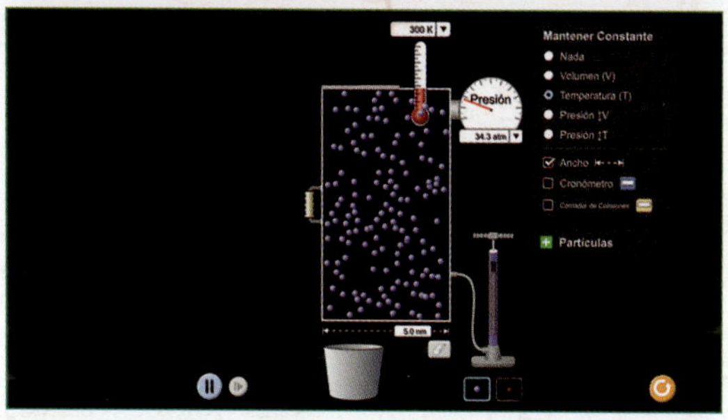


#### CONCLUSIONES

Así, la relación matemática entre la presión y el volumen es inversamente proporcional:

$$p \cdot V = \text{cte.} \qquad p_1 \cdot V_1 = p_2 \cdot V_2$$

Según la TCM, a mayor velocidad de las partículas, mayor número de choques entres las partículas y contra las paredes del recipiente. ¿Qué observas cuando aumentas el volumen del recipiente? ¿Y cuando lo disminuyes?

### Ejercicio resuelto

**1 Un cilindro con un émbolo móvil contiene un gas encerrado a 2,25 atm de presión. Si se mueve el émbolo hasta un volumen de 13,9 dm³, la presión baja hasta 0,98 atm. ¿Qué volumen ocupaba el gas inicialmente?**

El siguiente esquema nos permite visualizar los datos de los que disponemos y la magnitud física que debemos calcular:

$p_1 = 2{,}25$ atm; $V_1 = ?$ → $p_2 = 0{,}98$ atm; $V_2 = 13{,}9$ dm$^3$

A partir de la ley de Boyle y Mariotte, resulta:

$$p_1 \cdot V_1 = p_2 \cdot V_2$$

$$2{,}25 \text{ atm} \cdot V_1 = 0{,}98 \text{ atm} \cdot 13{,}9 \text{ dm}^3$$

$$V_1 = 6{,}05 \text{ dm}^3$$

### Comprende, piensa, investiga...

**19** Un grupo de estudiantes encuentra que cuando el volumen que ocupa un gas encerrado en un cilindro con un émbolo móvil es de 2,5 dm³, la presión que ejerce es de 2,0 atm. Con este dato, completa los valores de la siguiente tabla, expresando la presión en atm y el volumen en dm³.

| **p/atm** | 2,2 | | | 0,90 | |
|---|---|---|---|---|---|
| **V/dm³** | | 2,5 | 3,0 | | 3,0 |

Una vez completada la tabla, dibuja la gráfica con los datos calculados, colocando el volumen en el eje *X* y la presión en el eje *Y*.

**20** **Comprobamos.** Si tenemos un gas encerrado a una presión de 3,7 atm en un recipiente de 4,5 L, y aumentamos su volumen hasta 18,5 L, ¿qué presión tendrá el gas entonces? ¿Qué ocurriría si aumentamos la presión hasta 8,5 atm?

## Proyecto TIC: Las leyes de los gases y la TCM

### PRIMERA LEY DE CHARLES Y GAY-LUSSAC

1. Fijamos la presión constante.
2. Primero, aumentamos el volumen del recipiente y observamos el cambio en la temperatura.
3. A continuación, aumentamos y disminuimos la temperatura y observamos el cambio en el volumen.

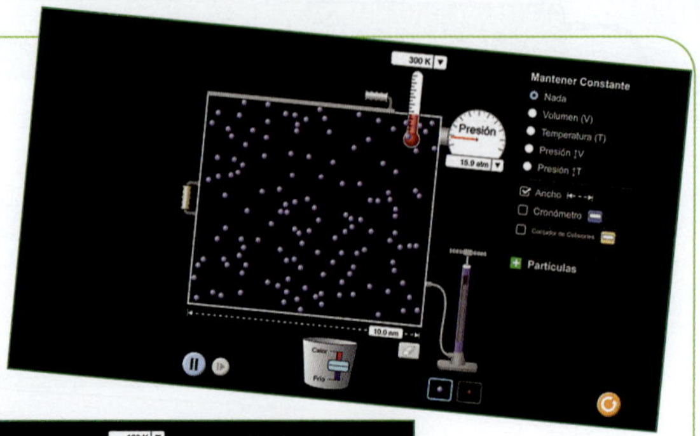


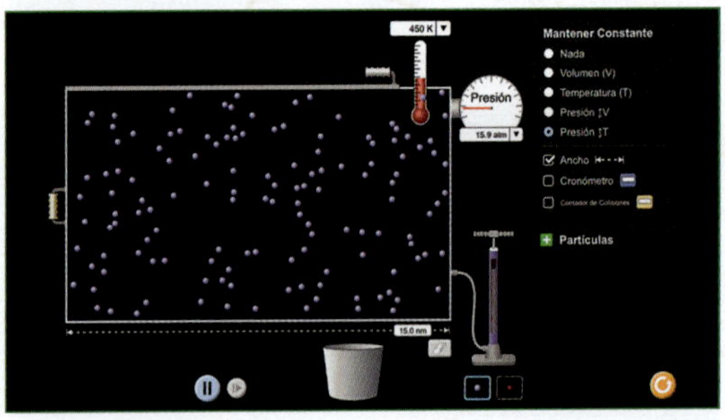


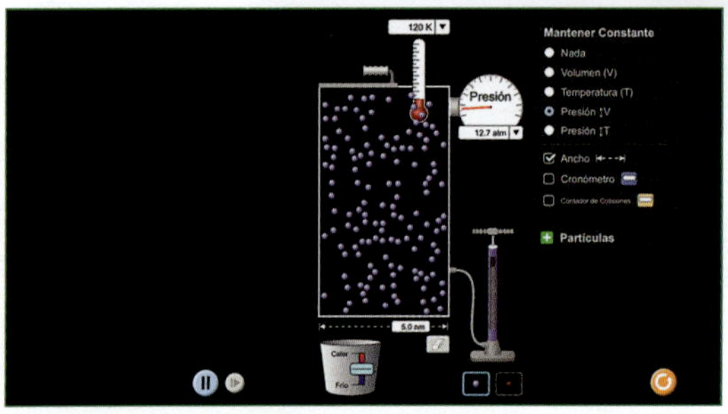


#### CONCLUSIONES

Así, la relación matemática entre la temperatura y el volumen es directamente proporcional:

$$\frac{V}{T} = \text{cte.} \qquad \frac{V_1}{T_1} = \frac{V_2}{T_2}$$

Como sabemos, las partículas de un gas se distribuyen por todo el volumen disponible. Además, la TCM afirma que los choques entre partículas y contra las paredes del recipiente aumentan con la velocidad. ¿Qué ocurre con la velocidad de las partículas en cada caso?

### Ejercicio resuelto

**2** **Un cilindro de 15,0 m de altura y 2,5 m de radio está provisto de una pared móvil, y contiene un gas a –10 °C. Si se caliente el gas hasta 0 °C, ¿qué volumen ocupará ahora el gas?**

Planteamos el problema de forma análoga al ejercicio resuelto 1, calculando previamente el volumen del cilindro:

| Situación inicial | → | Situación final |
|---|---|---|
| $V_1 = 294{,}4\ \text{m}^3$ | | $V_2 = ?$ |
| $T_1 = -10 + 273 = 263\ \text{K}$ | | $T_2 = 0 + 273 = 273\ \text{K}$ |

Sustituyendo los datos en la expresión matemática de la primera ley de Charles y Gay-Lussac, se obtiene el siguiente resultado:

$$\frac{294{,}4\,\text{m}^3}{263\,\text{K}} = \frac{V_2}{273\,\text{K}} \rightarrow V_2 = 305{,}6\,\text{m}^3$$

### Comprende, piensa, investiga...

**21** Con un cilindro de émbolo móvil que lleva acoplado un termómetro, se va midiendo el volumen que ocupa una masa de gas a medida que se va calentando. Los valores obtenidos aparecen en la tabla:

| **t/° C** | 10 | 25 | 40 | 60 | 85 |
|---|---|---|---|---|---|
| **V/dm³** | 15,0 | 15,9 | 16,7 | 17,5 | 19,1 |

a) Comprueba que el coeficiente $V/T$ es constante.

b) Representa gráficamente las parejas de valores, donde la temperatura ha de estar en kelvin.

c) Calcula a partir de la gráfica el volumen que ocuparía el gas a $t = 35$ °C.

**22** En un recipiente rígido con una de sus paredes móvil, se introduce un gas que ocupa un volumen de 40 L a 60 °C. Si la presión es constante y la temperatura asciende hasta 130 °C, ¿qué ocurre con el gas, se expande o se comprime?

### SEGUNDA LEY DE CHARLES Y GAY-LUSSAC

1. Fijamos el volumen constante.
2. A continuación, aumentamos y disminuimos la temperatura y observamos lo que ocurre con la presión.

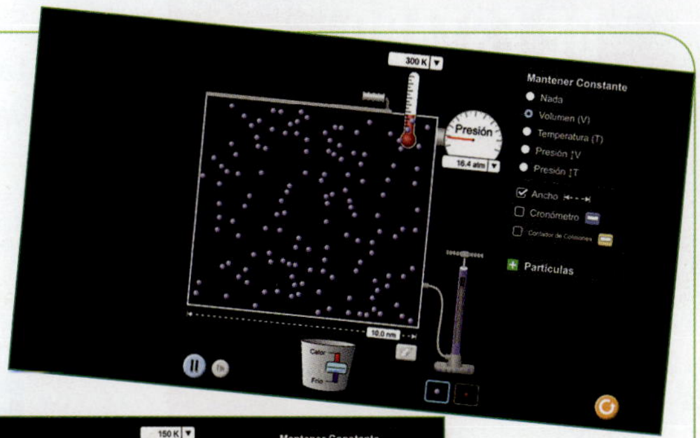


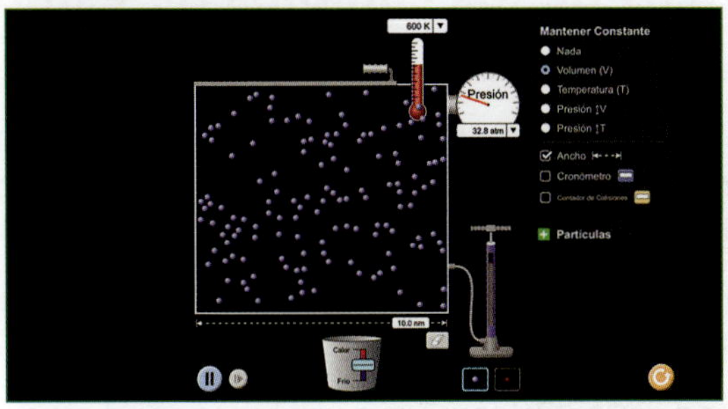


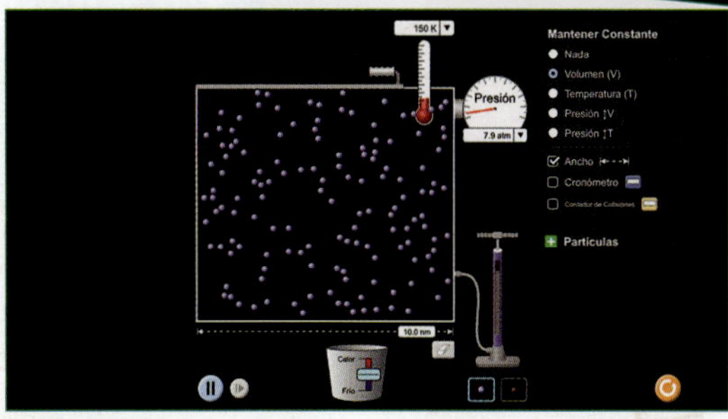


#### CONCLUSIONES

En este caso, la relación matemática entre la temperatura y la presión es directamente proporcional:

$$\frac{p}{T} = \text{cte.} \qquad \frac{p_1}{T_1} = \frac{p_2}{T_2}$$

En esta simulación, no podemos variar la presión respecto a la temperatura manteniendo el volumen constante. Teniendo en cuenta la TCM, explica qué observarías en el movimiento de las partículas si aumentas la presión manteniendo el volumen constante. ¿Qué ocurre con la velocidad de las partículas?

## Ejercicio resuelto

**3** **Un cilindro de paredes fijas contiene cierta masa de gas a 12,5 atm y 40 °C. Si la presión máxima que puede soportar es de 25,0 atm, ¿hasta qué temperatura se podrá calentar sin peligro?**

El planteamiento del problema queda reflejado en el siguiente esquema, en el que tenemos en cuenta que la temperatura se debe expresar en kelvin:

| Situación inicial | → | Situación final |
|---|---|---|
| $p_1 = 12{,}5$ atm | | $p_2 = 25{,}0$ atm |
| $T_2 = 40 + 273 = 313$ K | | $T_2 = ?$ |

$$\frac{12{,}5\,\text{atm}}{313\,\text{K}} = \frac{25{,}0\,\text{atm}}{T_2} \rightarrow T_2 = 626\,\text{K}\,(353\,°\text{C})$$

Por tanto, si se ha duplicado la presión, es porque lo ha hecho la temperatura. Esto solo sucede si se resuelve el ejercicio en la escala Kelvin.

## Comprende, piensa, investiga...

**23** ¿A qué presión se encuentra un gas a la temperatura de 70 °C si a 20 °C su presión era de 1 atm y no ha variado el volumen?

**24** Un gas encerrado en un recipiente de volumen constante tiene el siguiente comportamiento:

| **p/atm** | 0,1 | 0,5 | | 1,0 | 2,7 |
|---|---|---|---|---|---|
| **T/K** | 30 | | 300 | | |

Calcula los valores de las magnitudes que faltan para completar la gráfica y dibuja la gráfica que los representa, colocando la temperatura en el eje *X* y la temperatura en el eje *Y*.

**25** Un globo tiene encerrados 35 L de un gas a una presión de 1,3 atm. Sabemos que el volumen máximo que puede tener es de 55 L. ¿Qué presión tendrá como máximo en esas circunstancias?

# 5
# LOS CAMBIOS DE ESTADO

## 5.1 Cambios de estado

Según sean las condiciones de presión y temperatura, una misma sustancia se puede presentar en distintos estados de agregación; por tanto, variando estas condiciones se puede provocar un cambio de estado.

Un **cambio de estado** es un **cambio físico** que experimenta un sistema material al pasar de un estado de agregación a otro.

## 5.2 Características de los cambios de estado

Sea cual sea el cambio de estado, se cumple que:

- La temperatura a la que ocurre, para cierto valor de presión, es un valor fijo, denominado **temperatura de cambio de estado.** Este valor es propio de cada sustancia.
- Mientras ocurre un cambio de estado, **la temperatura no varía,** aunque estemos enfriando o calentando.
- Los cambios de estado **son reversibles;** si revertimos las condiciones de temperatura, la materia vuelve a su estado original.

Para que tenga lugar un cambio de estado, es necesario:

- **Enfriar el sistema** hasta que se alcance la temperatura de cambio de estado, y continuar enfriando durante el cambio de estado. Son los **cambios de estado regresivos** y son la sublimación inversa, la condensación y la solidificación. Estos tres cambios de estado parten de un estado de agregación más desordenado que el estado en el que queda el sistema cuando el cambio de estado termina.
- **Calentar el sistema** hasta el valor de temperatura de cambio de estado y continuar calentando mientras dura el cambio de estado. Son los denominados **cambios de estado progresivos** y son la sublimación, la vaporización y la fusión. Al contrario que en los regresivos, se parte de un estado más ordenado y se alcanza un estado más desordenado.

### Cambios de estado

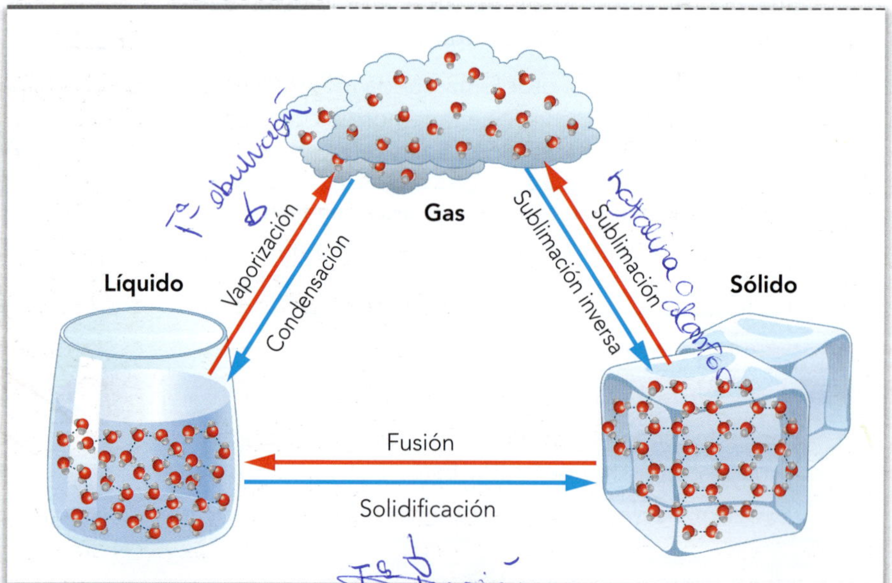


En **anayaeducacion.es** tienes un vídeo con actividades sobre los cambios de estado del agua.

## 5.3 Temperaturas de cambio de estado

A cada cambio progresivo le corresponde uno regresivo. La temperatura a la que ocurre cada pareja de cambios de estado, para una presión dada, es idéntica y característica de cada sustancia.

- **La temperatura de fusión ($T_f$)** es la temperatura a la que ocurren la fusión y la solidificación. Por ejemplo, en el caso del agua, la temperatura a la que ocurre la solidificación es la misma a la que ocurre la fusión, y es de 0 °C, para la presión atmosférica. Así, a 0 °C coexisten el agua en estado líquido y el agua en estado sólido (hielo).
- **La temperatura de ebullición ($T_e$)** es la temperatura a la que ocurre el cambio de estado de vaporización en toda la masa del líquido, la ebullición. A esta temperatura ocurre simultáneamente la condensación del gas a líquido. El valor de la temperatura de ebullición del agua a la presión atmosférica es de 100 °C. Si la presión es menor, la temperatura de ebullición también será menor.

Las **temperaturas de fusión y ebullición** son características de cada sustancia, por tanto, se trata de **propiedades específicas,** que nos permiten **diferenciar una sustancia de otra.**

## 5.4 Formas de vaporización: ebullición y evaporación

El cambio de estado de líquido a gas puede tener lugar de dos formas diferentes: la **ebullición** y la **evaporación.** A una presión determinada, la ebullición siempre ocurre a un valor fijo de temperatura, mientras que la evaporación es superficial y se produce en un amplio intervalo de temperaturas. La ebullición es un fenómeno rápido, que ocurre en toda la masa del líquido a la vez, y, sin embargo, la evaporación es mucho más lenta y solo se lleva a cabo en la superficie del líquido. Observa los ejemplos que se muestran a continuación:

### Comprende, piensa, investiga...

**26** Busca las temperaturas de fusión y ebullición del agua, el etanol y el mercurio. Responde a las siguientes preguntas:

a) ¿En qué estado de agregación se encuentran las sustancias a –10 °C, –50 °C, 10 °C y 120 °C?

b) ¿En qué estado de agregación se encuentra el agua a 0 °C? ¿Y el etanol a –114 °C?

**27** Define utilizando tus propias palabras:

a) Solidificación.

b) Sublimación.

c) Vaporización.

**28** No todas las sustancias subliman. Busca información sobre una sustancia que sublime y explícalo.

### Dos formas de vaporización: evaporación y ebullición

**Evaporación**

Este cambio es progresivo y ocurre en la superficie del líquido en un amplio intervalo de temperaturas, desde la temperatura de fusión hasta la temperatura de ebullición.

**Ebullición**

Es un cambio brusco en el que el líquido pasa a estado gaseoso de forma repentina. Se generan agregados de partículas separadas, en estado gaseoso, en toda la masa del líquido.

En anayaeducacion.es tienes una presentación que explica la fusión y la vaporización a partir de la TCM.

# 6 GRÁFICAS DE CAMBIOS DE ESTADO

## 6.1 Nociones de calor y temperatura

Los cambios de estado pueden ocurrir variando la temperatura del sistema. Para ello, será necesario **intercambiar energía en forma de calor** entre el sistema y sus alrededores.

- Si el intercambio de energía en forma de calor se hace desde el exterior hacia el sistema, diremos que estamos calentando el sistema. La energía térmica del sistema aumenta.
- Si, por el contrario, la trasferencia de calor se produce desde el sistema hacia el exterior (sus alrededores), diremos que estamos enfriando el sistema, obteniendo así una disminución de la energía térmica.

### Energía térmica

Más adelante, veremos que la energía térmica está relacionada con el movimiento de las partículas que constituyen un sistema material; por tanto, está directamente relacionada con la energía cinética de dichas partículas.

## 6.2 Gráfica de cambios de estado progresivos

Cuando **aumentamos la energía térmica del sistema,** aumenta la energía cinética de sus partículas y se pueden dar dos situaciones:

- El aumento de energía cinética de las partículas **se manifiesta como un aumento de temperatura.**
- El aumento de la energía cinética de las partículas provoca que el movimiento de unas respecto a otras cambie, y también la intensidad de las fuerzas de atracción entre ellas y, por tanto, **ocurra un cambio de estado.**

La siguiente gráfica la obtenemos al ir calentando de forma constante una muestra sólida de agua (hielo) hasta su estado gaseoso. Para ello, iremos midiendo la temperatura a intervalos constantes de tiempo. Observamos que la temperatura va aumentando, excepto cuando se produce el cambio de estado, que se mantiene constante durante un tiempo.

### Gráfica de calentamiento del agua

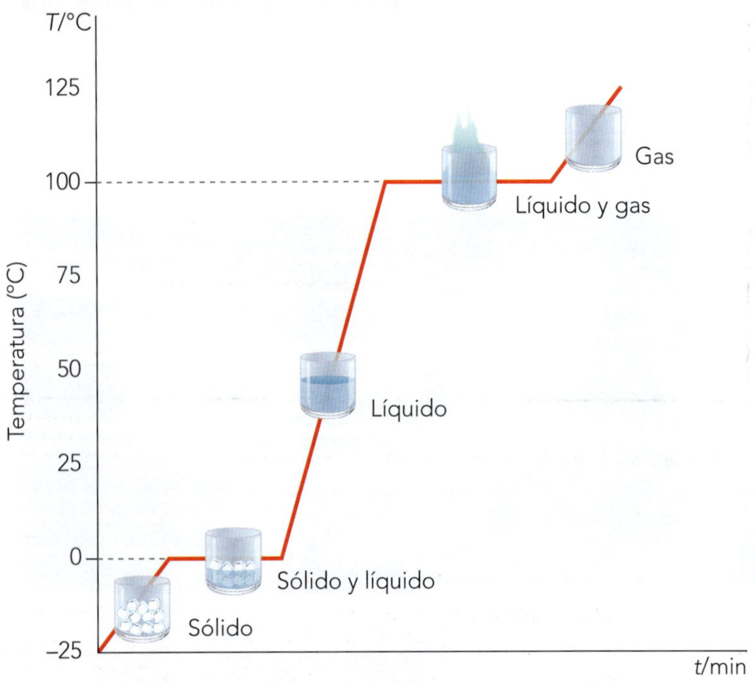


1. La energía suministrada aumenta la agitación de las partículas del sólido, y aumenta su temperatura.
2. Temperatura de fusión. La energía se invierte en dar libertad a las partículas, dando lugar al líquido. La temperatura no varía durante el cambio de estado.
3. Una vez fundido todo el sólido, la energía se invierte en aumentar la temperatura; es decir, la velocidad de las partículas.
4. Temperatura de ebullición. Se produce la vaporización de forma repentina. Para temperaturas inferiores ha ido teniendo lugar una evaporación superficial, pero ahora la temperatura permanecerá constante mientras dure la ebullición.
5. Si continuamos calentando, obtendremos un vapor cuya temperatura va aumentando (vapor sobrecalentado).

## 6.3 Gráfica de cambios de estado regresivos

Imaginemos que realizamos el experimento contrario, es decir, partimos de un sistema material en estado gaseoso y vamos disminuyendo la temperatura del sistema hasta que se alcanza la temperatura de cambio de estado. Mientras dure el cambio de estado, la temperatura permanecerá constante, igual que cuando ocurre un cambio de estado progresivo.

La **temperatura** de un cambio de **estado progresivo** es la **misma** que la de su correspondiente cambio de **estado regresivo.** Podemos afirmar que a esta temperatura coexisten los dos estados de agregación.

A partir de las temperaturas de fusión y ebullición de una sustancia, es posible dibujar de forma esquemática la gráfica de cambios de estado progresivos y regresivos. Observa el siguiente ejercicio resuelto.

### Ejercicio resuelto

**4** **Las temperaturas de fusión y ebullición de la acetona son –95 °C y 56 °C, respectivamente.**

**Dibuja esquemáticamente la curva de calentamiento de esta sustancia y, a partir de ella, indica el estado de agregación en el que se encontrará a:**

**a) 0 °C.** **b) 100 °C.**

Construimos un esquema de la curva de enfriamiento, representada en la figura de la derecha. No conocemos los valores de energía que esta sustancia cede durante su enfriamiento o durante los cambios de estados regresivos; por ello, la escala del eje de abscisas es arbitraria (si suponemos que la energía se absorbe a un ritmo constante, podemos situar en el eje de abscisas el tiempo que dura el proceso en lugar de la energía absorbida, de modo que para confeccionar la gráfica experimentalmente mediremos la temperatura a intervalos de tiempo fijos).

A 0 °C, la acetona estará en estado líquido y a 100 °C estará en estado gaseoso.

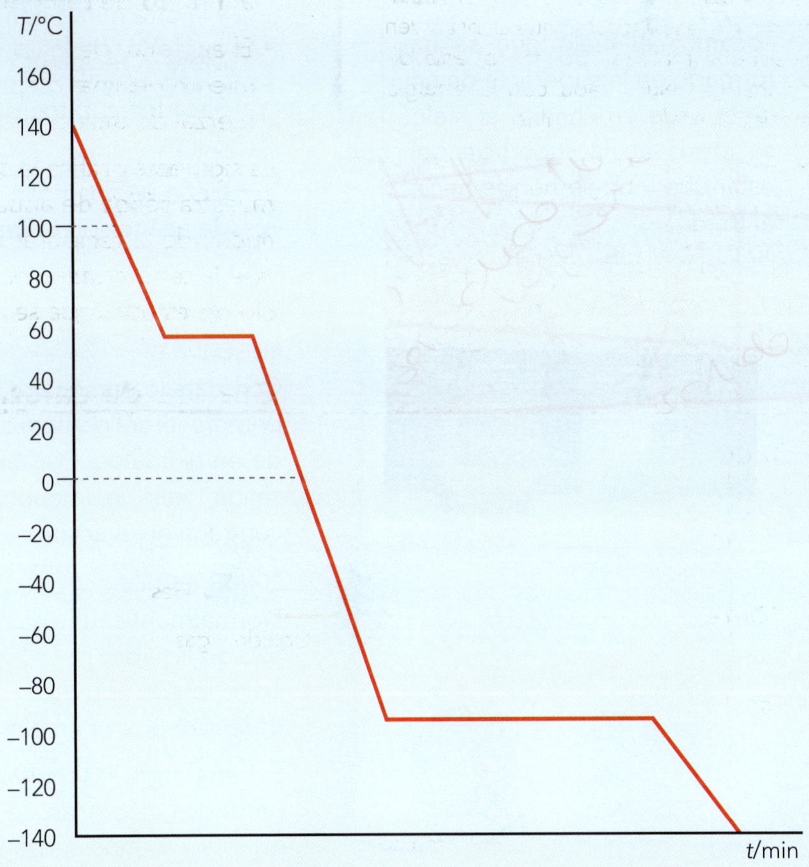


### Comprende, piensa, investiga...

**29** Explica si la siguiente afirmación es verdadera o falsa: «Todas las sustancias se congelan a la temperatura de 0 °C y ebullen a la de 100 °C».

**30** Construye las gráficas de calentamiento y enfriamiento del etanol sabiendo que su temperatura de fusión es de –117 °C y que la de ebullición es de 79 °C.

En anayaeducacion.es puedes encontrar diferentes profesiones que están relacionadas con frenar el calentamiento global y sus efectos negativos en el planeta.

# CUBITOS DE ACEITE

## INTRODUCCIÓN

La sustancia más común que tenemos a nuestro alcance es el agua, cuya fórmula química es $H_2O$.

Es vital para el planeta y uno de nuestros nutrientes principales. Muchas de sus características difieren de las del resto de sustancias, aunque por su cotidianidad nos resulten familiares. De hecho, el agua es una excepción para casi todo.

## ANALIZA

El hielo flota en el agua líquida. Lo observamos cuando:

- Bebemos un refresco al que hemos echado hielo; los cubitos flotan, no se quedan en el fondo.
- Tocamos el hielo que se ha formado en la superficie de un lago, o de un charco; el hielo se forma en la superficie del estanque y no se hunde hacia el fondo.

## MATERIAL

- Agua • Aceite de oliva • Recipiente para hacer cubitos de hielo
- Congelador • Dos vasos • Cucharilla de plástico.

## EXPERIMENTA

- Llena la mitad del recipiente para hacer cubitos de hielo con agua y la otra mitad con aceite de oliva.
- Mete el recipiente en el congelador y espera un día.
- Saca los cubitos de agua sólida y ponlos en un vaso con agua líquida.
- Llena un vaso con aceite de oliva y, con cuidado echa los cubitos de aceite sólido dentro.

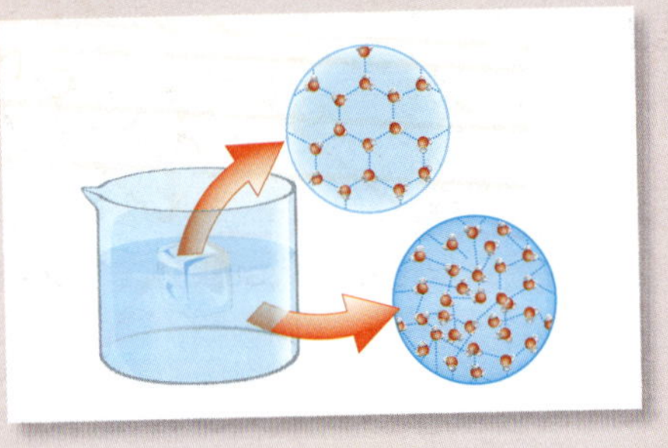

## REFLEXIONA

Compara lo que ocurre en el vaso con agua y en el vaso con aceite. En el primero, el sólido flota sobre el líquido, y en el segundo, el sólido se hunde en el líquido. Por tanto, se puede afirmar que la densidad del agua sólida, hielo, es menor que la del agua líquida y que ocurre de forma contraria en el aceite.

## CONCLUSIONES

Normalmente, una sustancia en estado sólido es más densa que en estado líquido, pues las partículas que la forman están más separadas en el estado líquido, ocupando más volumen, para la misma masa. Esto es lo que ocurre en el aceite.

Sin embargo, las moléculas de agua, por su forma particular y sus propiedades eléctricas, se agrupan formando una estructura mucho más abierta y menos densa en el estado sólido.

## UN PASO MÁS

**Antes pensaba, ahora pienso.** A partir de la **meta 13.2**, responde:

1. Según la tendencia de las últimas décadas, el nivel del mar seguirá subiendo. ¿Por qué puede producirse este hecho?
2. ¿Cómo afecta la fusión de los hielos continentales y los oceánicos al nivel del mar?

## EBULLICIÓN DE UNA MEZCLA

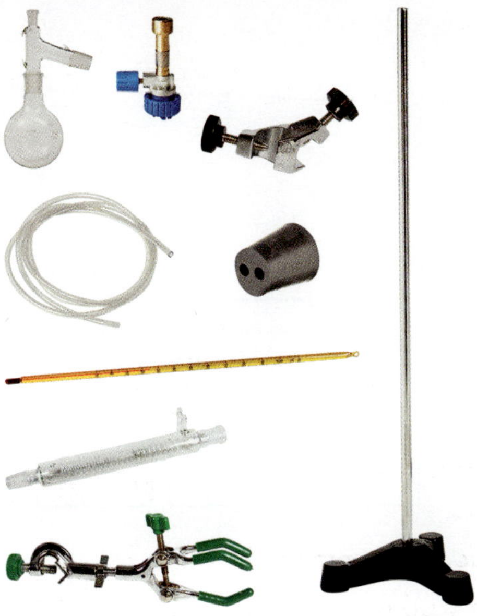

Material necesario.

**PLANTEAMIENTO DEL PROBLEMA. OBJETIVO**

El objetivo de esta práctica es observar un cambio de estado de una mezcla de etanol y agua y registrar la temperatura a la que se produce.

**ANTES DE EMPEZAR**

Antes de continuar leyendo, infórmate sobre las temperaturas de ebullición del etanol y del agua, y sobre la evolución de la temperatura en el cambio de estado de una mezcla.

**PROCEDIMIENTO**

Durante el cambio de estado de una sustancia pura, la temperatura no varía. Sin embargo, si se trata de una mezcla, la temperatura varía de forma paulatina. Observa y registra la temperatura de ebullición de una mezcla de etanol y agua, siguiendo los pasos de la experiencia.

**MATERIALES**

• Matraz de fondo redondo con rama lateral • Tapón horadado • Refrigerante • Termómetro • Soporte • Pinza • Nuez doble • Fuente de calor • Gomas conectoras • Grifo de agua.

**ORIENTACIONES PARA LA REALIZACIÓN DE LA EXPERIENCIA**

- Prepara una mezcla a volúmenes iguales de agua y etanol. La proporción es orientativa.
- Pon la mezcla en el matraz de fondo redondo. Introduce el termómetro en el tapón horadado y tapa el matraz.
- Introduce la rama lateral al refrigerante y conecta el agua de refrigeración.
- Aplica la fuente de calor al matraz, sujetándolo previamente al soporte con ayuda de la nuez doble y la pinza.
- Registra la temperatura a intervalos de tiempo iguales, manteniendo la velocidad de calefacción constante. Marca la temperatura a la que comienza la ebullición.
- Recoge tus resultados en una tabla.

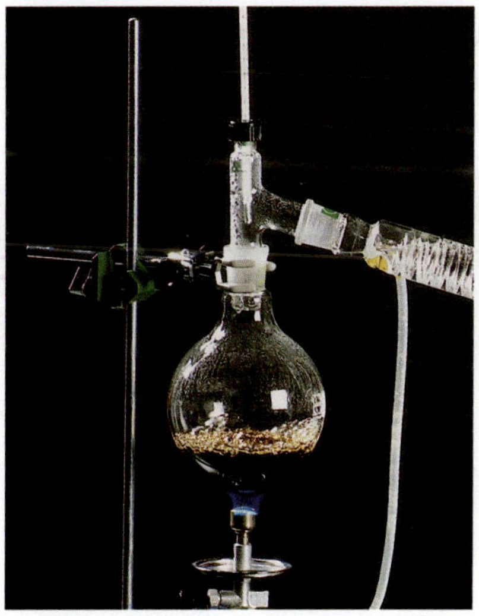

Montaje para realizar la experiencia.

### Extrae conclusiones...

1 ¿A qué temperatura ha comenzado la ebullición de la mezcla? ¿Has observado el desprendimiento de vapores antes de que comenzara la ebullición? ¿Cómo podrías explicarlo? ¿Qué líquido ebulle primero?

2 Construye un gráfico con los resultados de la experiencia. Anota en él el valor de la temperatura a la que comienza la ebullición de la mezcla.

3 A partir del gráfico, indica si la temperatura se mantiene constante durante el cambio de estado.

4 Busca información sobre la gráfica de cambio de estado del agua y del etanol, y compárala con la que has obtenido en la experiencia.

5 ¿En qué habrían cambiado los resultados si hubiéramos realizado la experiencia con etanol puro?

Recuerda seleccionar el material de trabajo de esta unidad para tu **portfolio.**

## TRABAJA CON LO APRENDIDO

### ORGANIZO MI MENTE · Mapa conceptual sistémico

1 Copia el esquema en tu cuaderno y completa los huecos con lo aprendido en la unidad.

2 Redacta un texto explicando cómo se relaciona la presión con las ideas de la teoría cinética.

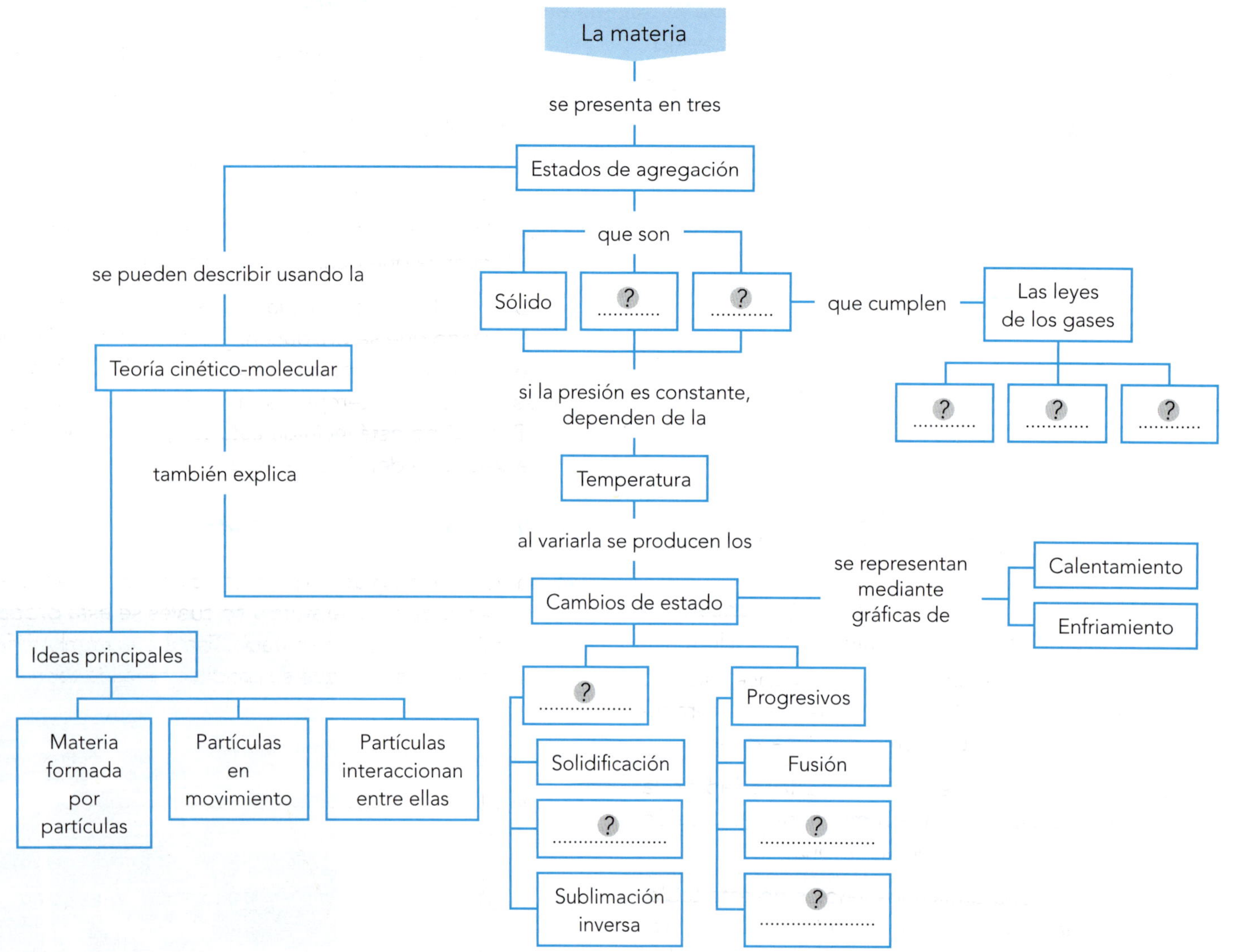


### Características de los estados de agregación

1 **Interpretación compartida.** Indica si las siguientes afirmaciones son verdaderas o falsas y explica tu respuesta:

a) La variación de volumen que puede experimentar un gas es mucho mayor que la que puede darse en un sólido.

b) Tanto líquidos como gases son fácilmente compresibles; es decir, podemos disminuir su volumen aplicando presión.

c) Decimos que los gases no tienen forma propia porque pueden fluir.

### La teoría cinética de la materia

2 Indica cuáles de estas afirmaciones son falsas:

a) La materia es continua.

b) Las partículas que forman el estado sólido no se mueven en absoluto.

c) Las partículas que forman una sustancia son diferentes si la sustancia se encuentra en estado sólido, líquido o gaseoso.

d) Las fuerzas de atracción entre las partículas que forman la materia son muy intensas en estado gaseoso y casi nulas en estado sólido.

Recuerda que puedes consultar las soluciones de todas las actividades numéricas en **anayaeducacion.es**.

**3** Si tenemos una sustancia, por ejemplo el agua, en los tres estados de agregación de la materia, ¿cuál de las siguientes opciones es cierta?

a) Las partículas que la componen son más pesadas en estado sólido.

b) Las partículas en estado gaseoso no tienen masa.

c) Las partículas en estado líquido se deforman con facilidad.

d) Las partículas son iguales, y tienen las mismas características sea cual sea el estado de agregación.

## Presión y temperatura

**4** Realizad un **esquema a cuatro bandas** relacionando la descripción de la materia según la TCM en estado gaseoso (partículas, velocidad, choques) y las magnitudes observables presión y temperatura.

## Leyes de los gases

**5** Indica si las siguientes afirmaciones sobre el comportamiento de los gases son verdaderas o falsas, y explica por qué:

a) Al aumentar la temperatura de un gas encerrado en un recipiente rígido, disminuye su presión.

b) Al disminuir el volumen de un gas encerrado en un recipiente, manteniendo constante la temperatura, aumenta la presión que ejerce el gas.

**6** Razona acerca de la veracidad o la falsedad de la frase: «Al triplicar el volumen de un gas, la presión que ejerce se hace tres veces mayor».

**7** Representa en una gráfica los valores de esta tabla. A partir de la representación, calcula el valor aproximado de la presión, en unidades SI, que ejercerá el gas cuando el volumen sea de 0,7 L.

| *p*/atm | 1,5 | 1,2 | 0,9 | 0,6 | 0,3 |
|---|---|---|---|---|---|
| *V*/L | 0,18 | 0,225 | 0,3 | 0,45 | 0,9 |

**8** Explica, poniendo dos ejemplos numéricos concretos de $p$ y $V$, cómo es la relación entre estas dos magnitudes (si aumenta el valor de una de ellas, qué ocurre con el valor de la otra).

**9** Un cilindro de 2,5 $m^3$ con un émbolo móvil contiene nitrógeno. Si inicialmente $p$ = 13,0 atm y se aumenta la presión hasta 19,5 atm, el émbolo, ¿subiría o bajaría? ¿Qué volumen ocuparía el gas?

**10** ¿Qué ocurriría si se calentase mucho una olla a presión de cocina y fallase la válvula de seguridad?

**11** Un cilindro con un émbolo se llena con 25 $cm^3$ de aire a 15 °C. Si su volumen máximo es de 30 $cm^3$, ¿hasta qué temperatura se puede calentar a $p$ = cte?

## Los cambios de estado

**12** Indica si estas afirmaciones son verdaderas o falsas:

a) La temperatura de fusión es el momento en el que tiene lugar la fusión de una sustancia.

b) La temperatura de fusión es aquella en la que se produce la solidificación de una sustancia.

c) La temperatura de ebullición es la única temperatura en la que ocurre la vaporización.

**13** Explica el ciclo del agua aludiendo a los cambios de estado que se producen. ¿Cuál es el intervalo de temperaturas en el que ocurre todo el ciclo? ¿Cuál es el valor de la temperatura de ebullición del agua? ¿Por qué no está incluida esta temperatura en el intervalo total del ciclo del agua?

## Gráficas de cambios de estado

**14** Indica en esta gráfica qué tramos corresponden a un aumento de temperatura y en cuáles se está produciendo un cambio de estado. Escribe el nombre del cambio de estado que se produce en cada caso.

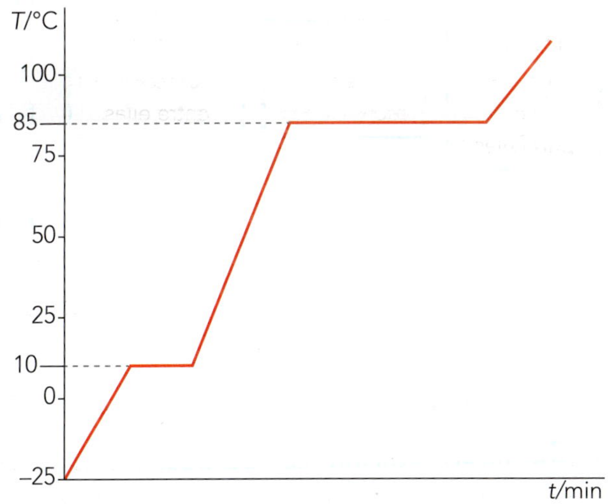


Completa el ejercicio explicando qué ocurre en cada tramo de la gráfica utilizando la teoría cinética de la materia. Además, dibuja la gráfica complementaria de enfriamiento de esta sustancia. Comparte tus respuestas con el resto de la clase.

**anayaeducacion.es** Consulta los apartados «Para estudiar» y «Aprende jugando» en el banco de recursos.

# 3

# EL ÁTOMO

## El átomo: desde la antigua Grecia hasta hoy

El interés por la materia se remonta a hace más de 2400 años. Los pensadores de la antigua Grecia tenían inquietudes y formulaban hipótesis acerca de la descomposición de la materia. Así, propusieron la teoría atomista, que afirma que la materia está formada por partículas indivisibles a las que denominaron átomos. Alrededor de 2200 años después, John Dalton consiguió dotar de cierta base científica las primeras hipótesis atomistas. Sin embargo, años más tarde, los sucesivos descubrimientos de J.J. Thomson (1897), E. Rutherford (1919), J. Chadwick (1932) y M. Gell-Mann y G. Zweig (1964) demostraron que el átomo sí es divisible en partículas aún más pequeñas.

En 1953, el presidente de EE.UU., D.D. Eisenhower, presentó el programa *Atoms for Peace* ante las Naciones Unidas. El objetivo era impulsar el desarrollo en los ámbitos agrícola, industrial, médico, transporte y energético a partir de la energía atómica. Más recientemente, y con propósitos similares, en mayo de 2018 tuvo lugar en España el simposio internacional *Atoms for Peace and Europe: Nuclear Energy Networks in Europe and around the Globe.*

## COMPROMISO ODS

ODS

Contestad a las siguientes preguntas en grupo:

1 **Piensa y comparte en pareja.** Buscad en la web más información sobre los eventos relacionados con *Atoms for Peace* y analizad la implicación de sus propuestas en las **metas 16.4, 17.1** y **17.7**.

2 En grupo, documentaos sobre la gestión de los desechos radiactivos. Luego, elaborad una infografía en la que expliquéis la gestión de dichos residuos y los avances logrados en su tratamiento, así como su impacto en la **meta 12.4**.

Antes de empezar a estudiar esta unidad, consulta la presentación «Qué necesitas saber» en anayaeducacion.es.

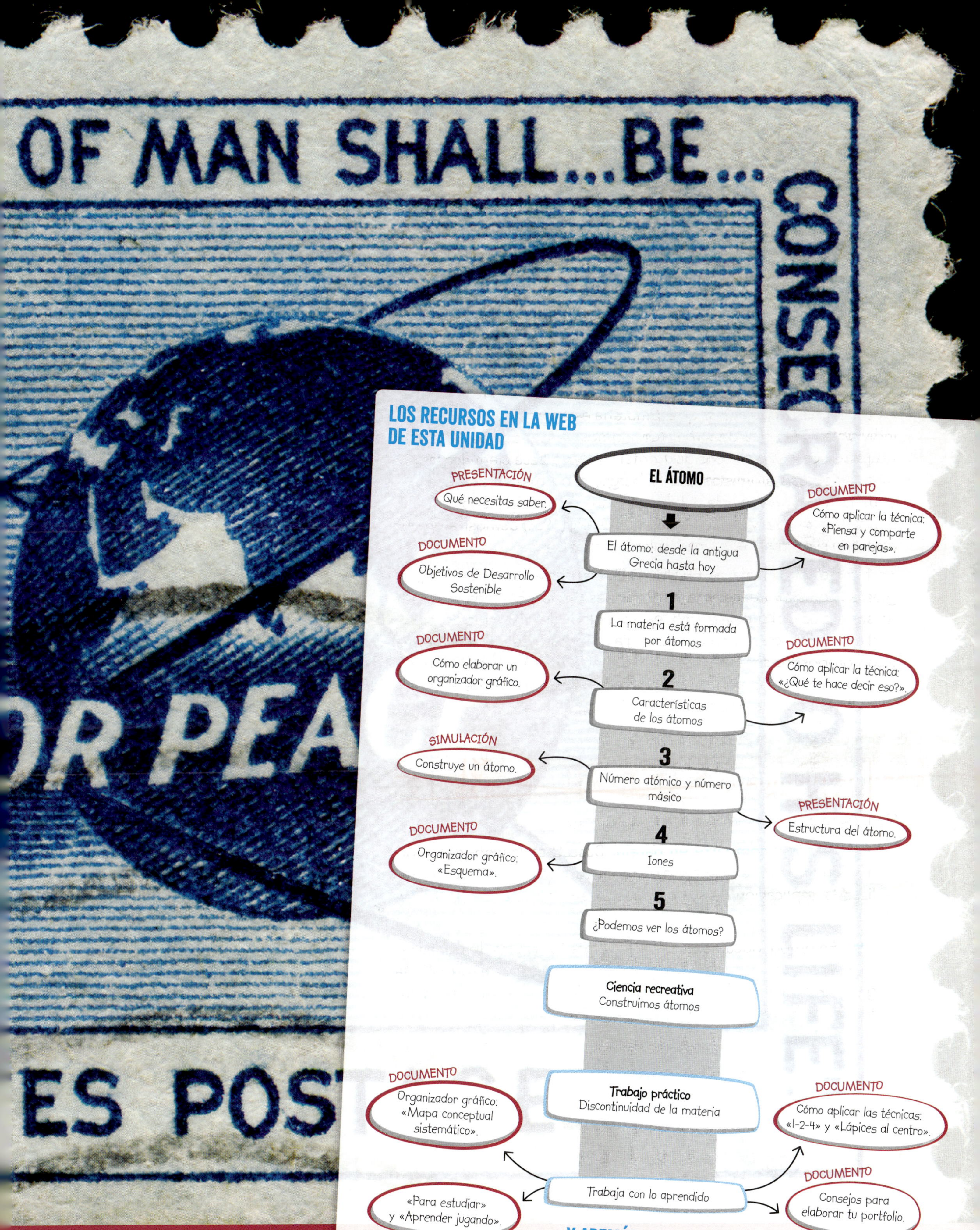


## LOS RECURSOS EN LA WEB DE ESTA UNIDAD

**EL ÁTOMO**

- El átomo: desde la antigua Grecia hasta hoy
  - PRESENTACIÓN: Qué necesitas saber.
  - DOCUMENTO: Objetivos de Desarrollo Sostenible
  - DOCUMENTO: Cómo aplicar la técnica: «Piensa y comparte en parejas».
- **1** La materia está formada por átomos
- **2** Características de los átomos
  - DOCUMENTO: Cómo elaborar un organizador gráfico.
  - DOCUMENTO: Cómo aplicar la técnica: «¿Qué te hace decir eso?».
- **3** Número atómico y número másico
  - SIMULACIÓN: Construye un átomo.
  - PRESENTACIÓN: Estructura del átomo.
- **4** Iones
  - DOCUMENTO: Organizador gráfico: «Esquema».
- **5** ¿Podemos ver los átomos?
- **Ciencia recreativa** Construimos átomos
- **Trabajo práctico** Discontinuidad de la materia
- Trabaja con lo aprendido
  - DOCUMENTO: Organizador gráfico: «Mapa conceptual sistemático».
  - «Para estudiar» y «Aprender jugando».
  - DOCUMENTO: Cómo aplicar las técnicas: «1-2-4» y «Lápices al centro».
  - DOCUMENTO: Consejos para elaborar tu portfolio.

**Y ADEMÁS...** Soluciones de todas las actividades numéricas

# 1 LA MATERIA ESTÁ FORMADA POR ÁTOMOS

## 1.1 Primera idea sobre el átomo

Hacia el año 400 a. C., los pensadores naturalistas griegos comenzaron a formularse preguntas acerca de la materia, como: ¿Qué ocurriría si pudiésemos romper una hoja de un árbol en pedacitos cada vez más pequeños? ¿Pasaríamos de tener materia a no tener nada?

La respuesta fue dada en forma de teoría hipotética, es decir, de conocimiento todavía no contrastado, concluyendo que tenía que existir un tamaño mínimo para la materia, una partícula que no pudiera dividirse más.

Según la teoría atomista, la materia está formada por corpúsculos indivisibles, llamados **átomos** (del griego *a-tomos*, sin divisiones).

## 1.2 Evolución de la idea de átomo

A lo largo de la historia, las técnicas experimentales han ido avanzando y han permitido realizar experimentos cada vez más precisos y sofisticados, cuyas conclusiones han conducido a la elaboración de diversas teorías. Algunas de ellas, relativas a la naturaleza de la materia, son:

- En 1789, Antoine Lavoisier publicó la **ley de conservación de la masa,** que establece que en una reacción química la masa no se crea ni se destruye.
- Entre 1803 y 1808, Dalton interpretó la ley de conservación de la masa aplicando la teoría atómica que él mismo elaboró. Según la **teoría atómica de Dalton,** la masa se conserva porque cuando ocurre una reacción química los átomos que forman la materia se reordenan, pero no se crean ni destruyen.
- En 1897, Thomson enunció que los átomos están formados a su vez por otras partículas, y descubrió una de ellas: el **electrón.**
- En 1911, Rutherford descubrió que existen dos zonas diferenciadas en el átomo: el **núcleo** y la **corteza.**

La línea del tiempo inferior recoge los hitos sobre la teoría atómica.

**Trabaja con la imagen**

Los modelos atómicos explican fenómenos observados. Cada modelo incluye las ideas del anterior o las corrige. En la línea del tiempo se muestran los modelos de Thomson y Rutherford. ¿Qué otros modelos atómicos podrías incluir? Busca información y completa la línea del tiempo. Comparte tu resultado con el resto de la clase.

### Evolución de la idea de átomo

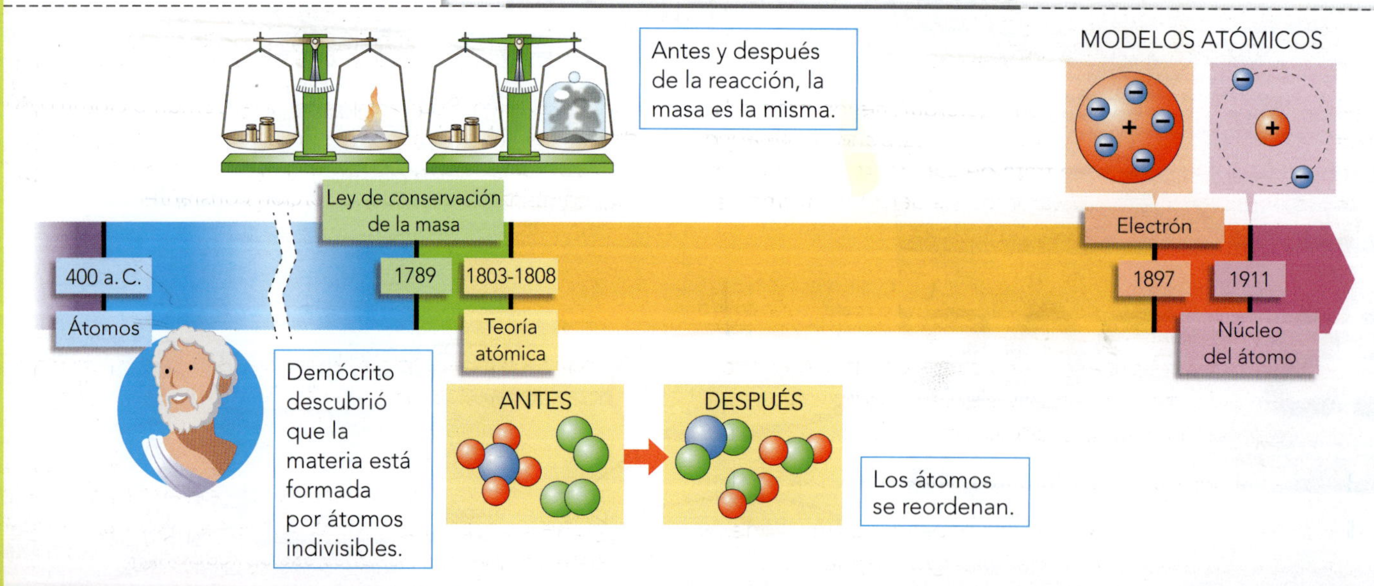

## 1.3 Teoría atómica de Dalton

Como hemos visto en la línea del tiempo de la página anterior, a principios del siglo XIX John Dalton propuso su teoría atómica, basada en las ideas de Leucipo y Demócrito y en los resultados experimentales que se habían obtenido sobre reacciones químicas. Las cuatro ideas de esta teoría son:

1. La materia está formada por átomos, que son partículas indivisibles.
2. Existen distintos tipos de átomos, que corresponden a los diferentes elementos químicos (carbono, hierro, aluminio, etc.).
3. Se pueden unir átomos del mismo elemento químico, dando lugar a sustancias simples, o átomos de distintos elementos químicos, dando lugar a compuestos.
4. Cuando ocurre una reacción química, los átomos que forman las sustancias se reordenan dando lugar a sustancias diferentes; por eso, la masa no cambia, pues se trata de los mismos átomos en un orden diferente.

### Reacción química

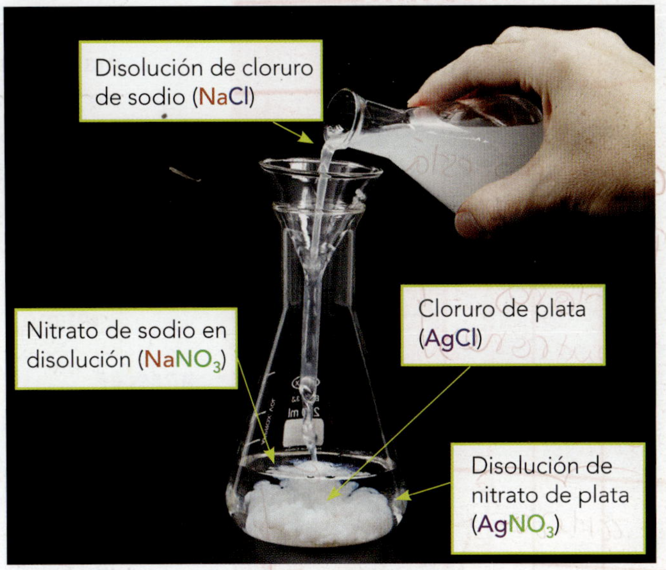


Cuando ocurre una reacción química, las sustancias se forman a partir de la reordenación de otras: NaCl se combina con $AgNO_3$ y se obtiene como resultado AgCl y $NaNO_3$.

### Teoría atómica de Dalton

**Sustancia simple, oro**

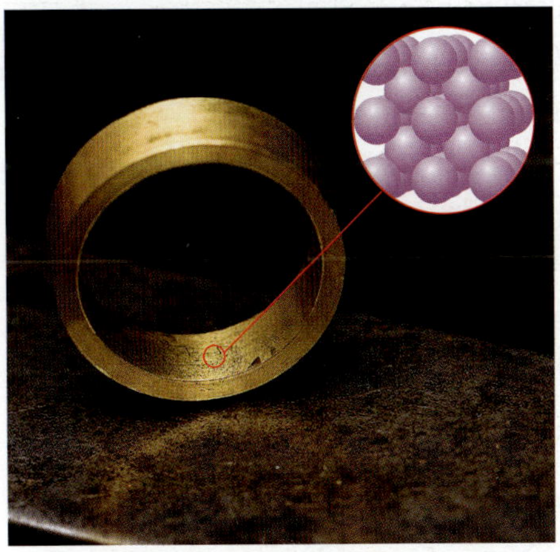

**Sustancia simple, carbono**

**Compuesto, sal común**

Los átomos de oro, Au (imagen izquierda), tienen propiedades diferentes a las de los átomos de carbono, C (imagen central). En ambos casos, se trata de **sustancias simples,** formadas por el mismo tipo de átomos, es decir, del mismo elemento químico. Por el contrario, la sal común o cloruro de sodio (imagen derecha), es un **compuesto** formado por átomos de dos elementos químicos diferentes, el cloro, Cl, y el sodio, Na, combinados en una proporción constante.

### Comprende, piensa, investiga...

1 Según la teoría de Dalton, una sustancia simple está formada por átomos del mismo elemento químico; ¿se podría obtener un compuesto solo a partir de esta sustancia?

2 ¿Por qué decimos que el grafito es una sustancia simple?

3 Haz un dibujo para representar el paso intermedio de la reordenación de átomos de la imagen izquierda.

4 Explica qué es una sustancia simple y qué es un elemento químico. Pon un ejemplo de cada uno de ellos.

5 ¿Por qué, en los rótulos de la imagen superior, el cloruro de plata no va acompañado de la palabra disolución? ¿Qué tipo de mezcla forma? Busca información sobre este compuesto y explica sus aplicaciones.

# 2 CARACTERÍSTICAS DE LOS ÁTOMOS

El átomo está formado por:
- protones } constituyen núcleo
- neutrones
- electrones } giran alrededor del núcleo
corteza

## 2.1 El tamaño de los átomos

La idea principal que podemos deducir de la teoría atómica es que **la materia es discontinua,** pues está formada por partículas. Por tanto, entre ellas existe un **espacio vacío.** Sin embargo, nuestra percepción de la materia, sea cual sea su estado de agregación, es la contraria; cuando tocamos un sólido, nos sumergimos en un líquido o sentimos el gas en el que vivimos inmersos, **lo percibimos como un continuo.**

> Percibimos la materia continua porque el tamaño de los átomos es ínfimo.

(partículas) No pensemos que, por tratarse de entidades tan pequeñas, los átomos no son complejos. Al contrario, la complejidad de las partículas que lo forman y de las interacciones entre ellas es tal que hizo falta una nueva comprensión de las leyes físicas para explicarlas, como veremos a continuación.

## 2.2 Los átomos están formados también por partículas

En 1897, Thomson descubrió que existe una partícula con carga eléctrica negativa; **el electrón.** Este descubrimiento permitió explicar fenómenos como:

- La adquisición de carga eléctrica de los átomos. Al **ganar electrones,** la carga eléctrica resultante **es negativa;** por el contrario, al **perder electrones,** la carga eléctrica que resulta **es positiva.**
- Los materiales que **conducen la electricidad** permiten el **movimiento** de electrones a través de su estructura atómica.

En 1919, E. Rutherford descubrió la partícula responsable de la **carga positiva** del átomo: el **protón.** En cada átomo, el número de protones es igual al número de electrones, por eso los átomos son neutros.

En 1930, Chadwick descubrió la existencia de una partícula sin carga eléctrica, razón por la que se le denominó **neutrón.**

**Trabaja con la imagen**

Si consiguiésemos aumentar el tamaño de una gota de agua hasta que su diámetro fuese de 20 km, podríamos comenzar a distinguir los átomos. ¿Cuál sería aproximadamente su tamaño en ese caso?

### Comparación entre tamaños

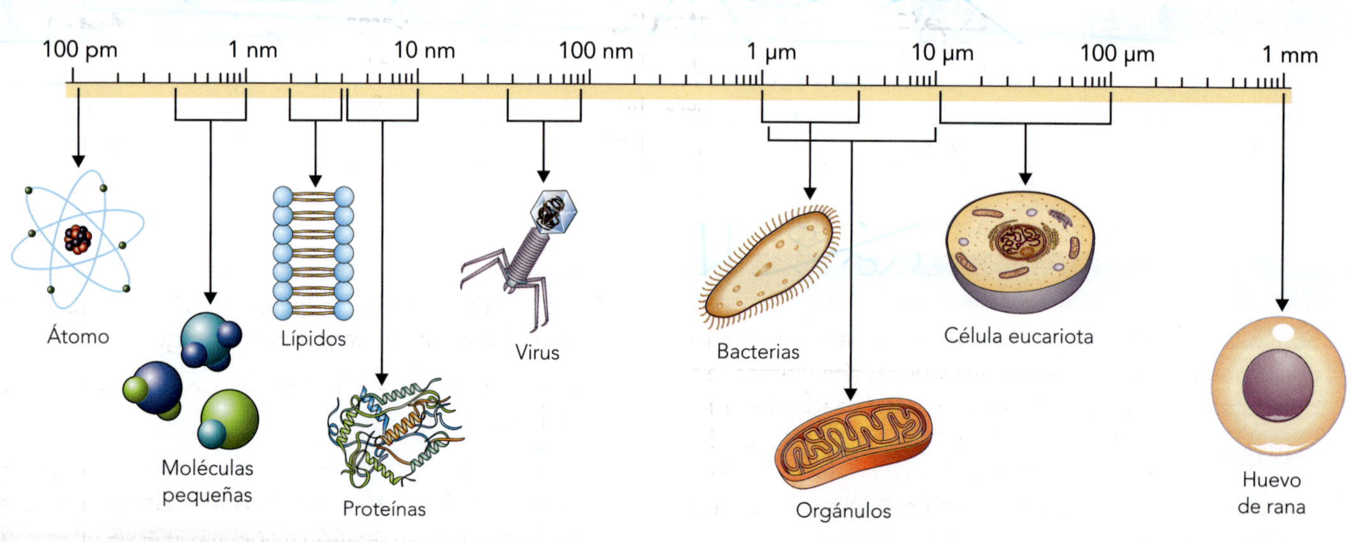

## 2.3 Dos zonas diferenciadas en el átomo: el núcleo y la corteza

Las partículas subatómicas no están distribuidas de cualquier forma en el átomo, sino en dos zonas de características muy diferentes:

- **Núcleo atómico.** A principios del siglo XX se descubrió que la mayor parte del espacio que ocupa un átomo está vacía. En el centro, ocupando un volumen muy pequeño comparado con el del átomo, se agrupan los **protones** y los **neutrones,** que forman el núcleo atómico.
- **Resto del átomo o corteza.** En el espacio vacío que rodea a cada núcleo atómico podemos encontrar a los electrones. Al principio se pensó que los electrones orbitaban alrededor del núcleo, aunque posteriormente se comprobó que su movimiento era otro. En este curso, nos quedaremos en esa primera idea.

## 2.4 Características de las partículas subatómicas

Los tres tipos de partículas que forman el átomo tienen distinto tipo de carga eléctrica, como hemos visto, y diferentes valores de masa.

En la tabla inferior se muestran los valores de carga y masa de las partículas subatómicas, expresados en unidades del SI y en unidades atómicas. Estas últimas permiten un manejo mucho más sencillo de las características de las partículas y de los átomos.

A partir de estos valores podemos hacer estas observaciones:

- La masa de un protón y la de un neutrón son parecidas y mucho mayores que la del electrón.
- La carga de un protón y la de un electrón son iguales en valor absoluto, pero de signo contrario. La **suma de la carga de un protón y la de un electrón es cero.**

### Características del átomo

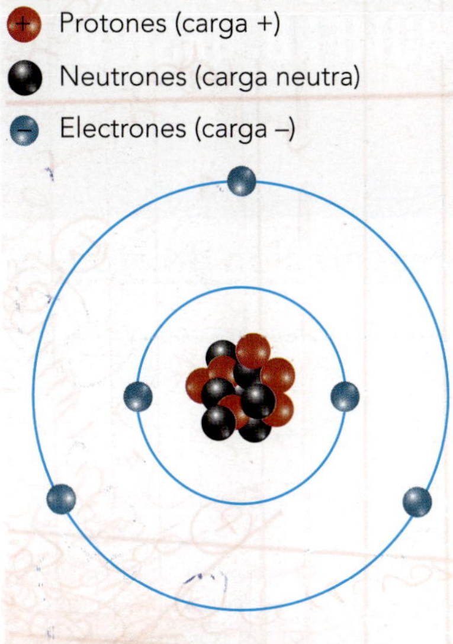


**CONCLUSIONES**

- Casi toda la masa de un átomo se concentra en el núcleo.
- Cada átomo tiene el mismo número de protones y electrones; por eso, los átomos son eléctricamente neutros.

Esta representación corresponde al **modelo planetario del átomo.** En él, el núcleo ocupa la posición central y los electrones se sitúan a su alrededor.

El tamaño del núcleo en relación con el volumen del átomo es el que tendría una canica en comparación con el volumen de un estadio olímpico.

| PARTÍCULA | UNIDADES DEL SI | | UNIDADES ATÓMICAS | |
|---|---|---|---|---|
| | Carga/C | Masa/kg | Carga | Masa/u |
| Protón | $+1{,}6 \cdot 10^{-19}$ | $1{,}673 \cdot 10^{-27}$ | +1 | 1 |
| Neutrón | 0 | $1{,}675 \cdot 10^{-27}$ | 0 | 1 |
| Electrón | $-1{,}6 \cdot 10^{-19}$ | $9{,}109 \cdot 10^{-31}$ | –1 | 1/1 830 |

### Comprende, piensa, investiga...

6 Elabora un **organizador gráfico** con el que puedas comparar las características de las partículas que forman el átomo (ubicación, masa y carga; estas dos últimas, en unidades atómicas) y anota en este organizador las conclusiones que se obtienen a partir de estos valores. En **anayaeducacion.es** encontrarás información sobre diferentes tipos de organizadores gráficos; consúltala para elegir el más adecuado.

7 A partir de los datos de la tabla, indica la relación entre la unidad de masa atómica, u, y el kg.

8 Calcula la masa de un electrón expresada en unidades de masa atómica.

9 **¿Qué te hace decir eso?** La masa de un electrón es cero en unidades atómicas. Razona cuántas veces es mayor la masa de un neutrón respecto de la de un electrón.

Recuerda que en **anayaeducacion.es** puedes encontrar la solución de todas las actividades numéricas.

25/11/21

# 3 NÚMERO ATÓMICO Y NÚMERO MÁSICO

## 3.1 Número atómico

En la naturaleza existen átomos con diferente número de protones en el núcleo. Esto nos permite clasificarlos en función de su número atómico.

> El **número atómico, *Z*,** es el número de protones que tiene un átomo. Todos los átomos del **mismo elemento químico** tienen el mismo número atómico.

De forma general, podemos afirmar que en la naturaleza existen átomos con números atómicos que van desde 1 a 92. Los átomos con número atómico mayor que 92 se producen de forma artificial.

## 3.2 Número másico

Existe otro número utilizado para caracterizar un átomo: el número másico.

> El **número másico, *A*,** es la suma del número de protones, *Z*, y el número de neutrones, *N*, de un átomo. Por tanto, $A = Z + N$.

La palabra «másico» se refiere a la masa de un átomo. Recuerda que la masa de un protón es aproximadamente igual a la masa de un neutrón, y que ambas son mucho mayores que la masa de un electrón. Teniendo esto en cuenta, definimos una unidad de masa, la unidad de masa atómica unificada (u), y decimos que la masa de un protón y la de un neutrón valen 1 u.

Así, para expresar la masa de un átomo en unidades de masa atómica, basta con sumar el número de protones y de neutrones del núcleo (despreciando la masa que aportan los electrones); es decir, es suficiente con conocer el número másico. Esta es la razón de su denominación.

## 3.3 Representación de un átomo

Para representar un átomo utilizaremos (figura de la izquierda):

- **Símbolo químico.** Identifica el elemento químico. Consiste en una letra mayúscula o en una mayúscula y una minúscula que suelen coincidir con las primeras letras del nombre original del elemento químico.
- **Número atómico.** Expresado en forma de subíndice previo al símbolo químico.
- **Número másico.** Expresado en forma de superíndice previo al símbolo químico.

| Elemento químico | Símbolo | Elemento químico | Símbolo | Elemento químico | Símbolo |
|---|---|---|---|---|---|
| Hidrógeno | H | Oro | Au, del latín *aurum* | Azufre | S, del latín *sulphur* |
| Carbono | C | Plata | Ag, del latín *argentum* | Nitrógeno | N |
| Calcio | Ca | Sodio | Na, del latín *natrium* | Níquel | Ni |
| Aluminio | Al | Hierro | Fe, del latín *ferrum* | Oxígeno | O |

### Representación de átomos

Un átomo se representa como:

$${}^{A}_{Z}X$$

| | |
|---|---|
| El número másico, *A*, es el total de partículas en el núcleo atómico. | El número atómico, *Z*, es el número de protones, igual para todos los átomos de un mismo elemento químico. |

${}^{2}_{1}H$

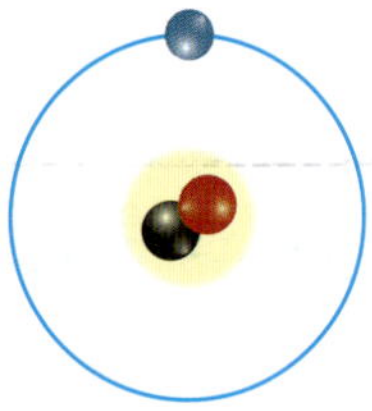

${}^{15}_{7}N$

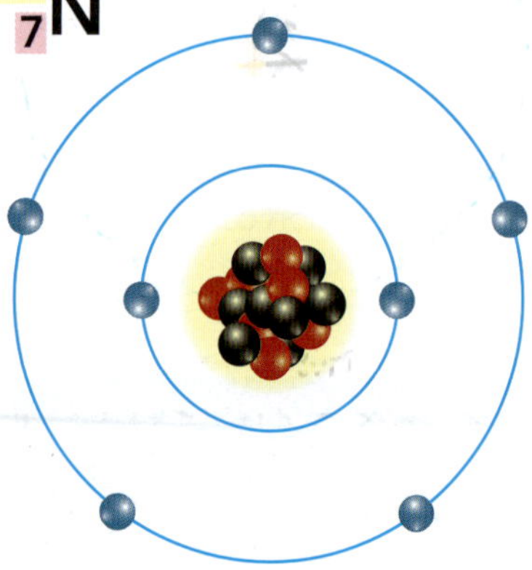

${}^{14}_{6}C$

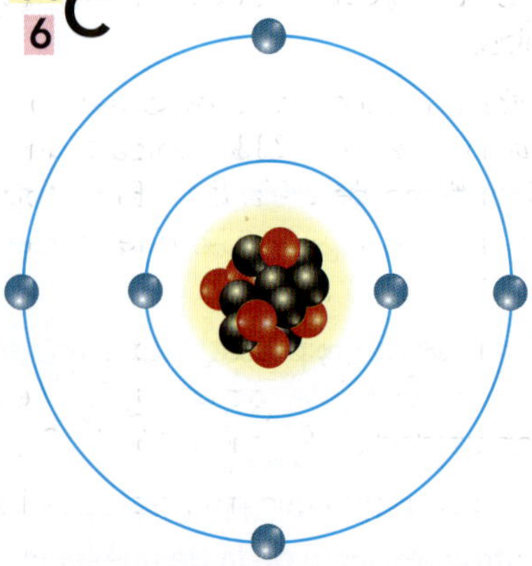

## 3.4 Isótopos

No todos los átomos de un mismo elemento químico tienen la misma masa atómica. Existen átomos que tienen el mismo número de protones, es decir, el mismo número atómico, *Z*, y distinto número de neutrones.

> Se llaman **isótopos** aquellos átomos del mismo elemento químico que tienen diferente número de neutrones.

Algunos isótopos de ciertos elementos químicos no son estables, es decir, su núcleo se descompone dando lugar a emisiones radiactivas. Este hecho se aprovecha en aplicaciones diversas; por ejemplo:

- **Aplicaciones médicas.** Los isótopos radiactivos se utilizan en técnicas de diagnóstico de enfermedades y en el tratamiento del cáncer.
- **Aplicaciones energéticas.** La descomposición del núcleo del átomo libera mucha energía. Este es el fundamento de las centrales nucleares.
- **Datación de restos arqueológicos.** La prueba de carbono 14, que es el isótopo inestable del carbono, sirve para establecer la antigüedad de una muestra.

### Aplicaciones de los isótopos

Como el isótopo carbono-14 es inestable, se descompone con el paso del tiempo en otros elementos. Por eso, al averiguar la proporción de este isótopo en una muestra podemos determinar el tiempo transcurrido desde que se originó.

### Isótopos de H

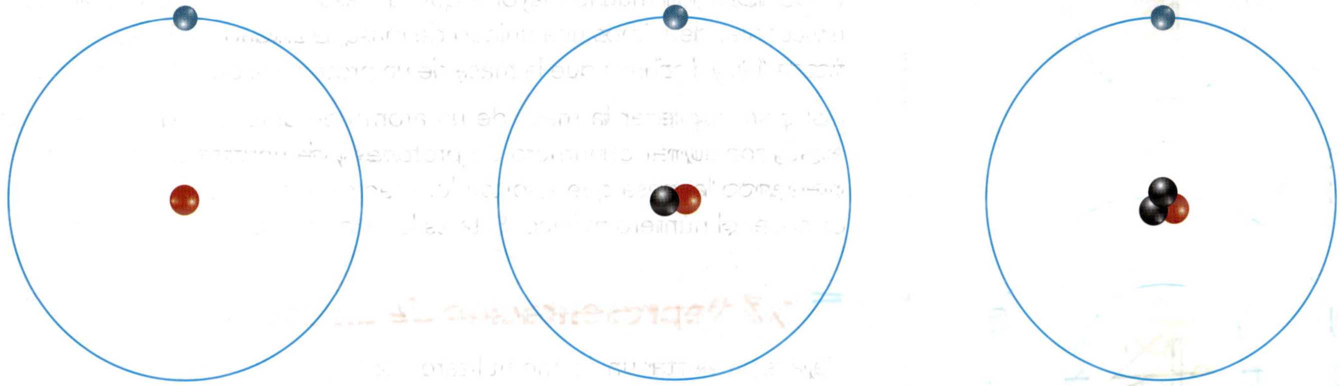

**Protio o hidrógeno ligero, $^{1}_{1}H$** | **Deuterio, $^{2}_{1}H$** | **Tritio, $^{3}_{1}H$**

### Comprende, piensa, investiga...

**10** Calcula el número de protones y neutrones de los siguientes átomos:

a) $Z = 6$; $A = 14$.

b) $Z = 1$; $A = 1$.

**11** Indica cuántos electrones tendrán los átomos de la tabla:

| Nombre | Símbolo | Z |
|---|---|---|
| Boro | B | 5 |
| Carbono | C | 6 |
| Nitrógeno | N | 9 |

Explica en qué te basas para responder.

**12** Dibuja un átomo de carbono con 6 neutrones, ¿cuánto vale su número másico?

**13** El número atómico de un átomo de uranio neutro es $Z = 92$, y su número másico, $A = 238$. Indica cuántas partículas subatómicas tiene de cada tipo. El isótopo $^{235}_{92}U$, ¿tendrá igual número de protones y neutrones? ¿Y de electrones?

**14** Indica qué valor tienen los números atómico y másico en un átomo con 8 protones y 9 neutrones. ¿Cuál será su masa expresada en unidades de masa atómica?

**15** Inventa dos isótopos del flúor, cuyo número atómico es $Z = 9$.

Accede a **anayaeducacion.es** para visualizar la presentación sobre la estructura del átomo. Después, practica con la simulación «Construye un átomo».

# 4

# IONES

## 4.1 Cargas eléctricas en la materia

Los fenómenos eléctricos están presentes en situaciones cotidianas y en muchos procesos naturales. El descubrimiento del electrón permitió dar una explicación a estos fenómenos, pues implicaba que los átomos contenían cargas eléctricas que podían extraerse de ellos.

Los átomos forman la materia y son **eléctricamente neutros,** ya que tienen el mismo número de electrones que de protones, y la carga de estas dos partículas es igual en valor absoluto, pero de signo contrario. Sin embargo, es relativamente sencillo descompensar las cargas de un átomo haciendo que este ceda o gane electrones. Cuando esto ocurre, ya no hablamos de átomos sino de **iones.**

## 4.2 Iones

En la naturaleza es poco probable encontrar un átomo aislado, es decir, que no esté unido a otro átomo, y que no tenga carga neta.

Si un átomo gana o pierde electrones se convierte en un ion.

Por tanto, los iones tienen carga eléctrica neta distinta de cero, que puede ser positiva (en cuyo caso, el ion se denomina catión) o negativa (anión).

### La formación de iones y los fenómenos eléctricos

ÁTOMOS E IONES

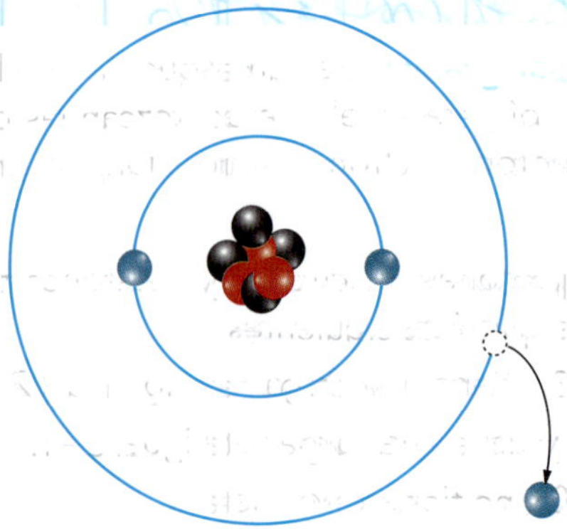

En 1897, Thomson descubrió el electrón, la partícula responsable de los fenómenos eléctricos. Propuso la idea de que los electrones pueden ser **intercambiados** entre átomos, dando lugar a iones.

Hoy sabemos que en los átomos hay el mismo número de electrones que de protones en el núcleo, por lo que los átomos son neutros. Pero un átomo puede ceder electrones a otros átomos, o ganarlos, en cuyo caso se convierte en un ion.

En la figura se muestra el átomo de litio, de símbolo Li, con $Z = 3$ y $A = 7$, por lo que tiene 3 protones y 4 neutrones en el núcleo, y 3 electrones. Puede perder un electrón, con lo que pasaría a ser un ion de carga positiva o catión, que representamos por $Li^+$.

Para intercambiar electrones entre átomos, en ocasiones, basta con frotar un material con otro. El pelo de la chica se ha cargado eléctricamente.

El agua conduce la electricidad si tiene iones disueltos, ya que tienen carga y se pueden mover. Podemos observarlo al disolver sal en agua y hacer pasar por esta una corriente eléctrica.

## 4.3 Procesos de formación de iones

Si un átomo **gana uno o varios electrones,** el número de cargas negativas será mayor que el de cargas positivas (protones); por tanto, la carga neta del ion será negativa. Los iones de este tipo se denominan **aniones.**

Si, por el contrario, un átomo **pierde electrones,** el número de protones (cargas positivas) será mayor que el de electrones y tendremos un ion con carga neta positiva. Los iones de este tipo se denominan **cationes.**

### Formación de un anión

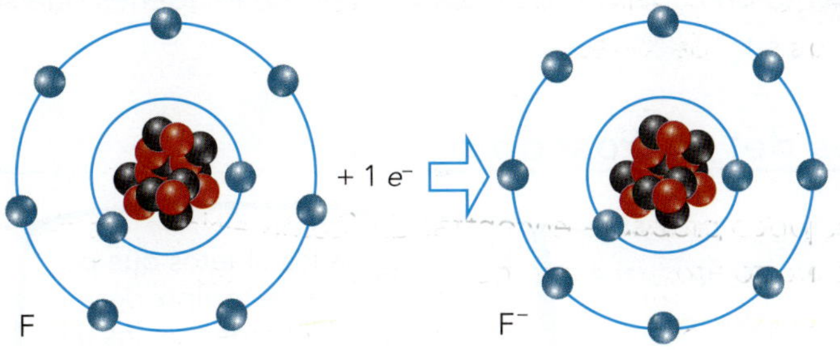


El átomo de la figura, el flúor, ha ganado un electrón, adquiriendo así carga negativa de valor –1. Se forma el anión de flúor, llamado fluoruro, que tiene diez electrones, puesto que el número atómico del flúor es nueve. Escribimos el proceso anterior como se muestra a continuación:

$$F + 1\ e^- \rightarrow F^-$$

### Formación de un catión

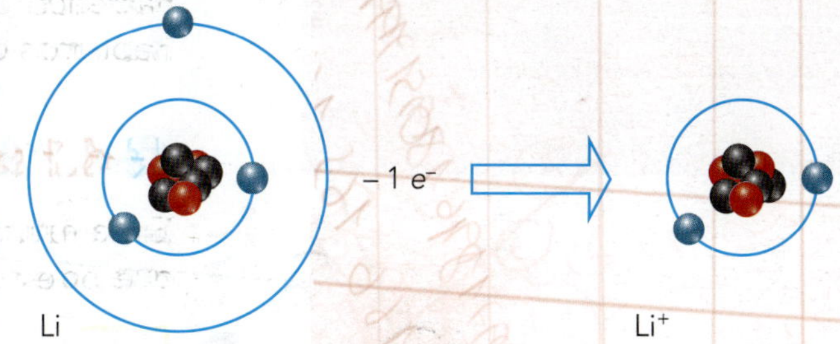


El átomo de la figura, el litio, ha perdido un electrón, de modo que su carga eléctrica neta es «+1». Se forma el catión litio que tiene dos electrones, puesto que el número atómico del litio es tres. Escribimos el proceso anterior de esta forma:

$$Li \rightarrow Li^+ + 1\ e^-$$

### Ejercicio resuelto

**1 Dibuja, de forma esquemática, un átomo formado por cuatro protones, cinco neutrones y cuatro electrones. A partir del dibujo responde a estas cuestiones:**

**a) Indica el valor de su número atómico y su número másico.**

**b) ¿Qué carga neta resulta si gana dos electrones? ¿Es entonces un catión o un anión?**

**c) ¿Y si pierde dos electrones?**

a) El número atómico, *Z*, es el número de protones: $Z = 4$.

Para obtener el número másico, *A*, sumamos los protones y los neutrones: $A = 4 + 5 = 9$.

El esquema del átomo pedido se muestra a la derecha.

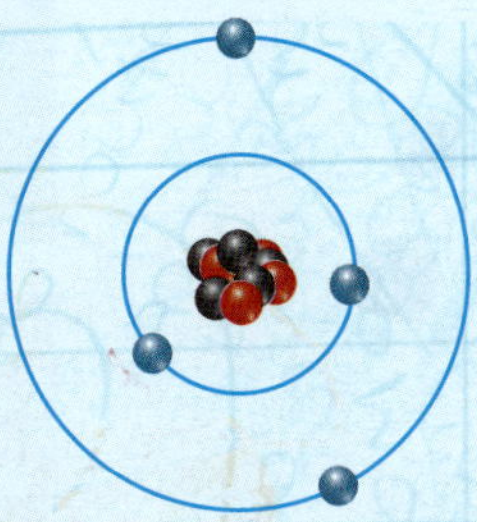

b) Si este átomo gana dos electrones, adquiere carga neta –2. Se tratará, por tanto, de un anión.

c) Si pierde dos electrones, adquiere carga neta +2; es decir, será un catión.

### Comprende, piensa, investiga...

**16** **Organizador gráfico.** Haz un esquema con los contenidos del epígrafe en el que aparezcan las palabras átomo, protón, neutrón, electrón, ion, catión y anión.

**17** Indica cuántos protones, electrones y neutrones tienen las especies químicas siguientes:

a) $Z = 12$, $A = 23$ y tiene una carga neta igual a +2.

b) $Z = 9$, $A = 19$ y tiene una carga neta igual a –1.

c) $Z = 10$, $A = 10$ y no tiene carga neta.

d) $Z = 19$, $A = 39$ y tiene una carga neta igual a +1.

**18** Corrige los errores en estas representaciones a partir de los datos que se suministran en los enunciados:

a) El número atómico del oxígeno es ocho. Uno de los isótopos del oxígeno tiene ocho neutrones. El oxígeno forma aniones con carga igual a –2.

$$^{8}_{8}O^{-2}$$

b) Un catión de sodio ($Z = 11$ y carga +1) con un número másico de 23.

$$^{23}_{10}Na^{+}$$

c) Un anión de flúor ($Z = 9$ y carga –1) con un número másico de 19.

$$^{9}_{19}F^{-1}$$

# 5 ¿PODEMOS VER LOS ÁTOMOS?

Podemos preguntarnos si lo que conocemos sobre los átomos está solo basado en un modelo, o si realmente se puede captar la imagen de un átomo. Dicho de otro modo, ¿alguien ha visto un átomo?

## 5.1 Tipos de microscopios

A lo largo de la historia se han ido desarrollando dispositivos para obtener una imagen más clara de la materia. Desde el microscopio óptico, hasta los microscopios electrónicos y los de efecto túnel, que ya permiten visualizar los átomos, e incluso moverlos. Observa en las figuras siguientes cuál es el fundamento de cada uno de ellos y el tipo de imágenes que se pueden obtener.

### Fundamentos del microscopio óptico

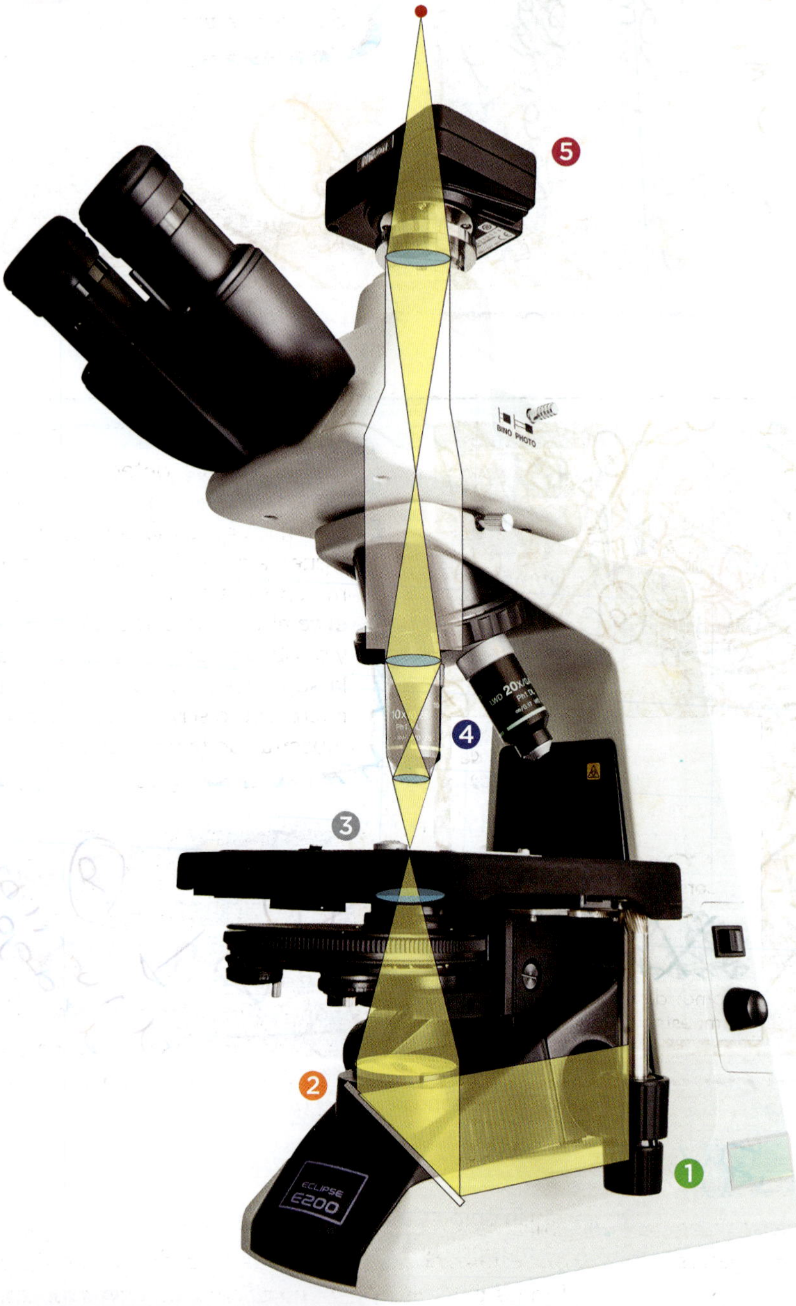


El tamaño de los objetos que podemos ver con este tipo de microscopio es del orden de los micrometros (0,001 mm), como son algunos organismos unicelulares, o las células de la sangre que se muestran en la imagen inferior. Para iluminar la imagen se utiliza luz visible.

1. La luz entra por la parte de abajo.
2. Se refleja en un espejo.
3. Atraviesa la muestra.
4. Pasa a través de un sistema de lentes que amplifican la imagen.
5. La imagen es percibida por el ojo o recogida en una cámara fotográfica.

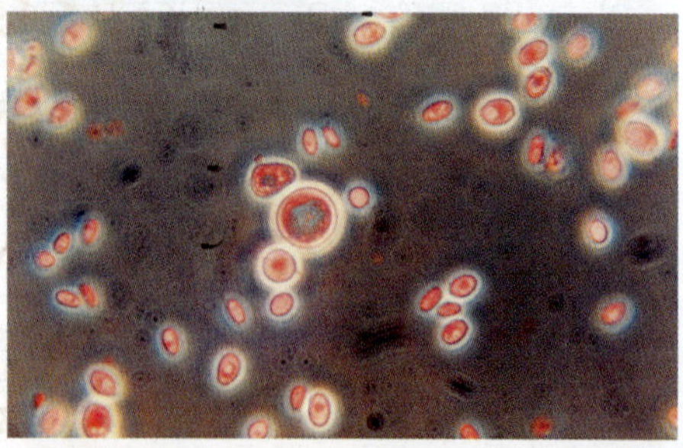

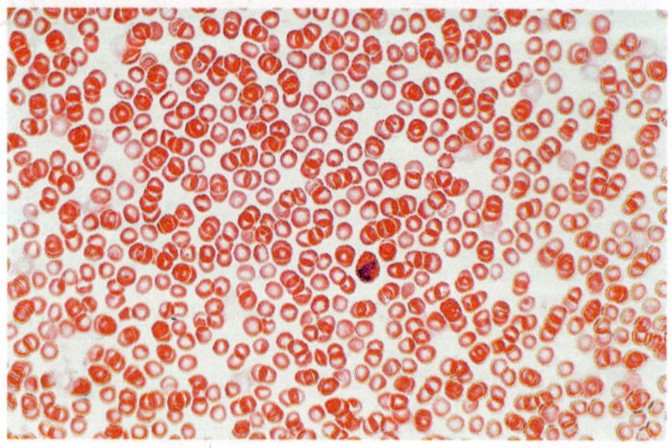

## Microscopio electrónico

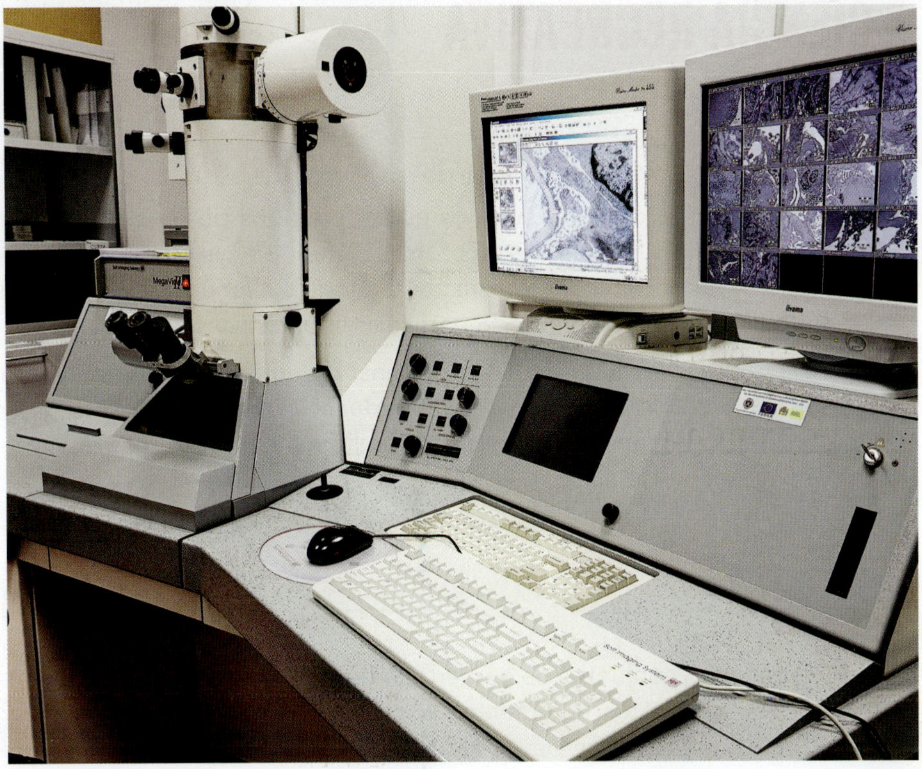

Este microscopio nos permite visualizar objetos de menor tamaño que los que podemos observar con el óptico.

Con un microscopio electrónico es posible observar las estructuras que componen la célula virus (imagen interior), grandes moléculas o incluso átomos pesados. En este caso, una vez es visible, se utiliza una corriente de electrones para observar la muestra, pero es necesario utilizar un sistema de tratamiento de la señal recibida para convertirla en imagen.

## Microscopio de efecto túnel

Una fina aguja detecta los electrones de la parte más alta de la superficie de la muestra, que consiguen alcanzarla gracias al denominado efecto túnel. Se registra el cambio en la corriente eléctrica y se obtiene un mapa atómico de la superficie. Por tanto, con este microscopio sí podemos observar muestras de tamaño atómico.

### Comprende, piensa, investiga...

**19** Busca información sobre los tipos de microscopios electrónicos que hay y visualiza los tipos de imágenes que se pueden obtener.

**20** Utiliza la imagen de esta unidad titulada «comparación entre tamaños» e indica qué tipo de microscopio utilizarías para visualizar una bacteria, un virus, un lípido.

# CIENCIA RECREATIVA

## CONSTRUIMOS ÁTOMOS

### INTRODUCCIÓN

Hemos visto que todos los átomos están formados por la combinación de tres partículas subatómicas: el protón, el neutrón y el electrón. En este apartado te proponemos que construyas átomos e iones diferentes combinando el número adecuado de partículas subatómicas.

Para ello, utilizaremos la simulación «Construir un átomo» que encontrarás en el banco de recursos de **anayaeducacion.es**, y trabajaremos en equipo, intercambiando propuestas y resultados con nuestros compañeros y compañeras de clase.

### PARTIMOS DE NUESTRO CONOCIMIENTO

Los átomos son neutros porque tienen el mismo número de protones, con carga positiva, que de electrones, con el mismo valor de carga, pero negativa.

Los iones tienen distinto número de protones que de electrones; por ello, no son eléctricamente neutros.

Hay núcleos estables y otros que no lo son. Esto depende del número de protones y neutrones de su núcleo.

#### ELABORA FICHAS

Inventa varios conjuntos de número de protones, neutrones y electrones, y pide a tus compañeros y compañeras que indiquen si se trata, en cada caso, de un átomo o un ion, la carga del ion, el número atómico, el número másico y si es un núcleo estable o inestable.

Para ello, elabora fichas con cada combinación de datos, recogiéndolos en una tabla.

Puedes intercambiar las fichas con tus compañeros y compañeras y completar los datos que faltan antes de utilizar la simulación.

### PRACTICAMOS

Puedes elaborar series de fichas para un mismo elemento químico, manteniendo constante el número de protones, y haciendo combinaciones con diferente número de electrones; con esto, irás obteniendo iones. Si varías el número de neutrones, obtendrás distintos isótopos.

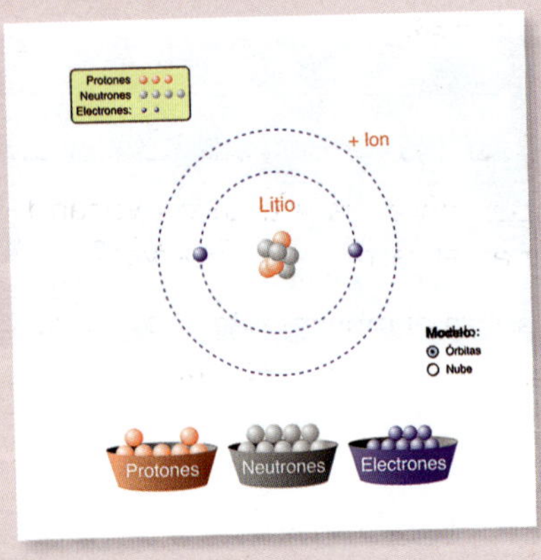


Tres protones, dos electrones y cuatro neutrones: se trata de un catión de litio con número másico igual a siete.

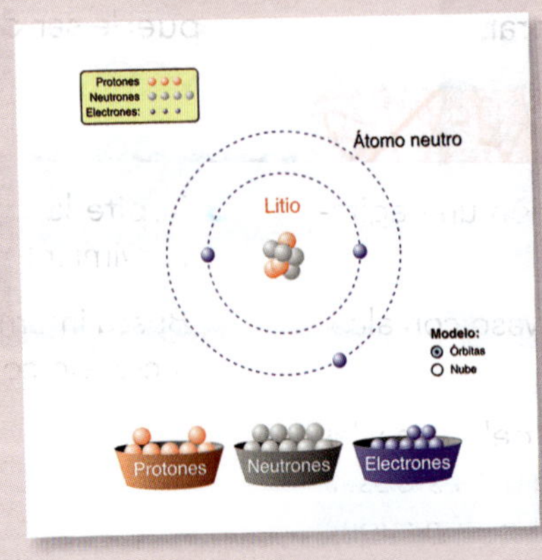


Tres protones, tres electrones y cuatro neutrones: se trata de un átomo de litio con número másico igual a siete.

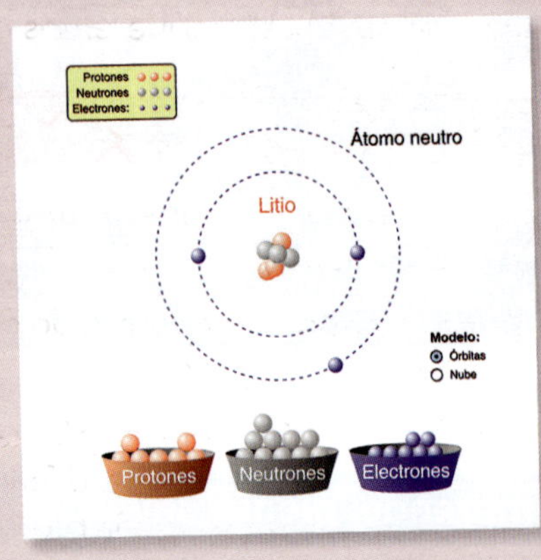


Tres protones, tres electrones y tres neutrones: se trata de un isótopo del litio con número másico igual a seis.

# TRABAJO PRÁCTICO

## DISCONTINUIDAD DE LA MATERIA

### PLANTEAMIENTO DEL PROBLEMA. OBJETIVO

El objetivo de esta práctica es constatar que la materia se compone de partículas que están en continuo movimiento.

### PRELIMINARES

Antes de seguir leyendo, reflexiona sobre cómo se mezcla una sustancia líquida con otra; por ejemplo, la tinta de un rotulador en agua.

### NUESTRA PROPUESTA

La materia es discontinua. Por ello, al mezclar dos sustancias, líquidas o gaseosas, cada una de ellas puede penetrar en la otra. Comprobemos esta hipótesis utilizando tinta y agua.

### MATERIAL

• Vasos de precipitado • Rotuladores o cartuchos de pluma estilográfica • Agua • Alcohol etílico o etanol • Cronómetro • Varilla de vidrio • Cámara fotográfica (opcional).

### ORIENTACIONES PARA LA REALIZACIÓN DE LA EXPERIENCIA

- Llena dos vasos de precipitados; uno con agua y otro con alcohol. Intenta que los volúmenes de líquido sean iguales en ambos casos. Colócalos en una superficie lisa y espera a que el movimiento del líquido en el interior de los vasos cese. Para asegurarte de que este movimiento ha terminado, lo más recomendable es que llenes los vasos con al menos un día de antelación a la realización de la práctica.
- El líquido debe estar en absoluto reposo, pues el objetivo es comprobar que existe movimiento en la materia debido al propio movimiento de las partículas que la forman. Por eso, el movimiento del líquido supone un factor adicional que no queremos considerar.
- Una vez han transcurrido las 24 horas de reposo de los líquidos, añade unas gotas de tinta del cartucho, del rotulador o de la pluma estilográfica, en cada vaso.
- En ese momento, pon en marcha el cronómetro y observa lo que sucede. Si quieres, puedes colocar una cámara fotográfica frente a los vasos e ir tomando fotografías cada cierto intervalo de tiempo. Esto puede servirte para observar cómo se produce la difusión de la tinta en cada líquido a lo largo del tiempo.
- Registra tus observaciones tomando notas. Ten en cuenta que el tiempo que ha de transcurrir para observar el final de este fenómeno de mezcla completa puede ser de varias horas.

### Extrae conclusiones...

1 ¿Cómo crees que influiría en tu observación una agitación del líquido?

2 ¿Qué diferencias has encontrado entre el vaso con alcohol y el vaso con agua?

3 Busca información sobre las propiedades del agua y las del alcohol para explicar las diferencias que has observado. Fíjate sobre todo en la propiedad «tensión superficial».

4 ¿Qué conclusiones puedes sacar después de haber realizado este trabajo práctico?

5 Repite la experiencia con agua y tinta provocando un movimiento circular en el vaso, ¿qué observas?

6 Busca información sobre el movimiento browniano y relaciónalo con lo observado en la práctica.

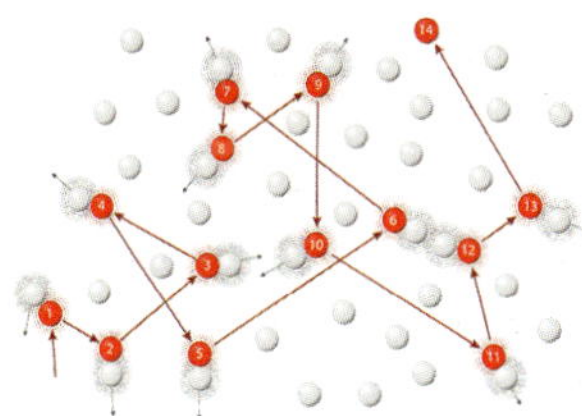

Recuerda seleccionar el material de trabajo de esta unidad para tu **portfolio.**

## TRABAJA CON LO APRENDIDO

### ORGANIZO MI MENTE Mapa conceptual sistémico

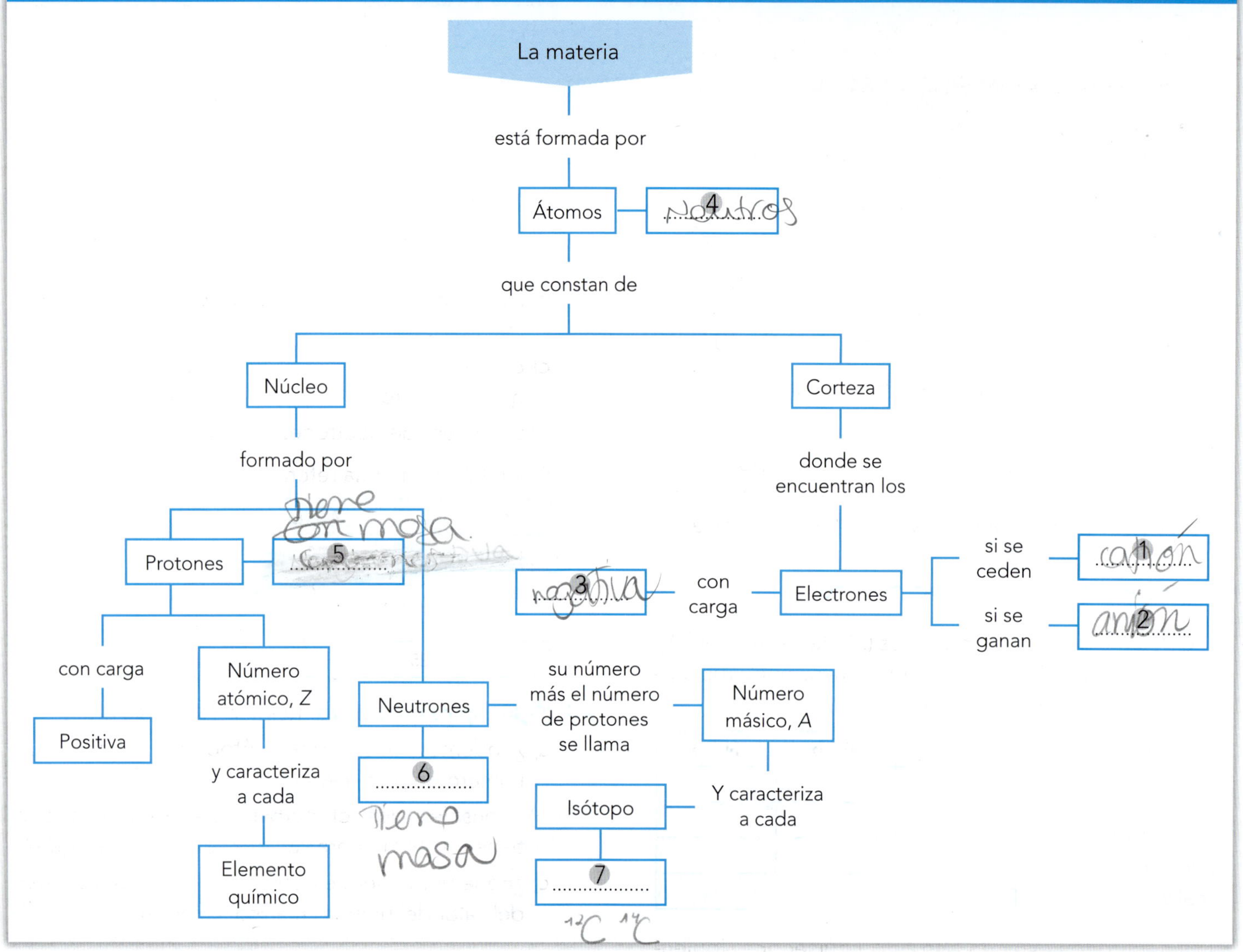


### Trabaja con el esquema

**1-2-4.** Copia el esquema en tu cuaderno e incluye nuevas ramas y recuadros según estas actividades.

1. Completa el nombre del tipo de ion aludido en la etiqueta 1.
2. Completa el nombre del tipo de ion aludido en la etiqueta 2 .
3. Indica el tipo de carga de los electrones en la etiqueta 3.
4. Indica por qué los átomos son eléctricamente neutros a partir de la etiqueta 4.
5. Indica la masa de los protones en la etiqueta 5.
6. Indica la masa de los neutrones en la etiqueta 6.
7. Pon un ejemplo de isótopos.

### La materia está formada por átomos.

8. Realiza un esquema con las ideas fundamentales de la teoría atómica.
9. Si la materia está formada por átomos, ¿qué hay entre los átomos de las distintas sustancias del aire?
10. Explica qué es un cambio químico según la teoría atómica. ¿Son los cambios de estado cambios químicos? Explica tu respuesta.
11. ¿En qué se diferencia una sustancia simple de un compuesto? ¿Por qué crees que llamamos «elementos nativos» a algunos metales como el oro?
12. El agua, el oxígeno y el dióxido de carbono son sustancias imprescindibles para la vida en la Tierra. ¿Son sustancias simples o compuestos? ¿En qué información te basas para dar tu respuesta?

Recuerda que puedes consultar las soluciones de todas las actividades numéricas en **anayaeducacion.es**.

## Características de los átomos

**13** ¿Cuáles son las partículas que forman un átomo? ¿Qué semejanzas y diferencias hay entre ellas? Organiza la información en un esquema.

**14** Describe el núcleo de un átomo y el resto del átomo. ¿Qué hay entre estas dos partes del átomo?

**15** ¿Por qué decimos que la materia es discontinua y, sin embargo, la percibimos como algo continuo?

**16** Si dibujaras el núcleo de un átomo del tamaño de una moneda de 5 céntimos, ¿podrías representar los electrones de ese átomo? Explica tu respuesta.

**17** ¿Por qué decimos que la masa de un electrón es despreciable?

**18** Calcula la masa de un átomo formado por cuatro protones, cinco neutrones y cuatro electrones, y expresa tu resultado en unidades de masa atómica.

## Número atómico y número másico

**19** Calcula el número de protones (*p*), de neutrones (*n*) y de electrones (*e*) de los átomos cuyos números atómicos y másicos son los de la tabla.

| A | Z | N.° *p* | N.° *n* | N.° *e* |
|---|---|---|---|---|
| 23 | 11 | 11 | 12 | 11 |
| 39 | 19 | 19 | 20 | 19 |
| 32 | 16 | 16 | 16 | 16 |
| 40 | 20 | 20 | 20 | 20 |

**20** ¿Cuántos protones tienen en su núcleo los siguientes elementos químicos? Utiliza el sistema periódico y escribe su símbolo químico:

a) Carbono.
b) Helio.
c) Calcio.
d) Nitrógeno.
e) Níquel.
f) Fósforo.

**21** Indica si las siguientes afirmaciones son verdaderas o falsas y justifica tu respuesta.

a) Todos los átomos del mismo elemento tienen el mismo número de neutrones; por tanto, el mismo número másico.

b) El número de neutrones de un átomo es la diferencia que hay entre el número másico y el número atómico.

c) Todos los átomos del mismo elemento químico tienen el mismo número atómico; por tanto, el mismo número de protones.

**anayaeducacion.es** Consulta los apartados «Para estudiar» y «Aprende jugando» en el banco de recursos.

**22** A partir de la información de la tabla, indica cuáles de las afirmaciones son verdaderas, y corrige las falsas:

| Átomo | Z | A |
|---|---|---|
| *A* | 9 | 19 |
| *B* | 12 | 24 |
| *C* | 10 | 19 |
| *D* | 10 | 20 |

a) Los átomos *A* y *C* son isótopos del mismo elemento químico.

b) Los átomos *C* y *D* son isótopos del mismo elemento químico.

c) El átomo *B* tiene el mismo número de protones que de neutrones.

d) El número de neutrones del átomo *A* es 19.

**23** Completa esta tabla referida a átomos:

| A | Z | N.° *p* | N.° *n* | N.° *e* |
|---|---|---|---|---|
| 21 | 10 | 10 | 11 | 10 |
| 20 | 9 | 9 | 11 | 9 |
| 4 | 2 | 2 | 2 | 2 |
| 80 | 35 | 35 | 45 | 35 |

**24** **Lápices al centro.** Responde brevemente:

a) ¿Podemos tener dos isótopos con diferente número de protones?

b) ¿Consideramos el número de electrones que tiene un átomo para calcular su masa? ¿Por qué?

c) ¿Podemos saber de qué elemento se trata a partir del valor del número másico? ¿Por qué?

## Iones

**25** Indica si las siguientes afirmaciones son verdaderas o falsas:

a) Un átomo cuyo $Z = 8$, al formar un ion de carga –2, gana dos electrones.

b) Un átomo cuyo $Z = 12$, al formar un catión de carga +2, gana dos protones.

c) Un átomo para formar un anión gana electrones.

d) Un átomo que pierde electrones forma un anión.

**26** Completa la tabla referida a iones:

| A | Z | N.° *p* | N.° *n* | N.° *e* | Carga |
|---|---|---|---|---|---|
| 16 | 8 | 8 | 8 | 10 | –2 |
| 18 | 9 | 9 | 10 | 10 | –1 |
| 6 | 3 | 3 | 3 | 2 | +1 |
| 80 | 35 | 45 | 45 | 36 | –1 |

# 4

# SUSTANCIAS QUÍMICAS

## Nombre y símbolo de los elementos químicos

¿Alguna vez te has preguntado el porqué de los nombres de los elementos químicos? Desde su fundación en 1919, la Unión Internacional de Química Pura y Aplicada (IUPAC) se ha encargado de gestionar las actualizaciones de la tabla periódica y enunciar los criterios a seguir para nombrar los elementos químicos con la intención de que dicha nomenclatura sea estable y permanente. Así, algunos de ellos provienen de la mitología (ej.: torio), de lugares representativos (ej.: polonio y californio), de planetas u otros cuerpos celestes (ej.: mercurio y plutonio) e incluso, de los nombres de grandes científicos (ej.: einstenio y curio).

Otros elementos deben su nombre a alguna característica física, por ejemplo, el zirconio tiene su origen en el vocablo árabe *zargun*, que significa «dorado».

Por otro lado, en cuanto a el símbolo utilizado para representar cada elemento químico, al observar detenidamente la tabla periódica observamos que hay muchos elementos cuyo símbolo proviene de una palabra latina o griega. Por ejemplo el símbolo del sodio proviene de la palabra *natrium* (nitrato de sodio), el símbolo del mercurio, Hg, de *hydra* (agua) y *gyros* (plata).

## COMPROMISO ODS

ODS

1 **Asamblea de ideas.** En diferentes foros internacionales se ha intentado justificar o legitimar el derecho de los países en vías de desarrollo a contaminar más en comparación con aquellos desarrollados. El principal argumento utilizado para justificar esta petición es el principio de justicia restaurativa, el cual reconoce que obtener el derecho a contaminar más fomentaría el desarrollo económico y social de los países con menos desarrollo. En relación con la **meta 12.a** de los ODS, ¿se debería legitimar este derecho o habría que explorar otras vías? ¿Cuáles propondríais?

2 **Mesa redonda.** De acuerdo con un estudio realizado por la Universidad de Sidney, la huella ecológica del turismo mundial representa alrededor del 8 % de las emisiones mundiales de GEI (gases de efecto invernadero). La **meta 12.b** de los ODS aboga por el turismo sostenible y por promover la cultura y los productos locales. ¿Cómo podríamos reducir la huella de carbono generada por el turismo mundial a la vez que lo fomentamos?

Antes de empezar a estudiar esta unidad, consulta la presentación «Qué necesitas saber» en anayaeducacion.es.

## LOS RECURSOS EN LA WEB DE ESTA UNIDAD

### SUSTANCIAS QUÍMICAS

**Nombre y símbolo de los elementos químicos**
- PRESENTACIÓN: Qué necesitas saber.
- VÍDEO: Objetivos de desarrollo sostenible.
- DOCUMENTOS: Cómo aplicar las técnicas: «Mesa redonda» y «Asamblea de ideas».

**1 Sistema periódico de los elementos químicos**
- DOCUMENTOS: Cómo aplicar las técnicas: «Asamblea de ideas» y «Lápices al centro».

**2 Sustancias simples y compuestos**
- DOCUMENTOS: Cómo aplicar las técnicas: «El espejo» y «Piensa y comparte en pareja».

**3 Moléculas y cristales**
- DOCUMENTO: Organizador gráfico: «Diagrama de Venn».
- DOCUMENTO: Cómo aplicar la técnica: «Piensa y comparte en pareja».

**4 Masas moleculares y fórmulas químicas**
- DOCUMENTO: Textos expositivos.
- DOCUMENTO: Cómo aplicar la técnica: «Preparar la tarea».

**5 Aplicaciones de los elementos químicos**
- DOCUMENTO: Cómo aplicar la técnica: «Interpretación compartida».

**Ciencia recreativa**
Memorización de los elementos químicos

**Trabajo práctico**
Discontinuidad de la materia (II)
- DOCUMENTO: Cómo aplicar la técnica: «Piensa y comparte en pareja».

**Trabaja con lo aprendido**
- DOCUMENTO: Textos expositivos.
- DOCUMENTO: Organizador gráfico: «Mapa conceptual jerárquico».
- DOCUMENTO: Consejos para elaborar tu potfolio.
- DOCUMENTOS: Cómo aplicar las técnicas: «Sumamos», «Interpretación compartida», «Piensa y comparte en pareja» y «¿Qué te hace decir eso?».
- «Para estudiar» y «Aprende jugando».

**Y ADEMÁS...** Soluciones de todas las actividades numéricas

# 1 SISTEMA PERIÓDICO DE LOS ELEMENTOS QUÍMICOS

A mediados del siglo XIX, el número de elementos químicos conocidos era lo suficientemente elevado como para que los químicos tuviesen que clasificarlos de una forma más precisa que en metales y no metales.

## 1.1 Clasificación periódica de los elementos

Gracias al continuo descubrimiento de nuevos elementos, los científicos observaron que había grupos de elementos con propiedades muy parecidas. Es el caso, por ejemplo, del cloro, bromo y yodo o, por otro lado, del calcio, estroncio y bario. Pero ¿a qué es debido este hecho? En 1817, J. Döbereiner observó en estos dos grupos de tres elementos que las propiedades del central eran un promedio de las propiedades de los otros dos elementos.

Posteriormente, en 1864, J. A. R. Newlands agrupó los elementos conocidos en grupos de ocho, con propiedades similares. Aunque en un principio su trabajo no fue aceptado por la comunidad científica, posteriormente se reconoció como la primera clasificación de los elementos químicos.

En 1869, de forma independiente, D. Mendeleiev y L. Meyer publicaron una clasificación de los elementos basada en:

- Colocar los elementos en orden creciente a su masa atómica.
- Agrupar los elementos en función de sus propiedades.

Sin embargo, esta clasificación tenía varias limitaciones, que se mejoraron en los primeros años del siglo XX.

## 1.2 El sistema periódico actual

Los defectos de la tabla de Mendeleiev procedían de ordenar los elementos en función de su masa atómica y no de su número atómico, como propuso en 1913 el científico inglés H. Moseley (1887-1915). Así, en el sistema periódico actual, los elementos quedan ordenados por orden creciente de su número atómico, *Z*.

Con este criterio, los elementos químicos quedan correctamente ordenados según sus propiedades. Además, se puede relacionar su posición en el sistema periódico con las características de la corteza de los átomos.

Los elementos químicos se distribuyen en:

- 18 columnas, denominadas grupos o familias. Todos los elementos de un mismo grupo presentan propiedades químicas similares.
- 7 filas horizontales, denominadas períodos. No todos los períodos contienen el mismo número de elementos.

**Trabaja con la imagen**

Busca ejemplos de los elementos que forman tríadas en el sistema periódico actual. ¿Pertenecen al mismo grupo o al mismo período? ¿Qué conclusión puedes sacar acerca de la agrupación de elementos químicos en grupos y períodos?

### Triadas de Döbereiner

| | | |
|---|---|---|
| Litio (Li) | Calcio (Ca) | Cloro (Cl) |
| ↓ | ↓ | ↓ |
| Sodio (Na) | Estroncio (Sr) | Bromo (Br) |
| ↓ | ↓ | ↓ |
| Potasio (K) | Bario (Ba) | Yodo (I) |

Una de las propiedades que observó Döbereiner en las tríadas fue que podía calcular la masa atómica del elemento intermedio como promedio de las masas atómicas de los otros dos elementos que formaban la tríada.

En el sistema periódico se diferencian cuatro grupos de elementos:

- **Metales.** Es el grupo más numeroso. Los átomos de estos elementos químicos tienden a formar cationes, y las sustancias simples que forman son buenos conductores del calor y de la electricidad.
- **No metales.** Los átomos de estos elementos tienden a formar aniones. Las sustancias formadas por átomos de no metales presentan propiedades muy variadas en función de cómo se unan los átomos.
- **Gases nobles.** Sus átomos son estables sin necesidad de estar unidos a otros, por lo que no forman iones. Las sustancias simples que forman no son el resultado de la unión de dichos átomos; se encuentran de forma individual. Todos son gases en condiciones habituales de la corteza terrestre.
- **Semimetales.** Los átomos de los semimetales tienen características intermedias entre los átomos de los metales y de los no metales.

## Sistema periódico de los elementos químicos

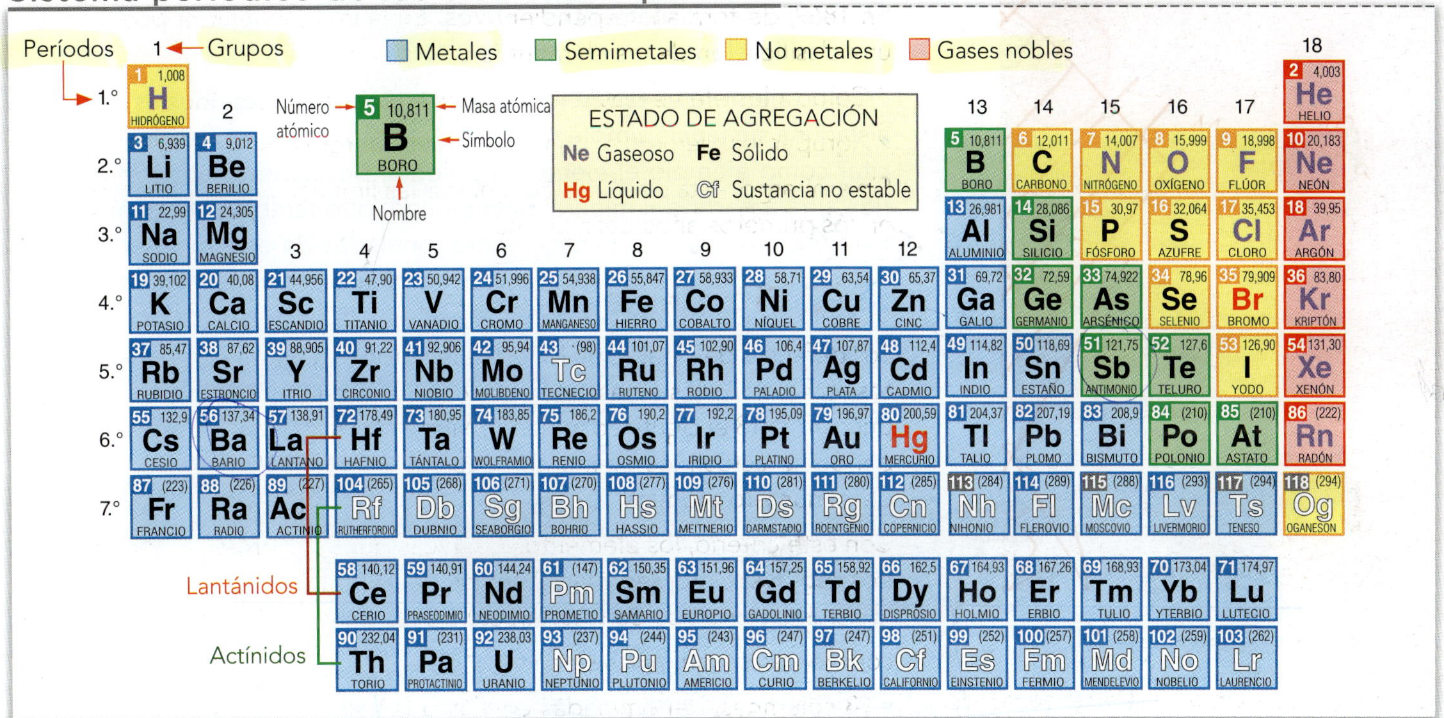


## Comprende, piensa, investiga...

**1** Según Döbereiner, ¿qué podrías afirmar de las masas atómicas del sodio, bromo y estroncio?

**2** Algunos elementos químicos llevan el nombre de un científico. ¿A quién se honró con el nombre del elemento de $Z = 109$?

**3** **Asamblea de ideas.** ¿Por qué crees que a los grupos del sistema periódico se los llama también familias?

**4** ¿Cuál es el criterio de ordenación de los elementos químicos? Si $Z(O) = 8$, ¿cuánto valen $Z(N)$ y $Z(F)$?

**5** **Lápices al centro.** Indica de qué elemento se trata en cada caso:

a) Tiene 7 protones.

b) Segundo elemento del segundo grupo.

c) Es el gas noble de menor número atómico.

d) No metal del grupo 14.

**6** Indica el nombre de los elementos químicos cuyos símbolos son: Ni, Mg, Ne, N, Ca, I y K.

**7** Indica el grupo y el período de los elementos: Li, Be, B, C, N, O, F y Ne.

Consulta la ficha «¿Sabías que… estas profesiones están relacionadas con el estudio y uso del sistema periódico de los elementos?» en el banco de recursos de anayaeducacion.es, apartado «Itinerarios académicos y profesionales».

# 2 SUSTANCIAS SIMPLES Y COMPUESTOS

## 2.1 Elementos químicos y sustancias simples

Retomamos aquí las ideas de la teoría atómica de Dalton relacionadas con la naturaleza de las sustancias. En resumen, Dalton expuso que la materia estaba formada por átomos y existían distintos tipos de átomos, correspondientes a los elementos químicos. Además, cada elemento químico se diferencia del resto en sus propiedades y en su masa. Por otro lado, si se unen átomos del mismo elemento químico se **forman sustancias simples** y, por el contrario, si los átomos que se unen son de distinto elemento químico, estamos ante un **compuesto** o sustancia compuesta.

En la actualidad se conocen 118 elementos químicos, algunos de ellos desde la Antigüedad. Podríamos preguntarnos cómo es posible que se hayan determinado elementos desde antes del desarrollo de técnicas experimentales modernas, pues, en principio, son necesarias para describir el átomo. Esto se debe a la existencia de sustancias simples en la naturaleza de forma aislada, lo que permitió descubrir elementos a partir de ellas. Son los llamados **elementos nativos.** En la imagen inferior podemos ver algunos de ellos.

Pero no siempre es tan sencillo, pues en muchas ocasiones es necesario aislar una sustancia simple de un compuesto o de una mezcla. Podemos citar como ejemplo el elemento polonio, descubierto en 1898 por Marie Curie a partir del mineral pechblenda, que también contiene uranio. Para ello, se trataron químicamente toneladas de este mineral para poder separar los productos radiactivos que lo formaban; entre ellos, el polonio.

### Elementos químicos en la naturaleza

Oro (Au)

Grafito (C)

Plata (Ag)

Azufre (S)

Además de estos, otros elementos nativos son el oxígeno y el nitrógeno, que se encuentran en estado gaseoso en la atmósfera, o el mercurio, que es líquido.

En 1989, Marie y Pierre Curie descubrieron dos elementos: el radio y el polonio. Estas sustancias presentaban propiedades diferentes a las del mineral del que procedían.

## 2.2 Diversidad de la materia

Todas las sustancias, simples o compuestos, están formadas por lo que denominamos **entidades elementales,** que se representan, como veremos más adelante, mediante fórmulas químicas.

> Una **entidad elemental** es la representación de la mínima cantidad de materia de una sustancia cuyas características son fijas y definidas.

Estas entidades elementales, o partículas, nos sirven para clasificar la materia, como se observa en el esquema inferior. Estudiaremos que dichas entidades elementales pueden ser átomos, moléculas, iones o cristales.

### Sustancias simples, compuestos y mezclas

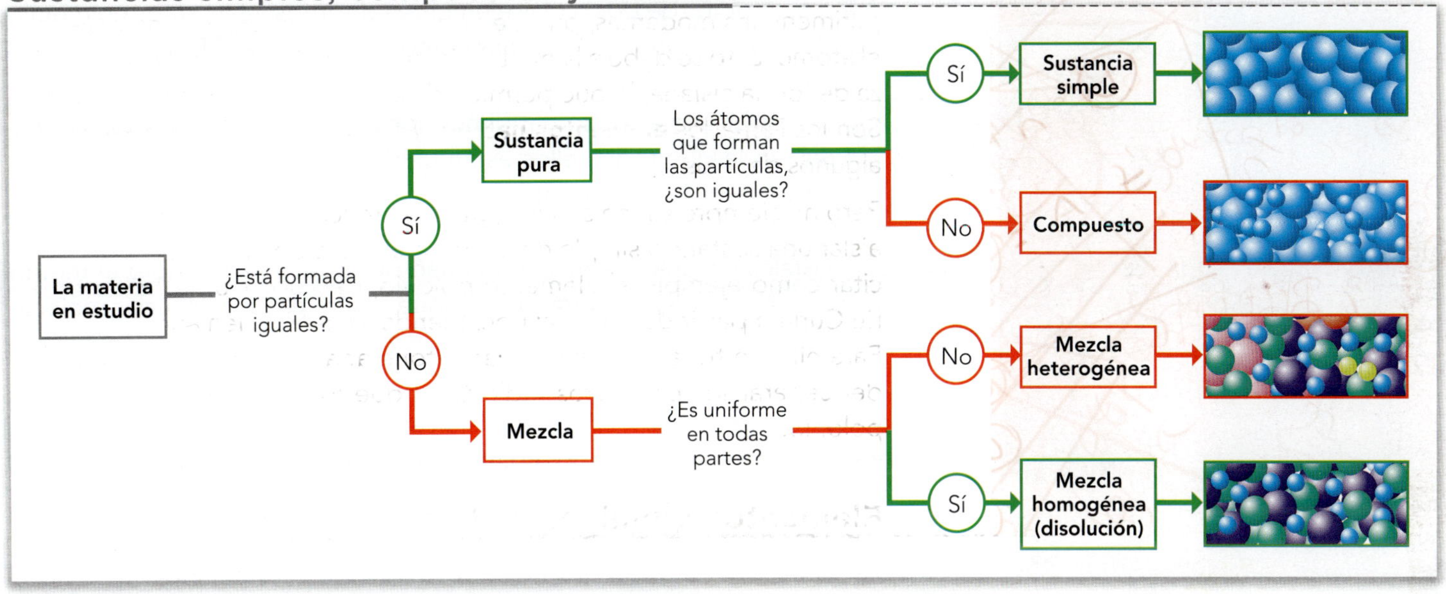


### Comprende, piensa, investiga...

**8** **El espejo.** ¿Por qué decimos que el grafito es una sustancia simple? Existen otras sustancias, como el diamante, que están formadas también por átomos de carbono. Busca información sobre la estructura del diamante y compárala con la del grafito. Explica las diferencias que encuentres entre ambas.

**9** **Piensa y comparte en pareja.** En la actualidad, el descubrimiento de nuevos elementos químicos se hace en aceleradores de partículas que alteran la composición del núcleo de los átomos. A partir de esta información, reflexiona con tu compañero o compañera:

a) ¿Se aíslan sustancias simples formadas por esos elementos nuevos?

b) ¿Podemos conocer su estado de agregación?

c) Busca algunos de estos elementos nuevos en el sistema periódico y observa el estado de agregación que se les ha adjudicado.

**10** Busca la representación a escala microscópica del amoníaco, el agua y la de los gases que componen el aire. A partir de esa información:

a) Clasifica cada sustancia en sustancia simple o compuesto.

b) ¿Es el aire una sustancia pura?

c) En caso de que tu respuesta al apartado anterior sea negativa, explica qué es el aire.

d) Copia en tu cuaderno cada una de las representaciones que has buscado, indica cómo se denominan estas entidades elementales y cuántos átomos diferentes tienen.

**11** Ubica el radio y el polonio en el sistema periódico de los elementos químicos.

**12** Indica cuáles de las siguientes sustancias son simples y cuáles compuestas, y explica por qué: Al, $CO_2$, C, $H_2O$, S, HF.

3

# MOLÉCULAS Y CRISTALES

En las condiciones de presión y temperatura habituales en la superficie de la Tierra, las sustancias, tanto sustancias simples como compuestos, pueden estar formadas por estructuras en las que todos los átomos están unidos formando una red tridimensional o bien por agrupaciones de un número determinado de átomos. Es decir, pueden estar formadas por cristales o por moléculas.

## 3.1 Las moléculas y los cristales

Una molécula es una agrupación de un número determinado de átomos de elementos unidos entre sí.

Existen moléculas muy sencillas unidas por dos átomos iguales ($O_2$, $H_2$...) otras por átomos de dos o más elementos distintos (elementos no metálicos, $H_2O$, $NO_2$) y otras mucho más complejas, como el ADN.

Un cristal es una estructura tridimensional formada por átomos, o por iones, en la que todos ellos están unidos al resto, de modo que se observa un orden o patrón.

Los cristales de una sustancia no tienen por qué tener siempre el mismo número de átomos, al contrario de lo que ocurre en las sustancias moleculares. El tamaño del cristal determinará el número de átomos que contiene.

El cristal de la sal común, NaCl, está formado por cationes y aniones; es un **cristal iónico.** Existen, además, cristales formados por átomos del mismo elemento metálico, llamados **cristales metálicos,** y cristales de átomos de elementos no metálicos, denominados **cristales covalentes.**

### Ejemplos de moléculas y cristales

**EL AGUA**

- En cada gota de agua hay millones de moléculas idénticas moviéndose con libertad.
- Cada molécula de agua está formada por un átomo de oxígeno y dos de hidrógeno. Su fórmula química es $H_2O$.
- Sea cual sea el estado de agregación del agua (sólido, líquido o gas), la agrupación de sus átomos en moléculas se mantiene.

**LA SAL COMÚN**

- Cada cristal de sal está formado por miles de millones de cationes sodio y de aniones cloruro.
- Cada catión se rodea de aniones, y cada anión, de cationes. El conjunto tiene carga neta igual a cero. Su fórmula química es NaCl.
- Salvo alguna excepción, podemos decir que las sustancias formadas por cristales son sólidas a temperatura ambiente.

## 3.2 Fórmulas químicas

La entidad elemental de una sustancia se representa mediante su fórmula química. Todas las fórmulas químicas se componen de los símbolos de los elementos químicos que forman las sustancias y unos subíndices que dan información cuantitativa:

- Si se trata de una sustancia formada por **moléculas,** los subíndices indican el **número de átomos de cada elemento** que forman la molécula.
- Si es una sustancia formada por **cristales,** los subíndices significan la **proporción** en la que están presentes los elementos que forman el cristal.

**Trabaja con las imágenes**

¿Cuál es el subíndice que indica la proporción de calcio en la última fórmula de esta imagen?

### Nombre, fórmula y significado

**Sustancia simple molecular: Oxígeno, $O_2$**

Cada molécula de oxígeno está formada por dos átomos de oxígeno.

**Compuesto molecular: Butano, $C_4H_{10}$**

Cada molécula de butano tiene cuatro átomos de carbono y diez átomos de hidrógeno.

**Sustancia simple cristalina: Cobre, Cu**

Un cristal de cobre está formado solo átomos de cobre ordenados en una estructura tridimensional.

**Compuesto cristalino: Fluoruro de calcio, $CaF_2$**

En un cristal de fluoruro de calcio, por cada catión calcio hay dos aniones fluoruro.

### Comprende, piensa, investiga...

**13** El amoníaco es una sustancia de interés industrial. Busca información y responde:

a) ¿Es una sustancia molecular o un cristal?

b) ¿Cuál es su fórmula química? Explica su significado.

c) Estado de agregación habitual y propiedades.

d) Explica su uso en la industria de los fertilizantes.

**14** El óxido de silicio, también conocido como sílice, tiene múltiples aplicaciones. Busca información e indica:

a) ¿Es una sustancia molecular o un cristal?

b) Explica el significado de su fórmula química.

c) Anota alguna de sus aplicaciones.

**15** **Organizador gráfico.** Busca un ejemplo de cristales iónico, covalente y metálico. Haz un dibujo de sus estructuras y explica sus semejanzas y diferencias, resumiéndolas en un diagrama de Venn.

**16** **Piensa y comparte en pareja.** Explica si hay algún error en estas afirmaciones:

a) El hierro es una sustancia simple, su entidad elemental está constituida por cristales metálicos y su fórmula es $Fe_2$.

b) La fórmula molecular del agua es $H_2O_1$, pues cada molécula está formada por dos átomos de hidrógeno y un átomo de oxígeno.

# 4 MASAS MOLECULARES Y FÓRMULAS QUÍMICAS

## 4.1 La masa de las moléculas

A partir de las masas atómicas promedio de los elementos que constituyen una sustancia podemos calcular su masa molecular, si la sustancia está formada por moléculas.

La masa molecular, *M*, de una sustancia es la masa de su molécula, que obtenemos sumando las masas atómicas de los átomos que componen dicha molécula.

Para las sustancias que están formadas por cristales es posible calcular una masa equivalente a la masa molecular que llamamos **masa de la unidad fórmula.**

### Masa atómica promedio

La masa atómica promedio de cualquier elemento químico se calcula como la media de las masas de cada uno de sus isótopos teniendo en cuenta su abundancia relativa.

Tendremos en cuenta que la abundancia relativa es el porcentaje de átomos que existe de cada isótopo de un elemento químico concreto.

## 4.2 Cálculo de la masa de una molécula

Para calcular la masa molecular de una sustancia o la masa de su unidad fórmula necesitamos:

- **Fórmula química.** Es preciso tener en cuenta que en la fórmula de una sustancia los subíndices que valen uno no se escriben.
- **Masas atómicas promedio** de los elementos que forman la sustancia. Los datos de las masas atómicas promedio se encuentran en el sistema periódico de los elementos químicos.

Observa los ejemplos de cálculo de masa molecular o masa de la unidad fórmula de esta página y de la siguiente.

### Masas atómicas

| MASAS ATÓMICAS PROMEDIO DE ALGUNOS ELEMENTOS | | | | | |
|---|---|---|---|---|---|
| **Elemento** | **Masa atómica** | **Elemento** | **Masa atómica** | **Elemento** | **Masa atómica** |
| H | 1,008 | F | 18,996 | S | 32,065 |
| C | 12,011 | Na | 22,990 | Cu | 36,546 |
| N | 14,007 | Mg | 24,309 | K | 39,098 |
| O | 15,999 | Al | 26,981 | Fe | 55,845 |

### Cálculo de masa molecular

Calcula la masa molecular del oxígeno molecular, $O_2$, y del butano, $C_4H_{10}$, a partir de las masas atómicas de los elementos químicos que los forman:

$O_2$ ← DATO — OXÍGENO — CÁLCULO → Masa molecular de la molécula de oxígeno

$M(O_2) = 2 \cdot 15{,}999\ u = \boxed{31{,}998\ u}$

↓ DATO

Masa atómica promedio del oxígeno

$M(O) = 15{,}999\ u$

$C_4H_{10}$ ← DATO — BUTANO — CÁLCULO → Masa molecular del butano

$M(C_4H_{10}) = 4 \cdot 12{,}011\ u + 10 \cdot 1{,}008\ u = \boxed{58{,}124\ u}$

↓ DATO

Masas atómicas promedio del carbono y del hidrógeno

$M(C) = 12{,}011\ u$

$M(H) = 1{,}008\ u$

**DATOS**

En el próximo curso estudiarás cómo nombrar y formular sustancias. De momento, te facilitamos en el enunciado las fórmulas del oxígeno y el butano, pues las necesitarás para resolver el ejercicio.

Además, como puedes comprobar, otro de los datos indispensables es el valor de las masas atómicas de cada elemento químico, que puedes encontrar en la tabla periódica.

## Fórmulas de algunas sustancias químicas comunes

| Sustancia | Fórmula | Entidad elemental | Masa molecular/masa unidad fórmula |
|---|---|---|---|
| Dióxido de hidrógeno | $NO_2$ | Molécula | 14,007 u + 2 · 15,999 u = 46,005 u |
| Óxido de magnesio | MgO | Cristal | 24,309 u + 15,999 u = 40,308 u |
| Sulfuro de hidrógeno | $H_2S$ | Molécula | 2 · 1,008 u + 32,065 u = 34,081 u |
| Metano | $CH_4$ | Molécula | 12,011 u + 4 · 1,008 u = 16,043 u |
| Fluoruro de magnesio | $MgF_2$ | Cristal | 24,309 u + 2 · 18,996 u = 62,301 u |

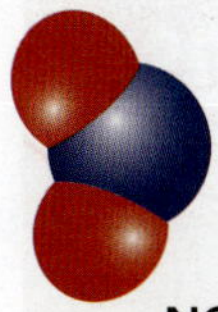
$NO_2$

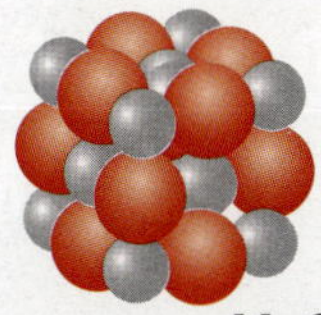
MgO

**UNIDAD DE MASA ATÓMICA**

Los valores de masas moleculares se suelen dar en unidades de masa atómica (u). La equivalencia entre esta unidad y el kilogramo es:

$$1\ u = 1{,}661 \cdot 10^{-27}\ kg$$

$H_2S$

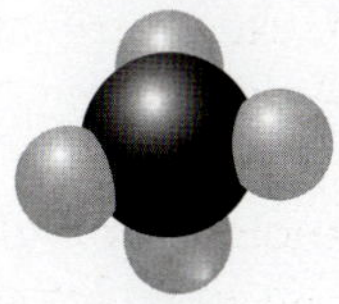
$CH_4$

$MgF_2$

### Ejercicio resuelto

**1 Existen dos sustancias simples formadas por átomos de fósforo, que son el fósforo blanco y el fósforo rojo. Si conocemos la masa de su unidad fórmula:**

**a) ¿Qué dato adicional necesitamos para conocer la fórmula de la sustancia?**

**b) ¿Cuál es la fórmula del fósforo blanco si sabemos que la masa de su fórmula química es, aproximadamente, 124 u?**

**c) Busca información e indica si se trata de una molécula o de un cristal.**

a) Necesitamos conocer la masa atómica promedio del elemento químico que la forma. Para ello, acudimos al sistema periódico; para el fósforo es 30,97 u.

b) Para determinar cuántos átomos tiene una molécula de fósforo blanco, dividimos la masa de su unidad fórmula entre la masa de cada átomo de fósforo:

$$\frac{124\,u}{30{,}97\,u} \approx 4\,;\ \text{fórmula química: } P_4$$

c) El fósforo blanco es una sustancia molecular.

### Comprende, piensa, investiga...

**17** **Preparar la tarea.** El agua, $H_2O$, está formada por moléculas. A partir de los datos de la tabla de la página anterior:

a) Calcula la masa de una molécula de agua.

b) Calcula cuántas moléculas hay en 18 g de agua.

c) Explica el porqué del orden de magnitud del número de moléculas que has obtenido.

d) Sabiendo que la densidad del agua es de 1g/mL, calcula qué volumen ocuparán los 18 g de agua. ¿Y cada molécula (aproximadamente)?

**18** Calcula la masa atómica de un elemento desconocido, X, sabiendo que la masa molecular de uno de sus compuestos, $X_2SO_3$, es 126 u. Busca en el sistema periódico qué elemento puede ser.

**19** Utilizando los datos de las masas atómicas que aparecen en la tabla de la página anterior, calcula la masa molecular de los siguientes compuestos:

a) $MgF_2$.

b) $CO_2$.

c) $HNO_2$.

d) $CuCO_2$.

e) $Al_2(SO_4)_3$.

f) NaClO

En **anayaeducacion.es** puedes encontrar las soluciones de todas las actividades numéricas.

# 5 APLICACIONES DE LOS ELEMENTOS QUÍMICOS

Como hemos visto en esta unidad, la química nos ayuda a comprender cómo son las sustancias de las que está hecha la materia. Conocer cuáles son los elementos químicos que forman una sustancia, y la manera en la que están unidos sus átomos, permite explicar las **propiedades de esa sustancia**: si será o no soluble en agua, si es un sólido maleable o frágil, si conduce la electricidad o el calor, entre otras muchas.

La relación entre **la química, la tecnología y la sociedad** es muy estrecha. La química permite conocer las propiedades de las sustancias, modificarlas o diseñar otras nuevas. Además, la industria química pone a punto métodos que hacen posible la fabricación de compuestos que pueden servir, a su vez, de materia prima para otras industrias derivadas. Estos productos químicos tienen aplicaciones tecnológicas y biomédicas que afectan de forma directa a la sociedad.

La aportación de la química a la tecnología, a la industria y a la medicina es variada y muy extensa. En las páginas siguientes se muestran algunos ejemplos de aplicaciones tecnológicas, industriales y biomédicas.

## La desmerecida «mala fama» de la química

El desarrollo de la química ha aportado muchos beneficios a nuestro modo de vida, que sería muy diferente sin la existencia de medicamentos, tejidos para prendas de ropa, fertilizantes, materiales de construcción, etc.

No obstante, en ocasiones esta disciplina tiene mala fama, porque muchas sustancias químicas pueden ser perjudiciales para la salud, o para el medioambiente. En estos casos, se señala con etiquetas específicas los productos en los que estas sustancias están presentes.

¿Conoces el significado de los símbolos representados en la figura? Búscalo y encuentra productos del hogar o envases de alimentos que los incluyan en su etiquetado. Es posible que al hacerlo descubras productos que se publiciten como «sin química»; ¿tiene sentido este tipo de afirmaciones?

**Interpretación compartida.** Debate sobre este tema en clase y tratad de aclarar la controversia que existe entre los defensores de los «productos naturales» y de los «productos químicos».

## Aplicaciones tecnológicas

### Sodio, Na

El sodio se utiliza en las lámparas que alumbran las calles y las carreteras. Dentro del bulbo de cristal de la lámpara se coloca una pequeña cantidad de sodio sólido. Cuando la lámpara se enciende, el sodio sublima directamente, emitiendo un color naranja muy brillante.

### Hafnio, Hf

El hafnio ayuda a controlar las reacciones que se producen en las centrales nucleares; también se utiliza en la fabricación de microchips, facilitando la transmisión de información y reduciendo su tamaño, lo que permite almacenar mucha más información.

### Niobio, Nb

El niobio está presente en muchas aleaciones de acero, haciéndolo más duro y resistente. Por ello, es muy importante en la industria aeroespacial, pues conserva sus propiedades a altas temperaturas y presiones. Se extrae de las minas de coltán, que se utiliza en la fabricación teléfonos móviles.

### Níquel, Ni

El uso más destacado del níquel es en baterías recargables, ya que permite el almacenamiento de más energía y es menos tóxico que los materiales empleados en otro tipo de baterías. En aleación con el hierro, soporta muy bien las altas temperaturas, por lo que se utiliza en secadores de pelo o tostadoras.

### Silicio, Si

El silicio es el elemento más utilizado en electrónica por sus propiedades semiconductoras. Con él se fabrican chips y circuitos de todo tipo. Además, como soporta altas temperaturas, se usa para preparar siliconas que forman parte del menaje de la cocina, selladores de agujeros.

### Xenón, Xe

El xenón se utiliza como combustible en sondas espaciales que realizan misiones en el espacio de larga duración. La NASA utilizó motores de este tipo en su misión experimental Deep Space 1. La ESA también los ha utilizado para mantener sus satélites GOCE en órbita.

## Aplicaciones industriales

**Titanio, TI**

El titanio es un metal cuya dureza es similar a la del acero, pero la mitad de denso, lo que lo convierte en un elemento muy ligero. Por eso, se utiliza en turbinas y como material para fuselaje de aviones y satélites. También se utiliza como elemento constructivo; por ejemplo, en el Guggenheim de Bilbao.

**Tungsteno (wolframio), W**

El volframio es el metal más duro conocido, y si se combina con el carbono se obtiene un material aún más duro. Esta propiedad lo hace ideal para fabricar puntas de taladros y maquinaria industrial. Además, forma parte de los compuestos de los neumáticos, ayudando a mejorar su tracción.

**Hierro, Fe**

El hierro es uno de los elementos más abundantes y más fáciles de extraer de la corteza terrestre. Esto hace que forme parte de muchas aleaciones; la más conocida es el acero, muy duro y resistente. Por eso se utiliza para construir grandes estructuras que puedan soportar mucho peso, como puentes y rascacielos.

**Platino, Pt**

El platino es un metal muy dúctil que se utiliza en la industria química para hacer que aumente la velocidad de algunas reacciones químicas; es el caso, por ejemplo, de la producción de ácido nítrico, $HNO_3$. Además, se usa para fabricar electrodos de bujías de alta calidad.

**Nitrógeno, N**

El nitrógeno es el elemento más abundante en la atmósfera terrestre. Sus aplicaciones son muchas, y aquí solo haremos referencia a algunas de ellas: formación de ácido nítrico, $HNO_3$, y amoníaco, $NH_3$, fabricación de plásticos, fármacos, fertilizantes y explosivos, etc.

**Azufre, S**

El azufre se utiliza, principalmente, para producir ácido sulfúrico, $H_2SO_4$, en las industrias químicas, que luego formará parte de fertilizantes, detergentes, colorantes, etc. También se añade a diferentes tipos de gomas para incrementar sus propiedades elásticas, y para desinfectar equipos de embotellamiento.

### Flúor, F

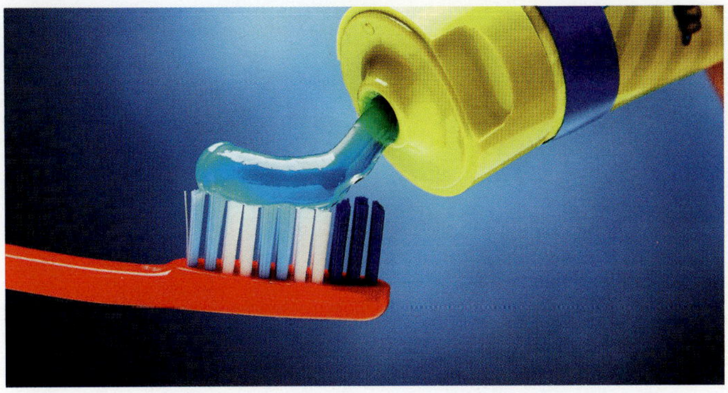

A partir del flúor y otras sustancias se fabrican muchos materiales refrigerantes y aislantes: recubrimiento de cables de la electricidad, de sartenes, de prendas de ropa impermeables, etc. Además, el fluoruro de sodio, NaF, está presente en la pasta de dientes.

### Cloro, Cl

El cloro, presente en el ácido clorhídrico, HCl, se utiliza en la fabricación de plásticos. También podemos encontrarlo en desinfectantes, como la lejía, o en el agua de las piscinas, para evitar la proliferación de microorganismos. Los CD, DVD y *Blu-ray* llevan cloro en su composición.

### Helio, He

El helio es menos denso que el aire; por ello, se utiliza para elevar globos aerostáticos y de otro tipo, como los que transportan las sondas meteorológicas. Debido a su rápida difusión, se utiliza para el inflado de los *airbags*, y en la industria aeroespacial, como agente de enfriamiento.

### Cromo, Cr

El cromo es un metal muy barato, fácil de extraer del mineral del que procede (cromita) y muy resistente a la corrosión, por lo que se utiliza para fabricar diferentes piezas de coches y aviones. Junto con el hierro y el carbono, forman el acero inoxidable, con el que se fabrican cubiertos, cacerolas, etc.

### Manganeso, Mn

El manganeso se añade al acero para hacer que aumente su dureza y flexibilidad. Ciertos compuestos del manganeso se utilizan como pigmentos para la cerámica y el cristal, y para la fabricación de baterías.

### Oxígeno, O

El oxígeno, además de ser esencial para la vida en la Tierra, es imprescindible en la industria química. También se utiliza en la producción de acero, en la mecanización de metales, y forma parte del combustible de aeronaves espaciales.

## Aplicaciones biomédicas

**Titanio, Ti**

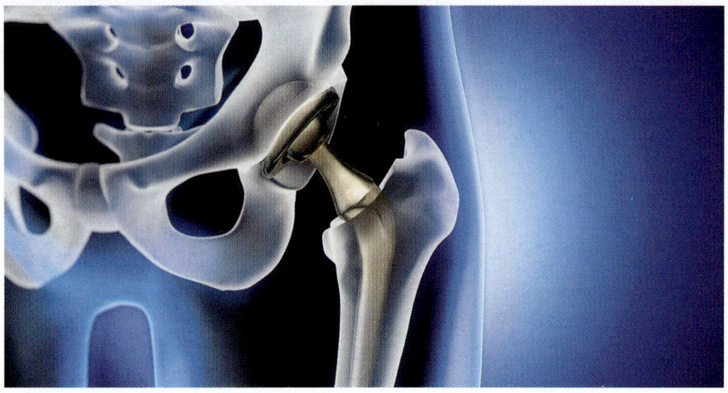

Además de sus aplicaciones industriales, el titanio, que es un elemento muy duro y flexible y que prácticamente no reacciona químicamente, es ideal para la fabricación de prótesis e implantes; los más destacados son los de rodilla. También se utiliza en la fabricación de los marcapasos.

**Tántalo, Ta**

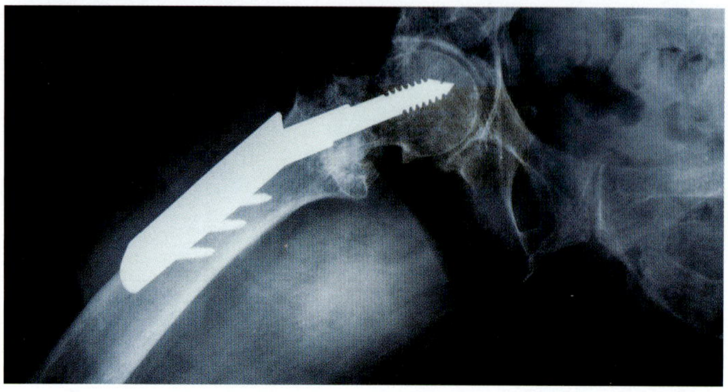

El tántalo es un metal que no reacciona químicamente, por lo que se utiliza para implantes, tornillos para juntar huesos, articulaciones artificiales y en placas en el cráneo. Con él se fabrican también recipientes y pipetas utilizados en investigación médica.

**Osmio, Os**

El osmio se utiliza en la fabricación de instrumental de laboratorio. Además, forma parte de aleaciones con otros metales que tienen usos diversos; si se une al platino, forma una aleación difícilmente oxidable, por lo que se utiliza en implantes y en la fabricación de marcapasos.

**Platino, Pt**

Como hemos visto, el platino se utiliza ampliamente en la industria química; además, forma parte de la aleación de implantes dentales, y es muy importante en la industria farmacéutica, ya que el platino se sitúa en ciertas partes de la cadena de ADN de las células tumorales e inhibe su reproducción.

**Plata, Ag**

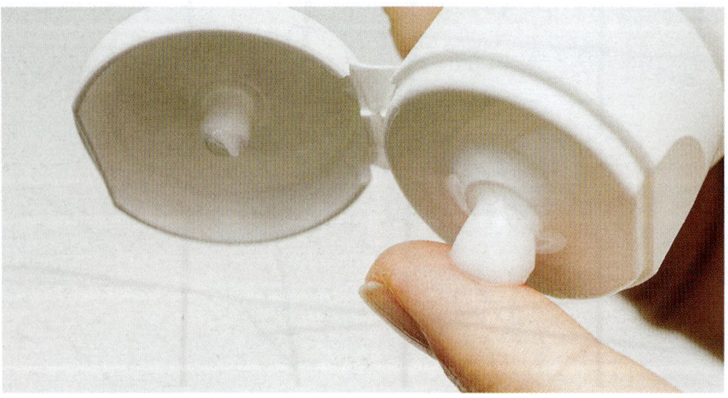

La plata es un elemento tóxico para la mayoría de microorganismos, pero no para los seres humanos (en cantidades muy pequeñas). Por eso, se utiliza en vendajes y en cremas para la piel. También se usan compuestos de plata para tratar el cáncer, pues son menos tóxicos que otros metales.

**Gadolinio, Gd**

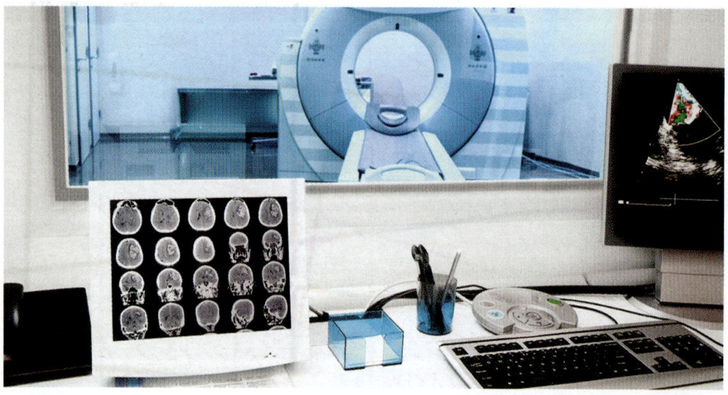

El gadolinio se utiliza en el control de las reacciones nucleares, ayudando a controlarlas. Además, dado que se acumula en las zonas tumorales haciéndolas más visibles, a veces, antes de hacer resonancias magnéticas de imagen se inyectan compuestos de este elemento para obtener mejores pruebas.

### Astato, At

Se están realizando investigaciones utilizando el astato para luchar contra el cáncer. Es un elemento radiactivo muy inestable, y si se inyecta en los tumores, la radiación que produce es absorbida por el ADN de las células infectadas, destruyéndolas y causando el mínimo daño posible a las que estén sanas.

### Bario, Ba

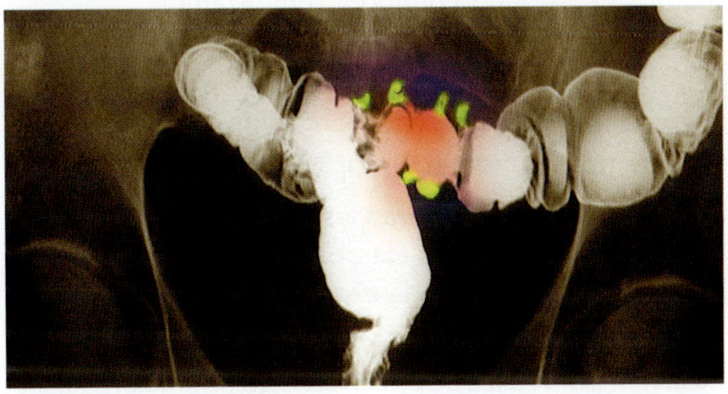

El bario es un metal que, en medicina, se ingiere antes de ciertas pruebas de rayos-X para detectar problemas de estómago. El bario es opaco a los rayos-X; por eso, cuando estos inciden sobre el cuerpo humano, se aprecia el recorrido del sistema digestivo y se pueden ver los tapones o protuberancias.

### Cobalto, Co

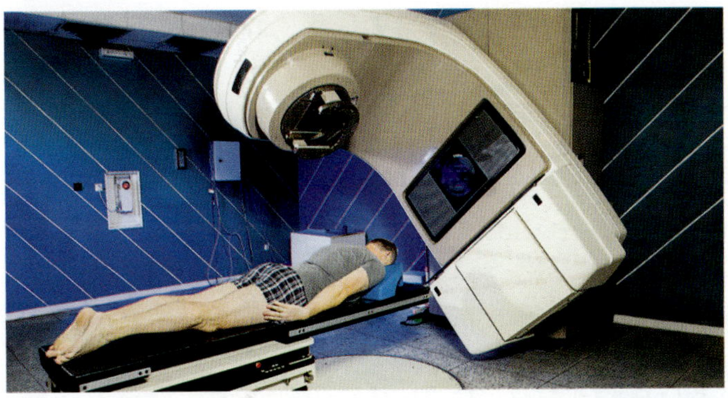

El cobalto es un elemento radiactivo que emite radiaciones muy potentes y penetrantes. Por esta razón, se utiliza en radioterapia y para esterilizar material médico. En algunos países también se usa para esterilizar la comida, pero no es recomendable. Forma parte de la vitamina B-12.

### Argón, Ar

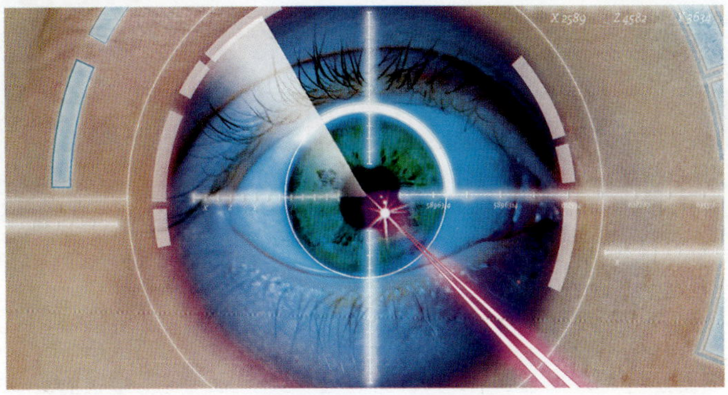

El argón es un gas noble que tiene múltiples aplicaciones en medicina. Una de las más destacadas es el «plasma de argón», que se utiliza para detener hemorragias en tejidos internos, principalmente en los del intestino grueso. También se utiliza en los láseres médicos para tratar el desprendimiento de retina.

### Tecnecio, Tc

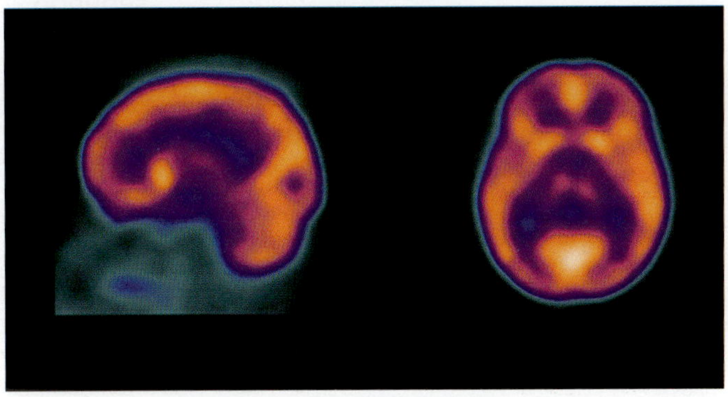

El tecnecio se utiliza como trazador radiactivo; es decir, al inyectarse en la sangre de los pacientes, como es poco estable, emite radiaciones que pueden ser detectadas. Así pueden verse imágenes del riego sanguíneo, del funcionamiento de los órganos o de la existencia de áreas cancerosas.

### Carbono, C

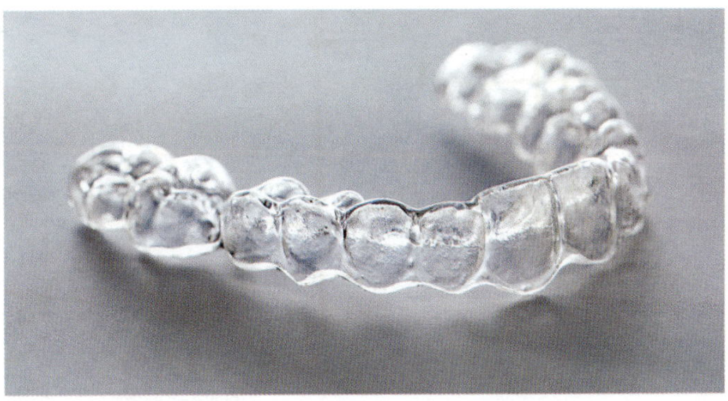

El carbono es uno de los elementos más importantes para la vida, y el que más compuestos forma. Entre ellos, destacan los polímeros, donde se combina con el hidrógeno, principalmente. En medicina se utilizan estos polímeros para fabricar prótesis, piezas dentales, marcapasos e incluso órganos.

# CIENCIA RECREATIVA

## MEMORIZACIÓN DE LOS ELEMENTOS QUÍMICOS

### INTRODUCCIÓN

El sistema periódico contiene mucha información útil sobre los elementos químicos. Por ello, es necesario empezar por memorizar su nombres y sus símbolos. Hagámoslo a través de un concurso.

### EL CONCURSO

Vamos a preparar un concurso en el que habrá que inventar palabras o frases que contengan los símbolos de los elementos químicos. Por ejemplo:

**F**antásticas **Cl**ases doy a**Br**umada por **I**nteligentes **At**entos.

**Li**bre **Be**stia **B**usca **C**omida en la **N**oche **F**ría de la **Ne**bulosa.

En el primer ejemplo, la frase tiene los elementos del grupo 17, y en el segundo, los elementos del segundo período. ¿Empezamos?

### PREPARACIÓN

El primer paso es sentar las bases de la competición:

- Modalidad de participación: individual o en grupos.
- Categorías del concurso:
  - Frases que contengan todos los elementos de un grupo.
  - Frases con todos los elementos de un período.
  - Palabras compuestas de símbolos químicos.
  - Categoría libre.
- Plazos de participación.
- Premio. Para ello, contaremos con la colaboración del profesorado.

### PARTICIPANTES

Dividiremos la clase en tres tipos de participación:

- **Organizadores:** elaboran las bases del concurso, los plazos, distribuyen el trabajo, recogen el material elaborado y guían la exposición oral.

  Además, deben proveerse de los recursos que necesiten para su labor, pidiendo la colaboración del departamento didáctico, el AMPA, la asociación de alumnos y alumnas, etc.
- **Comité de evaluación:** personas encargadas de juzgar los productos presentados en cada categoría.
- **Concursantes:** estudiantes que compiten.

### EJEMPLOS

Categoría: Frase con todos los elementos de un grupo

**Elementos del grupo 27**

Flúor — 9 18,998 **F** FLÚOR

Cloro — 17 35,453 **Cl** CLORO

Bromo — 35 79,909 **Br** BROMO

Yodo — 53 126,90 **I** YODO

Ástato — 85 (210) **At** ASTATO

**F**antásticas **Cl**ases doy a**Br**umada por **I**nteligentes y **At**entos alumnos

Categoría: Frase con todos los elementos de un período

**Elementos del segundo período**

3 6,939 **Li** LITIO · 4 9,012 **Be** BERILIO · 5 10,811 **B** BORO · 6 12,011 **C** CARBONO · 7 14,007 **N** NITRÓGENO · 8 15,999 **O** OXÍGENO · 9 18,998 **F** FLÚOR · 10 20,183 **Ne** NEÓN

**Li**bre **Be**stia **B**usca **C**omida en la **NO**che **F**ría de la **Ne**bulosa

# TRABAJO PRÁCTICO

## DISCONTINUIDAD DE LA MATERIA (II)

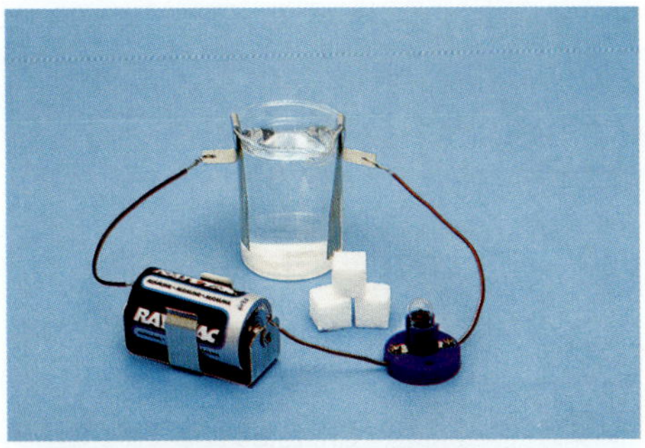

### PLANTEAMIENTO DEL PROBLEMA. OBJETIVO

El objetivo de esta práctica es relacionar las propiedades de una sustancia, en concreto la conductividad eléctrica, con el hecho de que esté formada por moléculas o cristales.

### PRELIMINARES

Una corriente eléctrica es el movimiento ordenado de cargas eléctricas. Si una disolución contiene iones, estos podrán moverse y conducir la electricidad.

Una pila, material conductor de la electricidad, y una bombilla, constituyen un circuito eléctrico elemental.

### NUESTRA PROPUESTA

¿Conduciría la electricidad una disolución acuosa de una sustancia molecular? ¿Y la de una sustancia formada por cristales iónicos? Montaremos un circuito eléctrico en el que uno de los elementos conductores sea una disolución; en un caso contendrá una sustancia molecular (azúcar), y en otro, una sustancia formada por cristales iónicos (sal común).

### MATERIAL

• Pila • Soporte para pila • Bombilla • Cable de cobre • Vaso de precipitados • Dos electrodos • Sal • Azúcar • Agua.

### ORIENTACIONES PARA LA REALIZACIÓN DE LA EXPERIENCIA

- Para llevar a cabo esta práctica, ten cuidado de no mojar los cables de cobre con el agua, ya que al conectarlos con la pila podrían dar un chispazo.
- Además, el voltaje de la pila debe ser el adecuado para que la bombilla luzca sin fundirse.
- Con los materiales, diseña un montaje como el de la fotografía.
- Si haces la práctica con agua del grifo, comprueba previamente, aunque sea de modo cualitativo, cuál es la intensidad de la luz que se obtiene utilizando solo agua. Esta será nuestra referencia.
- Prepara varias disoluciones de sal en agua y de azúcar en agua que tengan concentraciones diferentes y comprueba, utilizando el montaje, qué ocurre al hacer pasar una corriente eléctrica a través de ellas.
- Registra en una tabla tus resultados, relacionando la sustancia utilizada (sal común o azúcar), la concentración de la disolución y una valoración cualitativa de la intensidad de la luz que has obtenido.

### Extrae conclusiones...

1. **Piensa y comparte en pareja.** ¿Para qué realizas una práctica con agua del grifo? A partir de este resultado, extrae conclusiones.
2. A pesar de que su aspecto es muy parecido, las dos sustancias utilizadas son muy diferentes en sus propiedades. ¿Cuál de ellas está formada por cristales iónicos? Razona tu respuesta.
3. Utiliza la simulación que puedes encontrar en https://phet.colorado.edu/es/simulation/legacy/sugar-and-salt-solutions para explicar los fenómenos que has observado en la realización de este trabajo práctico.

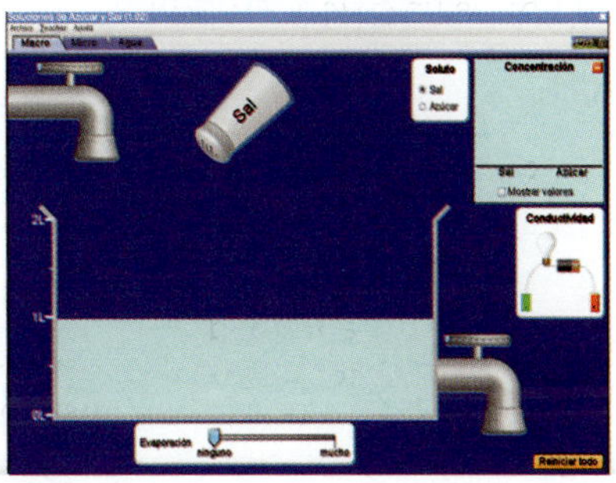

# TRABAJA CON LO APRENDIDO

## ORGANIZO MI MENTE Mapa conceptual jerárquico

Copia y completa el esquema en tu cuaderno. Incluye nuevas ramas y recuadros respondiendo estas cuestiones:

1 ¿Cómo se denomina cada una de las filas del sistema periódico de los elementos químicos?

2 ¿Cómo se denomina cada una de las columnas del sistema periódico?

3 A partir del recuadro «Fórmulas químicas», escribe un ejemplo de:

a) Una sustancia simple formada por moléculas.

b) Un compuesto formado por moléculas.

c) Una sustancia simple formada por cristales.

d) Un compuesto formado por cristales.

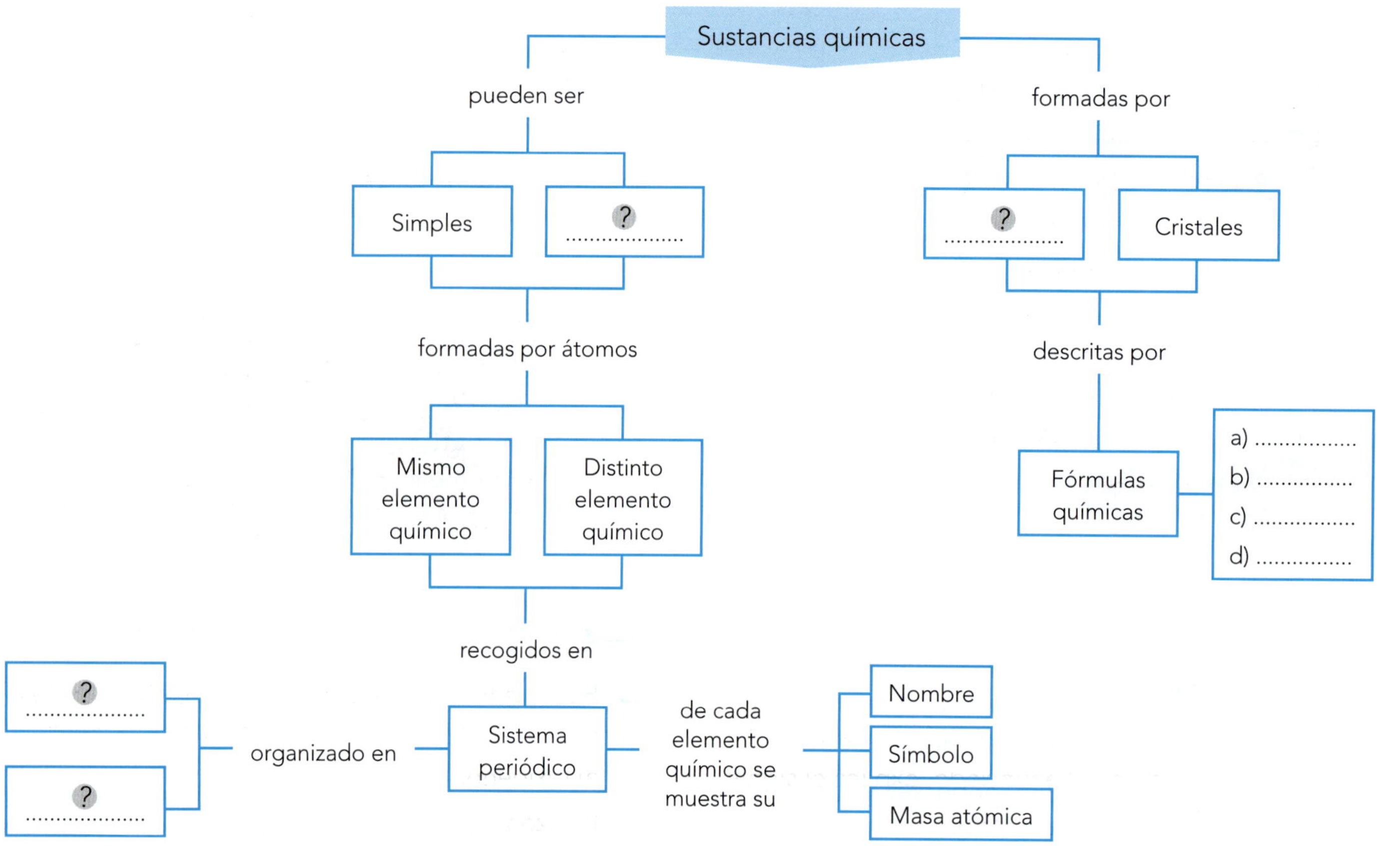


## Sistema periódico de los elementos químicos

1 Completa la tabla, indicando el nombre o el símbolo de cada uno de estos elementos:

| Símbolo | Nombre |
|---|---|
| F | |
| | Fósforo |
| Fe | |
| Fl | |

2 Indica cuántos elementos hay en el primer, segundo, tercer y cuarto período del sistema periódico.

3 Clasifica, en tu cuaderno, los siguientes elementos en una tabla como la inferior: sodio, calcio, plata, argón, nitrógeno, helio, cloro y silicio.

| | |
|---|---|
| **Metal** | |
| **No metal** | |
| **Semimetal** | |
| **Gas noble** | |

Recuerda que puedes consultar las soluciones de todas las actividades numéricas en **anayaeducacion.es**.

4 En 2016, la IUPAC realizó la última actualización de la tabla periódica, incluyendo cuatro nuevos elementos: nihonio, moscovio, téneso y organesón. Todos situados en la séptima fila. ¿En qué o quién se inspiraron para nombrar estos cuatro nuevos elementos?

## Sustancias simples y compuestos

5 **Sumamos.** Por grupos, buscad cuántos elementos nativos existen y clasificadlos en metales, no metales, semimetales y gases nobles.

6 Indica si las siguientes descripciones se refieren a la sustancia simple o al elemento químico:

a) Es conductor de la electricidad.

b) En condiciones ambientales está en estado líquido.

c) Tiene cuatro protones en su núcleo.

d) Su masa atómica es 1,01 u.

e) No forma ni cationes ni aniones.

7 Con la ayuda del sistema periódico, relaciona cada sustancia simple o elemento químico de este enunciado con las descripciones del enunciado anterior:

a) Elemento químico hidrógeno.

b) Bromo, sustancia simple.

c) Elemento químico argón.

d) Cobre, sustancia simple.

e) Elemento químico berilio.

## Moléculas y cristales

8 **¿Qué te hace decir eso?** A partir de la información que se da en el enunciado, explica el significado de estas fórmulas químicas:

a) El metano es una sustancia molecular, cuya fórmula es $CH_4$.

b) La fórmula del hierro (sustancia metálica) es Fe.

c) Las principales sustancias que componen el aire son el oxígeno ($O_2$) y el nitrógeno ($N_2$).

9 ¿Cuál es la diferencia entre átomo y molécula? Pon dos ejemplos de cada uno para reforzar tu explicación.

10 Explica el significado de las fórmulas químicas de estos compuestos iónicos: $MgCl_2$, KI, $CaF_2$, $Na_2O$.

11 **Piensa y comparte en pareja.** Razona acerca de la veracidad o la falsedad de las siguientes afirmaciones:

a) Una molécula está formada por un número indeterminado de átomos.

b) Las moléculas pueden tener un máximo de diez átomos.

c) Un cristal es una estructura ordenada de átomos.

d) Los compuestos con estructura cristalina suelen ser sólidos en condiciones ambientales.

e) Los cristales iónicos tienen carga eléctrica neta distinta de cero.

f) La fórmula de la sustancia simple aluminio es Al; por eso, podemos afirmar que es una sustancia química donde los átomos no están unidos entre sí.

g) Los cristales de KF contienen un solo átomo de potasio y uno de flúor tal y como se deduce de su fórmula química.

12 **Interpretación compartida.** ¿Qué tipo de unidad fundamental se ha representado en la figura?

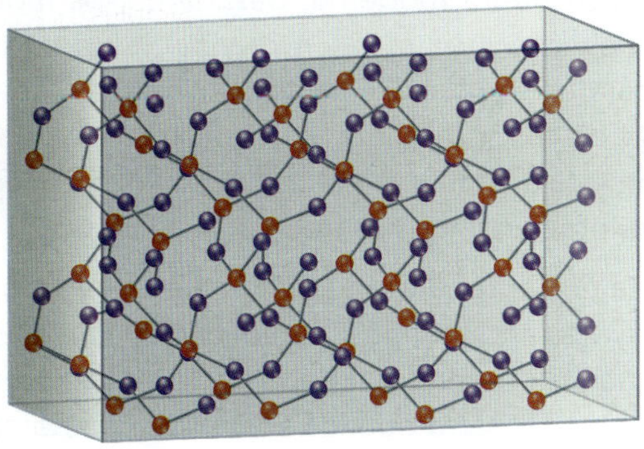

## Masas moleculares y fórmulas químicas

13 Busca la fórmula de estas sustancias simples y, a partir de esta información, calcula su masa molecular:

a) Oxígeno.

b) Ozono.

¿Cuál es el elemento químico cuyos átomos forman las moléculas de estas sustancias?

14 Explica el significado de las fórmulas del agua y del cloruro de sodio. ¿Cuál es la principal diferencia entre ellas?

15 ¿Por qué la fórmula de la sustancia simple hierro, Fe, no tiene subíndices?

16 Calcula la masa molecular de las siguientes sustancias: $NO_2$, $Cl_2$, LiF , $H_2SO_4$, $HNO_3$, NaOH.

Para ello, consulta las masas atómicas que necesites en la tabla del apartado 4 de la unidad.

17 ¿Qué relación existe entre las masas moleculares de estos dos óxidos de nitrógeno: NO y $N_2O_4$? ¿Por qué?

**anayaeducacion.es** Consulta los apartados «Para estudiar» y «Aprende jugando» en el banco de recursos.

# 5

# CAMBIOS QUÍMICOS EN LOS SISTEMAS MATERIALES

## La agricultura moderna

Habitualmente, cuando escuchamos el término «contaminación» lo primero que se nos ocurre es la liberación de gases de efecto invernadero a la atmósfera o de fluidos tóxicos a los ríos, mares y océanos. Sin embargo, rara vez ponemos en primer plano la contaminación del suelo.

La agricultura moderna, basada en los modelos de producción actuales (producir más, en menos tiempo y con menos coste), se ha adentrado en un círculo vicioso. Desde la invención y la extensión del uso de los fertilizantes a finales del siglo XIX, la agricultura mundial empezó a centrarse en el monocultivo en lugar del policultivo y en la explotación intensiva frente a la extensiva.

Esta nueva tendencia agraria nos ha llevado a registrar, año tras año, mayores índices de contaminación en el suelo y, también, en las aguas subterráneas. El abuso de fertilizantes, herbicidas y pesticidas ha dado lugar a que los suelos de uso agrario cada vez sean menos productivos, aumentando la dependencia de la industria química en el sector agrícola.

## COMPROMISO ODS

ODS

Contestad a las siguientes cuestiones en grupo:

1 **Considerar todos los factores.** Debatid los factores que determinaron el círculo vicioso descrito en la lectura, relacionando los efectos producidos con los ODS y sus metas.

2 **Esquema a cuatro bandas.** Teniendo en cuenta vuestro debate anterior, elaborad un esquema en el que sinteticéis las implicaciones de la agricultura moderna en la consecución de los ODS, además de aportar posibles alternativas para subsanar los aspectos negativos de esta.

3 ¿Conoces alguna alternativa para promover un desarrollo agrario sostenible?

*Antes de empezar a estudiar esta unidad, consulta la presentación «Qué necesitas saber» en anayaeducacion.es.*

## LOS RECURSOS EN LA WEB DE ESTA UNIDAD

**CAMBIOS QUÍMICOS EN LOS SISTEMAS MATERIALES**

- La agricultura moderna
  - PRESENTACIÓN: Qué necesitas saber.
  - DOCUMENTO: Cómo aplicar la técnica: «Considerar todos los factores».
  - VÍDEOS: Objetivos de Desarrollo Sostenible.
- **1** Cambios en sistemas materiales
  - VÍDEO: Cambios químicos.
  - PRESENTACIÓN: Evidencias de un cambio químico.
  - DOCUMENTO: Organizador gráfico: «Rueda de atributos».
- **2** Reacciones químicas
- **3** Características de las reacciones químicas
  - DOCUMENTO: Texto argumentativo.
  - DOCUMENTO: Cómo aplicar la técnica: «Piensa y comparte en pareja».
- **4** Productos químicos de origen natural y artificial
  - DOCUMENTO: Cómo aplicar la técnica: «Pienso, me interesa, investigo».
- **5** Química sostenible y compromiso ODS
  - VÍDEOS: Objetivos de Desarrollo Sostenible.
- **6** Reacciones químicas y medioambiente
  - VÍDEO: Efectos del $CO_2$ en la atmósfera.
- **Ciencia recreativa** Pegamento casero
- **Trabajo práctico** Reacciones químicas
- Trabaja con lo aprendido
  - DOCUMENTOS: Cómo aplicar las técnicas: «Comprobamos», «Interpretación compartida» y «Mesa redonda».
  - DOCUMENTO: Organizador gráfico: «Mapa conceptual jerárquico».
  - «Para estudiar» y «Aprender jugando».
  - DOCUMENTOS: Cómo aplicar las técnicas: «¿Qué te hace decir eso?», «C y R» y «El espejo».
  - DOCUMENTO: Consejos para elaborar tu portfolio.

**Y ADEMÁS...** Soluciones de todas las actividades numéricas

# 1
# CAMBIOS EN SISTEMAS MATERIALES

## 1.1 Cambios en sistemas materiales

Un cambio químico tiene como resultado la aparición de **sustancias nuevas** que no estaban presentes antes de que ocurriera el cambio.

Los cambios en los que **no aparecen sustancias nuevas** se denominan cambios físicos, como ya has estudiado; por ejemplo:

- **Un cambio de estado** no es un cambio químico. En un cambio de estado, la sustancia, antes y después del proceso, es la misma. Por ejemplo, en la fusión del agua, las moléculas de agua adquieren mayor movilidad que en el estado sólido, pero siguen siendo moléculas de agua.
- **El proceso de disolución** de una sustancia en otra no es un cambio químico; se trata solo de la mezcla homogénea de esas dos sustancias, sin que tenga lugar la aparición de sustancias nuevas.

## 1.2 ¿Cómo identificamos un cambio químico?

Para identificar si aparecen sustancias nuevas como resultado de un cambio químico, necesitaremos analizar la composición del sistema material después del cambio. Como esto no siempre es posible, podemos guiarnos por otras evidencias físicas (imágenes de la página de la derecha):

- **Aparición de un gas.** Los gases no pueden observarse a simple vista; para identificarlos, nos fijamos en la aparición de un burbujeo.
- **Cambio de color**. Las nuevas sustancias que aparecen como resultado de la reacción química pueden tener un color diferente.
- **Energía en forma de calor.** En todos los cambios químicos se intercambia energía. Si se trata de energía térmica, variará la temperatura del entorno.
- **Energía en forma de luz.** Un caso muy conocido son las reacciones de combustión, en las que se puede observar una llama. En la naturaleza se producen otras reacciones que desprenden luz.

### Cambios físicos

**Disolución**

En el proceso de disolución de la sal, los cristales, formados por cationes y aniones, y la molécula de agua, no se unen de forma diferente a nivel atómico.

**Cambios de estado**

En un cambio de estado, las interacciones entre las entidades elementales de la sustancia pueden ser de mayor o menor intensidad, pero no cambian, siguen siendo moléculas de agua.

En el banco de recursos de **anayaeducacion.es** puedes encontrar un vídeo interactivo sobre los cambios químicos.

## Posibles evidencias de un cambio químico

### Desprendimiento de un gas

Aparición de un burbujeo en la superficie como resultado del cambio químico entre vinagre y bicarbonato de sodio.

### Cambio de color

La oxidación de una pieza de hierro es un proceso químico; se forma óxido de hierro, que es de color naranja.

### Intercambio de energía térmica

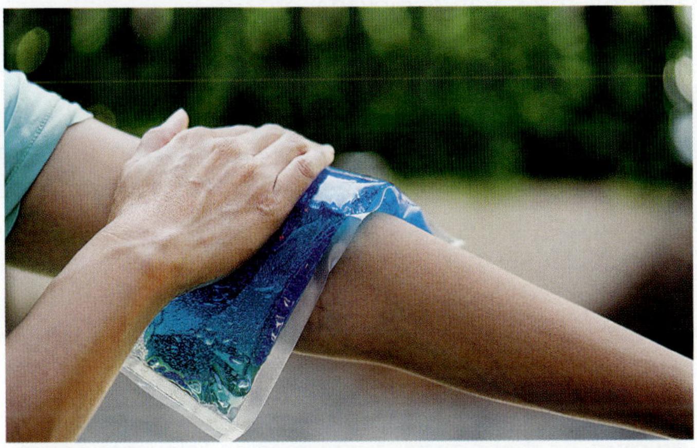

Las compresas de frío son un ejemplo de cambio químico que provoca la disminución de la temperatura del entorno.

### Luz

Las luciérnagas emiten luz debido a un cambio químico en el que interviene una sustancia denominada luciferina.

## Comprende, piensa, investiga...

**1** Indica si en los siguientes fenómenos cotidianos se produce un cambio químico. Justifica tu respuesta en función de si aparecen sustancias nuevas o no:

a) Formación de nubes.

b) Disolución de azúcar en agua.

c) Formación de herrumbre en una pieza de hierro.

d) Caramelización de azúcar al cocinarla.

e) Triturado de verdura para hacer una crema o puré.

f) Oxidación de la fruta al aire.

**2** Las estatuas de bronce (aleación de cobre con estaño) que adornan algunas plazas van adquiriendo cierto color verdoso a lo largo del tiempo, que no corresponde al color original del bronce. Busca información sobre el cambio químico que sufren.

**3** Durante la digestión de los alimentos, estos se transforman en nutrientes. Este cambio, ¿es físico o químico? ¿Conoces algún otro cambio de este tipo que ocurra en nuestro organismo? Explica tus respuestas.

**4** Explica cuáles son las entidades elementales representadas en la imagen de la página anterior.

**5** Realiza una **rueda de atributos** con las evidencias que nos permiten identificar un cambio químico. Añade ejemplos diferentes a los que se muestran en esta página y explica por qué los has elegido como evidencias de un cambio químico.

**6** Investiga sobre la reacción de Maillard. ¿Cuáles son los reactivos? ¿Qué evidencia de cambio químico se observa?

En el banco de recursos de **anayaeducacion.es** puedes consultar una presentación interactiva sobre las evidencias de un cambio químico.

# 2 REACCIONES QUÍMICAS

## 2.1 Las reacciones químicas

La mayoría de los cambios químicos que se dan en nuestro entorno son complejos, pues de forma simultánea se producen cambios físicos. Además, muchos cambios químicos están interrelacionados entre ellos.

Sin embargo, es posible aislar un cambio químico sencillo y analizarlo; en este caso, podemos estudiar y describir una reacción química.

> Una **reacción química** es la **transformación** de unas sustancias de partida, que llamamos **reactivos**, en otras sustancias nuevas que se conocen como **productos**.

Para que los reactivos reaccionen, es necesario que las condiciones sean favorables, pues no siempre que se ponen en contacto dos o más sustancias, estas van a reaccionar. Por ejemplo, en la combinación de hierro con oxígeno para formar óxido de hierro, es necesario que haya contacto con agua, o en la combinación de oxígeno con un combustible solo existe una reacción de combustión en determinadas circunstancias de energía (presencia de una chispa, temperatura elevada, etc.).

## 2.2 Ecuaciones químicas

Para representar una reacción química, utilizamos la **ecuación química.** En ella se escriben las fórmulas químicas de los reactivos a la izquierda, y las de los productos a la derecha, separadas por una flecha, que marca el sentido de la reacción. Si hay más de un reactivo o producto, se escribe el signo «+» entre ellos. Además, escribimos el número de entidades elementales de reactivos y de productos que intervienen en la reacción, eligiendo los valores de los coeficientes estequiométricos.

> Una **ecuación química** contiene toda la información relevante sobre una reacción química.

Determinar el valor de los coeficientes estequiométricos se denomina **ajustar la ecuación química,** como veremos a continuación.

### Coeficientes estequiométricos

Números que preceden a cada fórmula química en una reacción química. Indican el número de entidades elementales de cada sustancia que intervienen en esa reacción en concreto. Si el valor de este número es uno, no se se escribe.

### Una reacción química popular

| | | | | | | | | |
|---|---|---|---|---|---|---|---|---|
| Ácido acético | se combina con | bicarbonato de sodio | dando como resultado | acetato de sodio | y | dióxido de carbono | y | agua |
| $CH_3COOH$ | + | $NaHCO_3$ | $\rightarrow$ | $CH_3COONa$ | + | $CO_2$ | + | $H_2O$ |

En la imagen observamos la reacción química que tiene lugar cuando se pone en contacto vinagre (mezcla en la que uno de sus componentes es el ácido acético, que es el que reacciona) con bicarbonato de sodio, para obtener acetato de sodio, dióxido de carbono y agua. La forma en la que se expresa esta reacción química es su ecuación química.

## 2.3 Interpretación de una reacción química

En una reacción química, la aparición de nuevas sustancias es consecuencia de una **reordenación** de los átomos que forman los reactivos, para formar los productos.

Como la fórmula química que representa las sustancias no puede modificarse, el número de cristales o moléculas de reactivos y productos que interviene en la reacción tiene que ser tal que el número de átomos de cada elemento químico sea el mismo en la parte de los reactivos que en la parte de los productos. Veamos un ejemplo a partir de la combustión del metano. A continuación, se representa la reacción molecularmente:

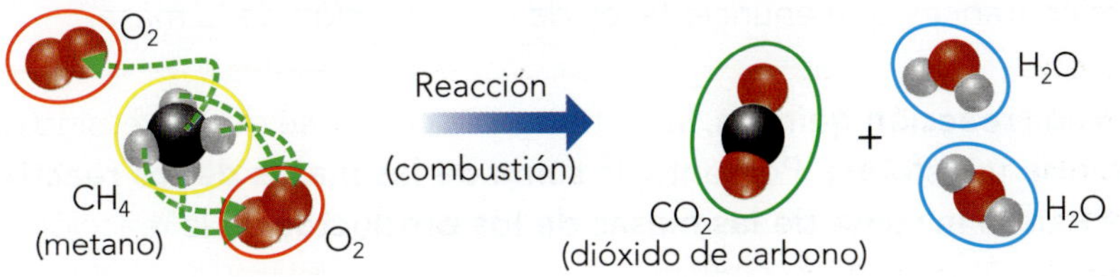


Las flechas discontinuas muestran la reordenación de los átomos. Observa que cada molécula de metano, $CH_4$, reacciona con dos moléculas de oxígeno, $O_2$, y se forman dos moléculas de agua, $H_2O$, y una molécula de dióxido de carbono, $CO_2$.

La ecuación química ajustada es:

$$\textcircled{1}\ CH_4 + \textcircled{2}\ O_2 \rightarrow \textcircled{1}\ CO_2 + \textcircled{2}\ H_2O$$

Comprobamos que el número de átomos de cada elemento químico no varía:

| N.º de átomos en reactivos | | N.º de átomos en productos |
|---|---|---|
| 1 · 1 | ← Carbono, C → | 1 · 1 |
| 2 · 2 | ← Oxígeno, O → | 1 · 2 + 2 · 1 |
| 1 · 4 | ← Hidrógeno, H → | 2 · 2 |

El número de átomos de cada elemento químico antes y después del cambio químico (antes y después de que se reordenen las sustancias) es el mismo, puesto que en una reacción química ni se crea ni se destruye materia.

| FÓRMULAS QUÍMICAS DE ALGUNAS SUSTANCIAS COTIDIANAS | |
|---|---|
| **Agua** | $H_2O$ |
| **Oxígeno** | $O_2$ |
| **Hidrógeno** | $H_2$ |
| **Metano** | $CH_4$ |
| **Amoníaco** | $NH_3$ |
| **Cloruro de sodio** | NaCl |
| **Ácido clorhídrico** | HCl |
| **Nitrógeno** | $N_2$ |
| **Dióxido de carbono** | $CO_2$ |
| **Monóxido de nitrógeno** | NO |

### Comprende, piensa, investiga...

**7** Utilizando las fórmulas de la tabla de esta página, escribe la ecuación química de estas reacciones:

a) Tres moléculas de hidrógeno se combinan con una de nitrógeno y se forman dos de amoníaco.

b) Dos moléculas de hidrógeno se combinan con una de oxígeno y se forman dos moléculas de agua.

c) Dos átomos de sodio se combinan con dos moléculas de ácido clorhídrico y se forman dos moléculas de NaCl y una molécula de hidrógeno.

**8** Haz un **esquema** como el de esta página con toda la información que contiene esta ecuación química:

$$4\ NH_3 + 5\ O_2 \rightarrow 4\ NO + 6\ H_2O$$

**9** Indica cuáles son los reactivos y cuáles los productos en las siguientes reacciones químicas. Con ayuda de tu profesor o profesora, y por parejas, buscad las fórmulas químicas de las sustancias nombradas y escribid la ecuación química de cada reacción:

a) El hierro se combina con el oxígeno de la atmósfera y se obtiene óxido de hierro.

b) La caliza se descompone por acción de calor en óxido de calcio y dióxido de carbono.

c) El agua, por efecto de una corriente eléctrica, se descompone en hidrógeno molecular y oxígeno molecular.

# 3 CARACTERÍSTICAS DE LAS REACCIONES QUÍMICAS

Hay algunas características importantes de las reacciones químicas. En este curso estudiaremos dos leyes relacionadas con la masa de reactivos y productos, y el concepto de velocidad de una reacción química.

## 3.1 Ley de conservación de la masa

Si mezclamos arena y sal, la masa de la mezcla es igual a la suma de las masas de sus componentes; es decir, la masa se conserva. ¿Qué ocurrirá si, en vez de una mezcla, al juntar dos sustancias se produce un cambio químico en el que se generan nuevas sustancias? ¿Se conservará la masa?

A esta pregunta, como ya hemos visto, dio respuesta A. Lavoisier en 1789, químico francés que enunció la ley de conservación de la masa.

En una **reacción química,** la materia ni se crea ni se destruye, sino que solo se transforma. Por tanto, la **suma de las masas de los reactivos** es igual a **la suma de las masas de los productos** de la reacción.

Destacamos dos aspectos de esta ley y las circunstancias en las que se enunció:

- El enunciado de esta ley está basado en múltiples experiencias en las que se midió la masa de los reactivos y los productos de diferentes reacciones químicas. Se trata, pues, de una ley extraída de la experiencia; **es una ley empírica.**
- La comprobación experimental de esta ley en las reacciones en las que hay un reactivo o un producto en estado gaseoso era técnicamente complicado en esa época, y supuso un gran avance en el conocimiento de las transformaciones de la materia.

Esta ley empírica fue explicada posteriormente por la teoría atómica que propuso Dalton entre 1803 y 1808.

### Comprobación de la ley de conservación de la masa

La masa de los reactivos y el material de laboratorio es igual a la masa de los productos obtenidos y ese mismo material. Para llevar a cabo la experiencia, el recipiente debe tener un volumen adecuado para que el $CO_2$ producido no haga saltar el tapón.

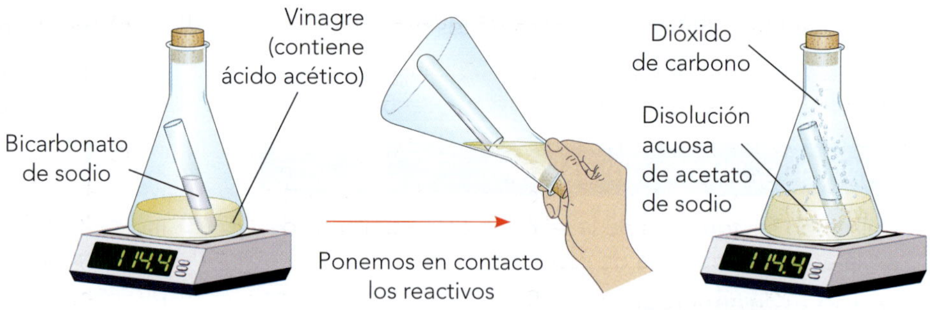


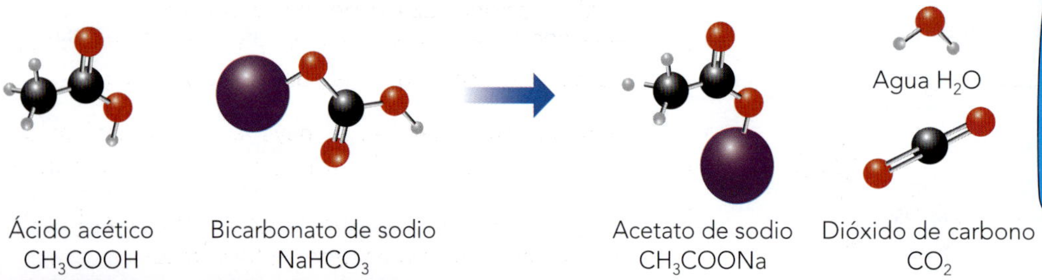


A nivel microscópico, observamos que los átomos que forman los reactivos se reorganizan formando las nuevas sustancias, los productos, por eso la masa no cambia durante una reacción química.

## 3.2 Ley de las proporciones definidas

En relación con la masa, otra de las leyes que cumple una reacción química es la ley de las proporciones definidas.

> En una reacción química, **las masas de los reactivos** y **las masas de los productos** guardan entre sí una **proporción constante.**

Esta ley está relacionada con el hecho de que las entidades elementales de cada sustancia que intervienen en una reacción tienen diferente masa, y siempre se combinan en la misma proporción numérica. Estudiaremos con mayor detalle esta ley en el siguiente curso.

## 3.3 Velocidad de una reacción química

Existen reacciones químicas extremadamente lentas, como la formación de minerales en la corteza terrestre, o muy rápidas, como una explosión o la combustión del metano que ya hemos estudiado. Existen varios factores de los que depende la velocidad de un cambio químico. Destacamos los que se exponen a continuación:

- **Temperatura**. De forma general, podemos observar que, al aumentar la temperatura, aumenta la velocidad de una reacción química.
- **Concentración de los reactivos**. Cuanto mayor sea la concentración de los reactivos, mayor es la velocidad de la reacción.

### Ejercicio resuelto

1 **En la reacción de 30 g de nitrógeno con hidrógeno se obtienen 170 g de amoníaco. ¿Qué masa de hidrógeno ha reaccionado? ¿Qué masa de amoníaco se formaría si reaccionan 90 g de nitrógeno?**

Para calcular la masa de hidrógeno que ha reaccionado, aplicamos la ley de conservación de la masa:

masa de los reactivos = masa de los productos

Así, la masa de hidrógeno será la diferencia que haya entre la masa de amoníaco y la de nitrógeno:

masa hidrógeno = 170 g – 30 g = 140 g

Calculamos la masa de amoníaco que se forma a partir de la ley de las proporciones definidas; así, partir de 90 g de nitrógeno obtenemos:

$$\frac{30\text{ g de nitrógeno}}{170\text{ g de amoníaco}} = \frac{90\text{ g de nitrógeno}}{x}$$

$$x = \frac{90 \cdot 170}{30} = 510\text{ g de amoníaco}$$

Podemos representar esta reacción como:

### Comprende, piensa, investiga...

**10** Busca información sobre la reacción química entre el vinagre y el bicarbonato que te hemos propuesto para comprobar la ley de conservación de la masa, y responde a estas preguntas:

a) ¿Cuáles son los reactivos y los productos de esa reacción?

b) ¿Es el vinagre una sustancia pura?

c) ¿Por qué el resultado de la reacción es una disolución acuosa?

d) **Piensa y comparte en pareja.** Explica por qué esta experiencia sirve para comprobar que los gases tienen masa.

e) Explica, utilizando la TCM, qué ocurriría si hiciéramos el experimento a una temperatura mucho mayor que la temperatura ambiente.

**11** Si al reaccionar 224 g de hierro con oxígeno se forman 320 g de óxido de hierro, ¿qué cantidad de óxido de hierro se formará a partir de 112 g de hierro?

**12** ¿Por qué crees que en la mayoría de las técnicas de cocinado se aumenta la temperatura de los alimentos?

**13** Justifica el hecho de que para conservar los alimentos estos se almacenen en frigoríficos.

Recuerda que dispones de las soluciones de todas las actividades numéricas en **anayaeducacion.es**.

# 4 PRODUCTOS QUÍMICOS DE ORIGEN NATURAL Y ARTIFICIAL

## 4.1 Desarrollo de la industria química

Desde el descubrimiento del fuego, la humanidad ha llevado a cabo transformaciones químicas para mejorar su calidad de vida. El conocimiento de estas reacciones está, a menudo, limitado a la necesidad y a la experiencia. Podemos citar, como ejemplos, la obtención de cal viva a partir de roca caliza, la síntesis de jabón a partir de grasas o la fermentación de leche para la obtención de queso, entre otras muchas.

Desde la Revolución Industrial y con el desarrollo de la química moderna, se ha evolucionado en el conocimiento acerca de los factores que influyen sobre las reacciones que pretenden mejorar nuestra calidad de vida a través de la obtención de productos mediante las denominadas reacciones de síntesis. Esto ha supuesto el desarrollo de la industria química.

Una **reacción de síntesis** es aquella que va encaminada a la obtención, o fabricación, de una sustancia.

Estas reacciones van desde las que se producen en nuestro organismo hasta las que se dan a gran escala de forma industrial.

## 4.2 Productos de origen natural y artificial

Las reacciones de síntesis existen en la naturaleza y, también, pueden reproducirse en el laboratorio. Así, las distinguimos por los productos obtenidos, que serán naturales, en el primer caso, y artificiales, en el segundo.

En ocasiones escuchamos la afirmación de que algo, por el hecho de ser natural, es menos perjudicial para la salud. No siempre el origen natural o artificial, también llamado sintético, de un producto está vinculado con su beneficio para la sociedad y para el medioambiente.

### Productos de origen natural y artificial

**Ácido acetilsalicílico**

El ácido salicílico se obtiene de la corteza del sauce. Tradicionalmente se utilizaba como analgésico y antipirético, pero causaba irritación en el estómago. Su modificación artificial a ácido acetilsalicílico es el principio activo de la aspirina.

**Bolsas reciclables**

Las bolsas de plástico suponen un problema para el medioambiente. Actualmente, existen bolsas hechas a partir de fécula de patata que se pueden descomponer. Su origen es natural, pero su procesamiento es industrial.

**Sabores artificiales**

El sabor de la vainilla se debe a una sustancia llamada vainillina, presente en las vainas de vainilla. Su proceso de extracción es caro, por lo que se sintetiza a partir de lignina, que es una sustancia presente en la madera.

## 4.3 Sectores de la industria química moderna

La industria química tiene como objetivo principal la obtención de sustancias necesarias para la sociedad. Estas sustancias son muy variadas y tienen aplicaciones muy diversas. Las más destacadas son:

### Industria química

**Farmacéutica**

Según sea la acción del medicamento, los clasificamos en categorías (antipiréticos, analgésicos, antibióticos, etc.). Esta industria hace una gran inversión en la investigación para formular y elaborar procesos de síntesis de nuevos medicamentos.

**Petroquímica**

Además de su uso como fuente de combustibles, el petróleo es materia prima para la fabricación de otros productos. Destacan los polímeros sintéticos (plásticos), algunas fibras sintéticas (nailon o poliéster), la glicerina y algunos disolventes.

**Otros productos**

Además de los dos grupos anteriores, existen una infinidad de productos que se obtienen en la industria química, todos ellos necesarios en nuestra vida cotidiana: fertilizantes, ácidos, aditivos para la construcción y aditivos alimentarios, entre otros.

### Comprende, piensa, investiga...

**14** Copia la composición de algunas prendas de ropa que tengas en casa y clasifica las fibras de las que están hechas en naturales o sintéticas. ¿De qué tipo de fibras hay una mayor cantidad? ¿A qué crees que se debe?

**15** Busca información sobre la formica y responde:

a) ¿Se trata de un producto natural o sintético?

b) ¿Cuáles son sus principales aplicaciones?

**16** **Pienso, me interesa, investigo.** Busca información sobre los tipos de bolsas que existen en el mercado y sobre el significado de: biodegradable, compostable, reutilizable y reciclable. A partir de la información anterior, indica qué uso se debe dar a cada tipo de bolsa para minimizar la contaminación que estos productos provocan.

**17** Busca la fórmula de la vainilina y explica si hay diferencia en esta sustancia si proviene de la vaina de la vainilla o si tiene un origen sintético a partir de lignina.

**18** Busca en Internet la fórmula del ácido salicílico y la del ácido acetilsalicílico. A partir de las propiedades de cada una de estas sustancias:

a) Argumenta sobre la aportación de la química en este caso.

b) La modificación del ácido salicílico, ¿fue beneficioso? Explica tu respuesta.

c) ¿Es relevante la localización geográfica del sauce blanco en el desarrollo artificial del ácido salicílico? Justifica tu respuesta.

**19** ¿Por qué los productos artificiales también se denominan productos sintéticos?

**20** Elabora un listado de productos químicos que ayuden a mejorar nuestra vida. Clasifícalos en categorías según su uso y la industria de la que provengan.

**21** ¿Existen reacciones de síntesis en el mundo natural? Justifica tu respuesta.

# 5

# QUÍMICA SOSTENIBLE Y COMPROMISOS ODS

## 5.1 Contaminación por la industria química

Desde la Revolución Industrial, y con el desarrollo de la industria química, se han producido alteraciones en los sistemas materiales que nos rodean (atmósfera, suelos y aguas). Así, durante las últimas décadas, han aparecido problemas como:

- **Contaminación atmosférica,** por la emisión de sustancias que afectan a la composición de la atmósfera y a las reacciones que se producen en ella, como veremos en el siguiente epígrafe.
- **Contaminación de aguas continentales,** que influye en la calidad del agua de consumo, pues lleva disueltas sustancias nocivas para la salud.
- **Contaminación de suelos,** por vertido de sustancias tóxicas, o el uso excesivo de fertilizantes, que provoca problemas de empobrecimiento de suelos y exceso de materia orgánica, modificando, así, los ecosistemas.

### ¿Qué es el desarrollo sostenible?

Según el Informe Brundtland de 1987, el desarrollo sostenible es «el que satisface las necesidades del presente sin comprometer las capacidades de las generaciones futuras para satisfacer sus propias necesidades».

## 5.2 Química sostenible y química ambiental

Estos y otros problemas han tenido consecuencias sobre la salud del planeta y de todas las especies que lo habitamos. Ante esta situación surge el **desarrollo sostenible** como respuesta. Así, tanto en la industria como en la investigación, se ha tenido en cuenta esta idea, dando como resultado el desarrollo de la química sostenible y la química ambiental:

- La **química ambiental** se ocupa, principalmente, de identificar cuáles son los contaminantes que hay en el medio, dónde se emiten, a partir de qué reacciones químicas se han producido, y cómo han llegado hasta el lugar en el que se han detectado.
- La **química sostenible** se encarga del diseño de procesos y productos respetuosos con el medioambiente, de tal modo que se reduzca la generación de sustancias contaminantes. Se han ido sustituyendo progresivamente aquellas industrias que emitían contaminantes sin control por otras que intentan evitar la formación de residuos (figuras inferiores), analizan las consecuencias sobre el medioambiente, el ciclo de vida de los productos que fabrican y utilizan la energía de forma eficiente.

### Evolución de la industria química

La industria química ha ido evolucionando desde una optimización económica de la fabricación de los productos hasta una química sostenible. En ella, se minimiza la emisión de contaminantes y se prevén consecuencias futuras para evitarlas.

## 5.3 Objetivos de Desarrollo Sostenible

El conocimiento químico contribuye de forma muy relevante a la consecución de varias de las metas de los Objetivos de Desarrollo Sostenible. Las más destacadas son aquellas relacionadas con las transformaciones químicas que ocurren en el medioambiente como resultado de productos que se han vertido durante décadas y que han causado problemas de contaminación.

En el esquema podemos observar la relación de la química con los ODS.

### La química y las metas de los ODS

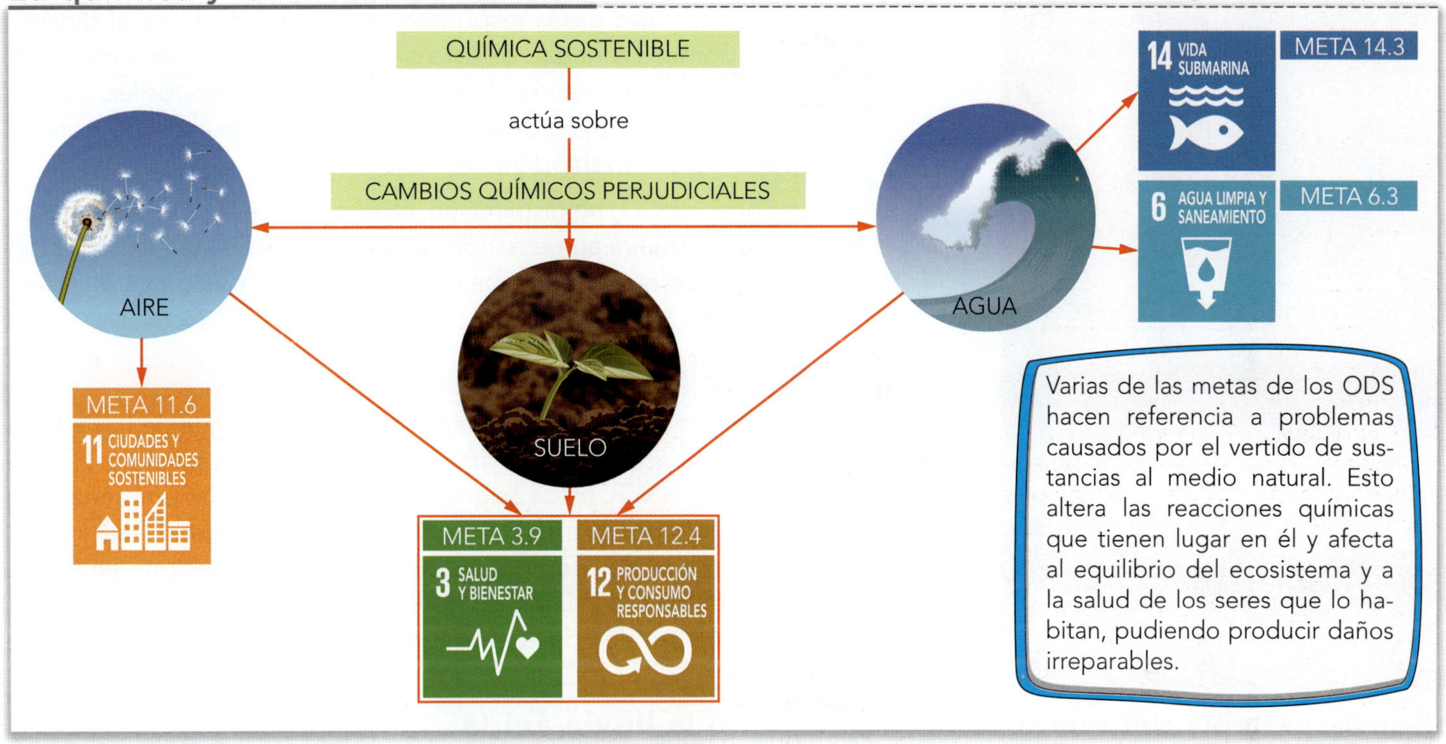


### Comprende, piensa, investiga...

**22** Analiza las imágenes de la página anterior; ¿crees que aún existen fábricas como la de la izquierda?

**23** Lleva a cabo un análisis de los vertidos de tu hogar y elabora un plan de acción al respecto. Te puedes ayudar de estas premisas:

a) Haz una lista de los tipos de vertidos domésticos de tu hogar durante un mes.

b) Clasifica cada vertido según si se ha separado y depositado en el contenedor adecuado, si es un residuo que puede reducirse, si se trata de un residuo peligroso (producto de limpieza o medicamento).

c) Calcula el gasto de agua de tu hogar, a partir de la factura de la empresa suministradora.

d) Con la información anterior, elabora un plan de acción basado en unos objetivos concretos y compártelo con los miembros de tu hogar.

**24** Busca información sobre las metas referenciadas en el esquema anterior y relaciónalas con las situaciones siguientes:

a) Desarrollo de medidores de partículas en suspensión en el aire.

b) Desarrollo de envasados de materiales alternativos al plástico que sean biodegradables.

c) Reutilización de plásticos en la fabricación de mobiliario urbano.

d) Estudios de cómo afecta el pH a la vida submarina.

e) Recogida de residuos de talleres mecánicos y otros residuos peligrosos domésticos para su tratamiento.

f) Concienciación de la población a través de un plan de información de como nuestros actos tienen consecuencias en el medioambiente.

En los «Itinerarios Académicos y Profesionales» de **anayaeducación.es** podrás conocer el grado de ingeniería química.

# 6 REACCIONES QUÍMICAS Y MEDIOAMBIENTE

Conocer las causas de los problemas ambientales permite iniciar su solución, como hemos visto en el epígrafe anterior. Analizamos aquí tres problemas medioambientales que afectan a la atmósfera de nuestro planeta de forma global.

## 6.1 Efecto invernadero anómalo

La temperatura de nuestro planeta se mantiene dentro de unos límites aceptables para la vida gracias a la atmósfera, que se comporta como un invernadero: retiene parte de la energía térmica emitida por la Tierra y deja pasar el resto. Este fenómeno se denomina efecto invernadero.

Uno de los principales gases responsables de este efecto es el dióxido de carbono. Como la cantidad de este gas en la atmósfera ha aumentado en las últimas décadas, debido al uso de los combustibles fósiles, se está produciendo un aumento no deseado de la cantidad de energía retenida. Es el llamado efecto invernadero anómalo.

Si las emisiones de $CO_2$ no disminuyen, el aumento de la temperatura media de la Tierra seguirá aumentando, por lo que el calentamiento global que está sufriendo nuestro planeta tendrá consecuencias catastróficas.

## 6.2 Lluvia ácida

Se llama así al fenómeno contaminante por el cual el agua de lluvia lleva disueltos algunos ácidos muy corrosivos, como el ácido sulfúrico, $H_2SO_4$, y el ácido nítrico, $HNO_3$. Estos ácidos se forman cuando las emisiones a la atmósfera de dióxido de azufre, $SO_2$, y óxidos de nitrógeno, NO y $NO_2$, reaccionan con el vapor de agua. Cuando esta agua precipita en forma de lluvia, se denomina lluvia ácida. Sus consecuencias sobre el medioambiente son la destrucción de flora y fauna.

### Consecuencias del efecto invernadero y de la lluvia ácida

**Efecto invernadero**

La fusión del hielo continental, consecuencia del calentamiento global, afecta no solo al nivel del mar, sino también al clima mundial, alterando la humedad de la atmósfera.

**Lluvia ácida**

Los combustibles fósiles suelen llevar impurezas de azufre. Al quemarse con el aire, que contiene oxígeno y nitrógeno, producen dióxido de azufre y óxidos de nitrógeno.

En el banco de recursos de **anayaeducacion.es** puedes encontrar un vídeo interactivo sobre los efectos del dióxido de carbono.

## 6.3 Destrucción de la capa de ozono

La capa de ozono ($O_3$) se sitúa en la estratosfera, y es un escudo que evita que la radiación ultravioleta, que es muy perjudicial, llegue a la superficie terrestre. El funcionamiento correcto de este escudo se basa en que haya suficiente cantidad de ozono que absorba esta radiación.

La presencia en la estratosfera de sustancias como óxidos de nitrógeno y compuestos conocidos como CFC (en cuya composición hay cloro) provocan reacciones químicas que destruyen la capa de ozono.

Estos compuestos reaccionan liberando cloro cuando alcanzan la estratosfera, en donde continuamente se está formando y destruyendo ozono de forma equilibrada. Su presencia altera este equilibrio, haciendo que la cantidad de ozono disminuya.

**Trabaja con las imágenes**

¿Qué soluciones se han propuesto a nivel global para reducir la destrucción de la capa de ozono? ¿En qué productos se encontraban los CFC? ¿Cuáles son los productos que han sustituido a los CFC? Debate con el resto de la clase sobre la necesidad de acordar medidas de alcance planetario.

### Formación y destrucción de la capa de ozono

**Formación de ozono de forma natural**

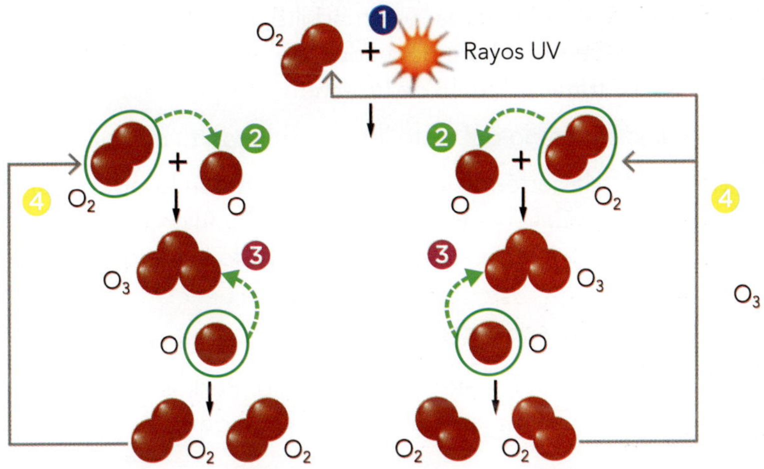


1. Los rayos UV atacan la molécula de $O_2$ y la dividen en dos átomos.
2. Cada átomo de oxígeno se combina con una molécula de $O_2$ y se obtiene ozono, $O_3$.
3. Cada molécula de ozono se combina con otro átomo de oxígeno, dando dos moléculas de $O_2$ como productos.
4. El ciclo se cierra con la reacción, de nuevo, de $O_2$ con rayos UV o como reactivo de la reacción $O_2$.

En la estratosfera, la radiación UV hace que las moléculas de oxígeno se separen en átomos. Así, cada átomo se combina con otra molécula de oxígeno, formándose una molécula de ozono. Esta reacción necesita mucha energía y altas temperaturas.

**Destrucción de la capa de ozono**

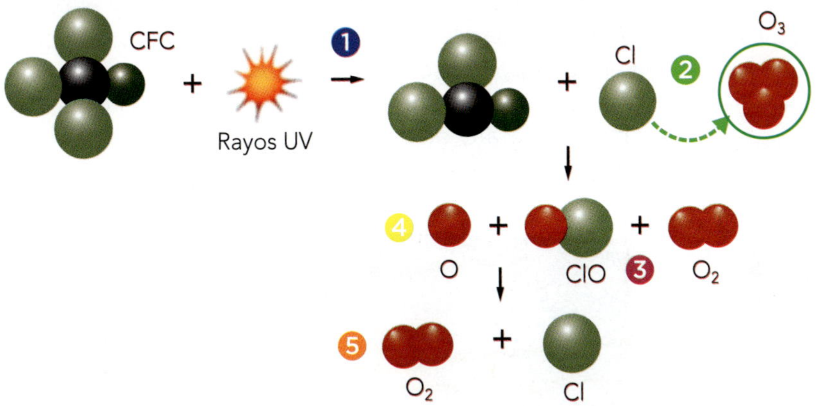


1. Los rayos UV atacan a los CFC y hacen que se libere un átomo de cloro.
2. El átomo de cloro ataca a la molécula de ozono.
3. Se forman dos productos: la molécula de $O_2$ y la de ClO.
4. La molécula de ClO se combina con el oxígeno monoatómico.
5. Como resultado, se liberan a la atmósfera una molécula de oxígeno y un átomo de cloro.

Los CFC son compuestos que permanecen en la atmósfera durante mucho tiempo. Cuando liberan cloro por efecto de la radiación UV, descomponen el ozono. Observa que al final se vuelve a obtener cloro, que continúa destruyendo ozono.

# CIENCIA RECREATIVA

## PEGAMENTO CASERO

### INTRODUCCIÓN

Como hemos estudiado, si al mezclar varias sustancias aparecen otras nuevas, diremos que ha ocurrido un cambio químico.

En el experimento que te proponemos tienen lugar una serie de reacciones químicas, que provocan la aparición de nuevas sustancias; entre ellas, la aparición de una sustancia sólida y el desprendimiento de un gas. Para acelerar el proceso, utilizaremos una fuente de calor.

### NECESITAS

- Leche.
- Vinagre.
- Levadura química (bicarbonato sódico).
- Una sartén.
- Una cuchara sopera.
- Un recipiente para mezclar
- Una cuchara de madera.
- Una taza.
- Un colador.
- Una fuente de calor.

### EXPERIMENTA

- Vierte en una sartén una taza y media de leche y tres cucharadas de vinagre. Calienta, con la ayuda de un adulto, un poco la mezcla, a la vez que remueves con cuchara de madera. Observarás la formación de unos grumos; se trata del cuajo de la leche.
- Separa el cuajo obtenido del resto líquido colando tu mezcla.
- Vierte de nuevo a la sartén, añade una cucharada de levadura química y un poco de agua. Calienta y remueve la mezcla. Al principio observarás un burbujeo. Continúa calentando y agitando hasta que la mezcla bulla.
- Retira la mezcla de la fuente de calor y continúa agitando.
- Por último, trasvásala a un recipiente y tápalo. Podrás utilizarlo como pegamento cuando esté frío y hasta un máximo de dos días, antes de que se estropee.

### REFLEXIONA

Al añadir el vinagre a la leche, has separado la caseína, el cuajo, del suero, el resto de la leche. Cuando se forma el cuajo, proteínas y grasas, se solidifica y se aglomera por la acción de un ácido (en este caso, el vinagre), y se obtienen unos grumos que se separan con el colador. Las propiedades de la caseína como pegamento se conocen desde la Antigüedad. Actualmente, se utiliza en la fabricación de colas y pegamentos.

Al añadir la levadura química (bicarbonato sódico) y agua al cuajo, se observa el desprendimiento de un gas. Se trata del dióxido de carbono, que es el resultado de la reacción química entre el vinagre y el bicarbonato; de esta forma, eliminamos el exceso de ácido (vinagre), porque se consume durante la reacción química. En esta reacción, se obtienen otros productos, como el acetato de sodio, que tiene múltiples aplicaciones industriales.

# TRABAJO PRÁCTICO

## REACCIONES QUÍMICAS

### PLANTEAMIENTO DEL PROBLEMA. OBJETIVO

El objetivo de esta práctica es tener una evidencia de un cambio químico, y observar cómo afectan la temperatura y la concentración de los reactivos a la velocidad de reacción.

### PRELIMINARES

Elabora un plan para detectar cambios químicos, y para observar cómo afectan la temperatura y la concentración de los reactivos a la velocidad del cambio químico.

### NUESTRA PROPUESTA

Realizaremos dos experiencias:

- Experiencia A: comprobaremos la reacción química que tiene lugar entre los metales y el ácido clorhídrico.
- Experiencia B: utilizaremos una barra luminiscente para comprobar cómo afecta la temperatura a la velocidad de reacción.

### MATERIAL

• Barras luminiscentes • Vaso de precipitados • Hielo • Agua • Sal • Virutas metálicas • Disolución de ácido clorhídrico diluida • Disolución de ácido clorhídrico algo más concentrada.

### PRECAUCIONES

El ácido clorhídrico es un líquido muy corrosivo. Sigue las normas de seguridad para no sufrir ningún percance.

### ORIENTACIONES PARA LA REALIZACIÓN DE LA EXPERIENCIA

#### EXPERIENCIA A

- Vierte un poco de agua en un vaso de precipitados y añade las virutas metálicas.
- Repite la experiencia anterior, utilizando ahora la disolución diluida de ácido clorhídrico.
- Realiza la experiencia anterior, pero utilizando la disolución algo más concentrada de ácido clorhídrico.
- Observa y anota lo que ocurre en los tres casos.

#### EXPERIENCIA B

- Prepara un vaso de precipitados con agua caliente, y otro con una mezcla de agua, hielo y sal.
- Flexiona dos barras luminiscentes para provocar que comience la reacción química en su interior.
- Introduce una de ellas en el vaso con agua caliente, y la otra en el vaso con la mezcla de hielo, agua y sal.
- Anota las diferencias que observes en cada caso.

### Extrae conclusiones...

1. ¿Cómo explicas las diferencias observadas en el primer paso y el tercer paso de la experiencia *A*?
2. ¿Qué reacción química ocurre al mezclar un metal con ácido clorhídrico? ¿A qué se debe el burbujeo?
3. ¿Cómo explicas las diferencias observadas entre los dos últimos pasos de la experiencia *A*? ¿Qué factor está influyendo sobre la velocidad de reacción?
4. Busca información sobre el funcionamiento de las barras luminiscentes y sobre sus aplicaciones.
5. Explica las diferencias observadas entre la barra introducida en agua caliente y la introducida en el vaso con hielo. ¿Qué factor influye en la velocidad de reacción?
6. Busca información sobre por qué se añade sal al agua con hielo. ¿Qué aplicaciones tiene en la vida cotidiana?

# TRABAJA CON LO APRENDIDO

## ORGANIZO MI MENTE Mapa conceptual jerárquico

**1** Copia el esquema en tu cuaderno e incluye:

a) El nombre del científico que enunció la ley de la conservación de la masa.

b) Una rama nueva con la ley de las proporciones definidas.

c) Un ejemplo de ecuación química indicando cuáles son las fórmulas de los reactivos, las de los productos y los coeficientes estequiométricos.

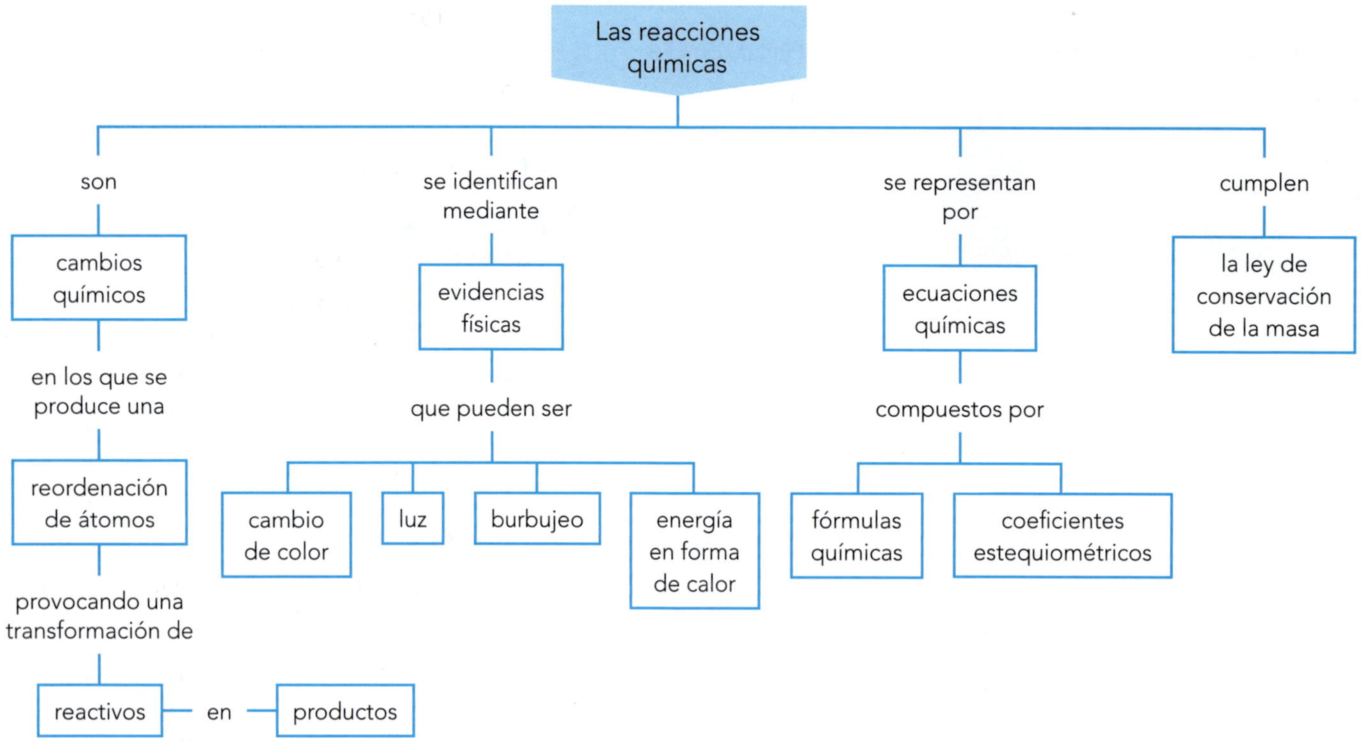


## Cambios en sistemas materiales

**1** Escribe tres ejemplos de cambios químicos y tres que no lo sean. ¿De qué tipo son estos últimos?

**2** ¿Existe algún cambio químico en la destilación de una mezcla de alcohol y agua? Explica tu respuesta.

**3** Clasifica los siguientes cambios en físicos o químicos:

a) Putrefacción de una pieza de fruta.

b) Ebullición del agua.

c) Fusión de un trozo de mantequilla en una sartén caliente.

d) Cocinado de un filete a la plancha.

e) Efervescencia de un medicamento al echarlo en agua.

f) Edulcorado de una infusión con sacarina.

## Reacciones químicas

**4** **¿Qué te hace decir eso?** Indica si las siguientes afirmaciones son verdaderas o falsas, y explica por qué:

a) Los productos de una reacción química son siempre de origen artificial.

b) El número de sustancias de los reactivos siempre es igual al número de sustancias de los productos.

c) Simbolizamos un cambio químico mediante una flecha.

d) El número de átomos de cada elemento químico presente en los reactivos es igual al número de estos átomos en los productos.

e) En una reacción química se obtienen átomos diferentes en los productos.

f) En todas las reacciones químicas siempre hay un producto que se obtiene en estado gaseoso.

Recuerda que dispones de las soluciones de todas las actividades numéricas en anayaeducacion.es.

5 Indica los nombres de los reactivos y de los productos de estas reacciones químicas, y realiza un dibujo que las represente a escala atómica:

a) $N_2 + O_2 \rightarrow 2\ NO$.

b) $C + 2\ H_2 \rightarrow CH_4$.

## Características de las reacciones químicas

6 Indica si las afirmaciones siguientes son verdaderas o falsas, y justifica tu respuesta:

a) La masa de los reactivos se destruye en una reacción química.

b) En una reacción química se reordenan los átomos; por tanto, la suma de las masas de los reactivos y la de los productos es igual.

c) Los átomos que forman los productos de la reacción se generan a partir de los átomos presentes en los reactivos.

7 Si reaccionan completamente 306 g de una sustancia con 72 g de otra, ¿cuál será la suma de las masas de los productos de la reacción? ¿Qué ley has aplicado?

8 Tenemos un trozo de hierro de 224 g que se combina completamente con oxígeno para formar óxido de hierro; ¿son ciertas o falsas las siguientes afirmaciones? Justifica tu respuesta:

a) La masa de óxido de hierro formada será la suma de 224 g más el oxígeno que se ha combinado con el hierro.

b) La masa de óxido de hierro será menor que la del hierro de partida.

c) La masa de óxido de hierro será la misma que la de hierro.

9 **Comprobamos.** Reaccionan 8 g de hidrógeno con 64 g de oxígeno y se forman 72 g de agua:

a) Comprueba que se cumple la ley de conservación de masa.

b) Calcula la masa de agua que se formará si reaccionan completamente 20 g de hidrógeno.

## Productos de origen artificial y natural

10 Clasifica, según su origen, natural o artificial, los siguientes productos:

a) Azúcar sin refinar.
b) Sacarina.
c) Madera.
d) Formica.
e) Lino.
f) Algodón.
g) Nailon.
h) Acrílico.

**anayaeducacion.es** Consulta los apartados «Para estudiar» y «Aprende jugando» en el banco de recursos.

## Química sostenible y compromisos ODS

11 Busca en Internet cuáles son los doce principios de la química verde o sostenible y elabora una presentación sobre ellos para exponer en clase. ¿Con qué metas de los ODS puedes relacionarlos?

12 **CyR.** Por parejas, buscad información sobre las metas ODS en **anayaeducacion.es** y en Internet. A continuación, realizad un póster en donde expliquéis la meta elegida, por qué os parece importante y cómo podríais llevarla a cabo en vuestra clase.

## Reacciones químicas y medioambiente

13 **Interpretación compartida.** Indica si la siguiente afirmación es verdadera o falsa, y explica tu respuesta:

«Las emisiones de dióxido de carbono provenientes del uso de combustibles fósiles están provocando un agujero en la capa de ozono, lo que repercute en el clima a nivel planetario».

14 **El espejo.** ¿En qué se parecen y en qué se diferencian el efecto invernadero anómalo y la destrucción de la capa de ozono?

15 Busca información sobre las sustancias que causan la destrucción de la capa de ozono.

16 En los recipientes a presión, en la actualidad se utilizan gases que no destruyen la capa de ozono, pero que pueden causar daños al usuario si no se toman ciertas medidas de precaución. ¿De qué gases se trata? ¿Cuál es el riesgo que hay que tener en cuenta al manejar estos recipientes?

17 El cambio climático, provocado por el efecto invernadero anómalo, es un hecho innegable. Busca información sobre las cumbres del clima que se han realizado en los últimos años, y sobre las medidas que se han acordado.

18 Los efectos de la lluvia ácida se perciben a mucha distancia del lugar en el que se produce la emisión de gases corrosivos. Durante las décadas de los setenta y ochenta del siglo pasado, este efecto se mostró en masas boscosas europeas. Busca información sobre este hecho y pon ejemplos de lugares en los que pueda comprobarse este efecto de contaminación. ¿Qué soluciones se han propuesto para mitigar estos efectos y repoblar estas zonas afectadas?

19 **Mesa redonda.** La tala masiva de bosques y selvas, como el caso del Amazonas; ¿en qué puede perjudicarnos a corto y largo plazo?

# 6

# LAS FUERZAS Y LOS MOVIMIENTOS

## Cautivados por el universo

El cosmos siempre ha despertado la curiosidad en el ser humano. Una prueba de ello es el descubrimiento de pinturas rupestres de 6000 años de antigüedad que representaban diferentes cuerpos celestes. Miles de años después, principalmente a partir de la observación, los pensadores griegos (siglos V-IV a.C.) comenzaron a emitir diferentes hipótesis sobre la ubicación y el movimiento de los planetas. Estas postulaban distintos modelos; por un lado, los modelos geocéntricos (según estos, la Tierra es el centro del universo) y, por otro, los modelos heliocéntricos (de acuerdo con ellos, el Sol es el astro que ocupa la posición central). Aristóteles fue defensor del primero, mientras que Aristarco de Samos lo fue del segundo.

Estas desavenencias prosiguieron varios siglos, implicando a varios personajes históricos relacionados con la astronomía, tales como: Ptolomeo, Copérnico, Galileo Galilei, Kepler o Newton. Tal fue la dimensión de esta discusión que hasta la Iglesia tomó parte del debate científico establecido en torno al cosmos.

## COMPROMISO ODS

ODS

Nuestra curiosidad por conocer el universo ha provocado que, lejos de conformarnos con la contemplación del cosmos, queramos explorarlo. Tal ha sido el incremento de incursiones espaciales que la ONU y la OMS le concederán una sección en la «Evaluación científica anual sobre la destrucción de la capa de ozono», presumiblemente en 2022.

**Lápices al centro.** Responded a las siguientes cuestiones:

**1** Lanzar un cohete o un satélite al espacio conlleva la liberación de diferentes GEI a la atmósfera. ¿Cuáles son los GEI liberados en los lanzamientos de vehículos espaciales? En comparación con otros vehículos, ¿contaminan más o menos?

**2** ¿Compromete la exploración espacial la consecución de la **meta 3.9** de los ODS? ¿Por qué?

**3** ¿Se está investigado sobre combustibles alternativos para los vehículos espaciales?

**4** ¿Qué implicaciones tiene el desarrollo de combustibles alternativos en la **meta 12.4** de los ODS?

*Antes de empezar a estudiar esta unidad, consulta la presentación «Qué necesitas saber» en anayaeducacion.es.*

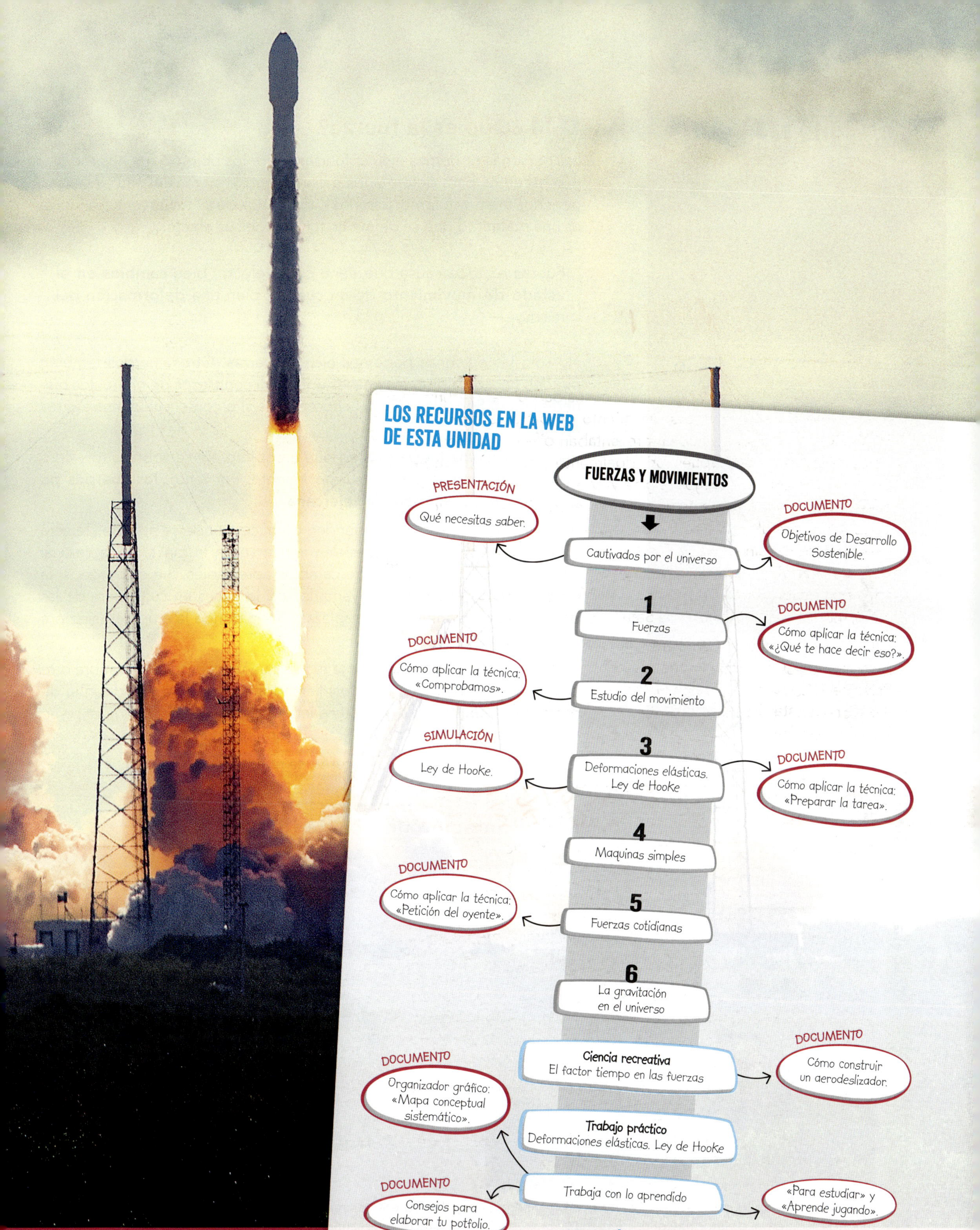

## LOS RECURSOS EN LA WEB DE ESTA UNIDAD

**FUERZAS Y MOVIMIENTOS**

- Cautivados por el universo
  - PRESENTACIÓN: Qué necesitas saber.
  - DOCUMENTO: Objetivos de Desarrollo Sostenible.
- **1** Fuerzas
  - DOCUMENTO: Cómo aplicar la técnica: «¿Qué te hace decir eso?».
- **2** Estudio del movimiento
  - DOCUMENTO: Cómo aplicar la técnica: «Comprobamos».
- **3** Deformaciones elásticas. Ley de Hooke
  - SIMULACIÓN: Ley de Hooke.
  - DOCUMENTO: Cómo aplicar la técnica: «Preparar la tarea».
- **4** Maquinas simples
- **5** Fuerzas cotidianas
  - DOCUMENTO: Cómo aplicar la técnica: «Petición del oyente».
- **6** La gravitación en el universo
- **Ciencia recreativa** El factor tiempo en las fuerzas
  - DOCUMENTO: Cómo construir un aerodeslizador.
- **Trabajo práctico** Deformaciones elásticas. Ley de Hooke
- Trabaja con lo aprendido
  - DOCUMENTO: Organizador gráfico: «Mapa conceptual sistemático».
  - DOCUMENTO: Consejos para elaborar tu potfolio.
  - «Para estudiar» y «Aprende jugando».

**Y ADEMÁS...** Soluciones de todas las actividades numéricas

1

FUERZAS

## 1.1 ¿Qué es la fuerza?

Las personas podemos ejercer fuerzas sobre los objetos que nos rodean, y lo hacemos para deformarlos o para cambiar su movimiento, es decir, ponerlos en movimiento, pararlos o desviarlos de su trayectoria. La fuerza es una magnitud que se define en función de sus efectos:

**Fuerza** es toda causa que tiene como efecto, bien **cambios en el estado de movimiento** de un cuerpo, bien una **deformación** del mismo.

No solo las personas podemos ejercer fuerzas. Otros cuerpos también pueden hacerlo, como los imanes entre sí o con trozos de hierro, los planetas con el Sol, o las rocas al chocar entre sí o con el suelo, entre otros ejemplos.

Así, en física, una fuerza es algo que un objeto ejerce sobre otro y consigue deformarlo o cambiar su movimiento. Por tanto, **los cuerpos no «tienen» fuerza, sino que la «ejercen»**.

Los efectos de una fuerza dependen de hacia dónde se aplique. Te será fácil comprobar que si ejerces una fuerza sobre la mesa, en la vertical y hacia abajo, la mesa no sufre cambios apreciables. Sin embargo, si la ejerces hacia arriba podrás levantarla, y si lo haces en cualquiera de las direcciones horizontales, se desplazará hacia donde la empujes (siempre que se ejerza fuerza suficiente).

Debido a ello, para representar la fuerza que un cuerpo ejerce sobre otro se utilizan segmentos orientados, llamados **vectores,** que indican la **dirección** y el sentido en el que se aplica la fuerza (figura inferior), así como la **intensidad** de esta proporcional a la longitud del segmento.

La intensidad de una fuerza, en el SI, se mide en **newtons (N).**

**Trabaja con las imágenes**

Representa gráficamente la fuerza que se ejercen en todas las situaciones descritas en el texto de esta página.

### Representación gráfica de fuerzas

Según cómo se apliquen, las fuerzas pueden producir movimientos (izquierda) o deformaciones (derecha).

Se representan mediante segmentos orientados que indican la dirección, el sentido y la intensidad de la fuerza.

## 1.2 Efectos de las fuerzas

### Cambios en el estado del movimiento

Que un cuerpo cambie su estado de movimiento significa que cada vez se desplaza más rápido, o cada vez más lento, o que se va curvando durante su movimiento.

Cuando se observa alguno de estos tres cambios es porque hay fuerzas que lo están produciendo. Por tanto, si sobre un cuerpo no se ejercen fuerzas, este mantiene su estado de movimiento, lo que significa que, si el cuerpo estaba parado, continuará en reposo, o si estaba moviéndose, mantendrá su movimiento con la misma rapidez y en línea recta, sin curvar. De esto deducimos que: **El estado natural de los cuerpos es mantener, sin cambios, su estado de movimiento.**

En la vida cotidiana no observamos esto, ya que en la superficie de la Tierra, siempre hay fuerzas actuando sobre los cuerpos. Pero en el espacio exterior, cualquier objeto se moverá para siempre en línea recta sin acelerar ni frenar, a menos que alguna fuerza modifique su estado de movimiento.

### Deformaciones

El otro efecto de las fuerzas se relaciona con las deformaciones. En función de cómo reaccionan los cuerpos, o sistemas, ante la acción de las fuerzas, se clasifican en elásticos y plásticos.

Un cuerpo **elástico** es aquel que recupera su forma cuando la fuerza que lo deforma cesa. Por el contrario, un cuerpo **plástico** es aquel que queda deformado cuando deja de actuar la fuerza. Cuando se ejerce una fuerza sobre un cuerpo, este siempre se deforma, aunque a veces es inapreciable.

En ocasiones se habla de cuerpos rígidos como aquellos que no se deforman ante la acción de una fuerza. Pero lo que ocurre en realidad es que la deformación es muy pequeña para apreciarla.

### Comprende, piensa, investiga...

1 Propón dos ejemplos en los que se ejerzan fuerzas para cambiar el estado de movimiento de algún cuerpo, y otros en los que el efecto principal sea la deformación.

2 **¿Qué te hace decir eso?** La Luna describe un movimiento casi circular alrededor de la Tierra. ¿Podemos afirmar que actúan fuerzas sobre ella? Razona tu respuesta.

3 Propón un ejemplo de material plástico y otro de material elástico, diferentes a los nombrados en el texto, y explica por qué son de este tipo.

4 Los materiales elásticos recuperan su forma cuando cesa la fuerza que los deforma. Pero ¿cumplen esto cuando se aplican fuerzas muy grandes? Busca información y resúmela en pocas líneas.

### Cuerpos plásticos y elásticos

Los muelles son ejemplos de cuerpos **elásticos.** Otros ejemplos pueden ser las gomas o la lycra.

Las plastilina es un ejemplo de material **plástico.** Otros ejemplos pueden ser la arcilla húmeda o el papel de aluminio.

## 1.3 Fuerza resultante

Sobre un cuerpo se pueden aplicar varias fuerzas simultáneamente, y el efecto total es la suma de los efectos individuales. Pero dos fuerzas no se pueden sumar sin más que sumar las intensidades, pues sus efectos dependen de la dirección y el sentido en que se apliquen.

Si, por ejemplo, dos personas ejercen sendas fuerzas sobre un objeto, no se puede predecir el efecto total hasta no saber hacia dónde se aplican. Si lo hacen en la misma dirección y sentido sus efectos se suman, pero si se ejercen en la misma dirección y sentidos contrarios, los efectos se contrarrestan.

Siempre podrás sustituir todas las fuerzas que actúan sobre un cuerpo por una, denominada fuerza resultante, o fuerza neta (imágenes inferiores).

**Fuerza resultante,** o **neta,** es la que se obtiene al componer (sumar vectorialmente) todas las fuerzas que actúan sobre un cuerpo.

Si la fuerza neta sobre un cuerpo es cero, es como si no hubiera fuerzas actuando sobre él. Generalmente, las fuerzas pueden aplicarse en cualquier dirección, como se muestra en el siguiente ejercicio resuelto.

**Trabaja con las imágenes**

Si en las imágenes inferiores una tercera persona tuviese que aplicar una fuerza para que la resultante fuese nula, ¿cuánto, y hacia dónde, debería empujar en cada caso?

### Composición de fuerzas

Si las fuerzas se aplican en la misma dirección y sentido, la intensidad de la fuerza neta, que apunta en la misma dirección y sentido que las fuerzas aplicadas, es la suma de las intensidades de las fuerzas individuales.

Si se ejercen en la misma dirección, pero en sentidos contrarios, la intensidad de la fuerza resultante es la diferencia de las intensidades de las fuerzas aplicadas, y su sentido coincide en el de la mayor.

### Ejercicio resuelto

**1 Si sobre un objeto se aplican dos fuerzas horizontales de 50 N, una hacia el norte y otra hacia el este, ¿cuál es la fuerza neta?**

En primer lugar, representamos las fuerzas aplicadas y trazamos la paralela a cada una que pasa por el extremo de la otra. La fuerza neta será la situada en la diagonal del paralelogramo (imagen derecha).

Si las fuerzas son perpendiculares, la intensidad de la resultante se puede calcular con el teorema de Pitágoras:

$$F_{\text{Neta}} = \sqrt{F_1^2 + F_2^2} = \sqrt{50^2 + 50^2} = 70{,}7\ \text{N}$$

La fuerza neta es 70,7 N, como se ve en la imagen.

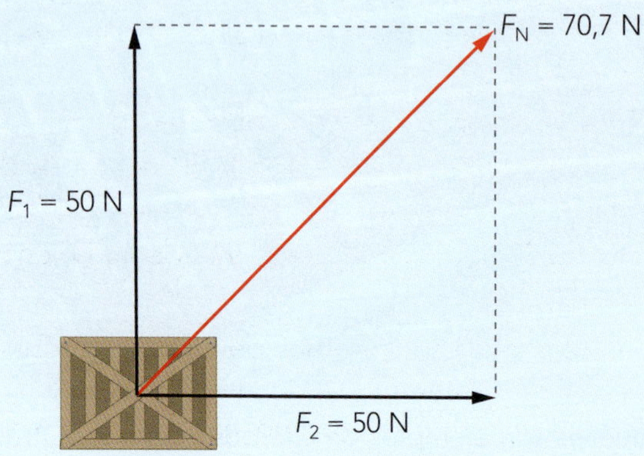

## 1.4 Tipos de fuerzas

Para clasificar las fuerzas se suelen utilizar dos criterios:

### Propiedad de la materia con la que se relacionan

Se clasifican en tres grandes grupos de **fuerzas fundamentales:**

- **Electromagnéticas.** Se relacionan con las propiedades eléctricas y magnéticas de la materia, cuyo origen es la **carga eléctrica.** Son las responsables, por ejemplo, de que funcionen las brújulas.
- **Gravitatorias.** Están relacionadas con la **masa.** Son las responsables de que los cuerpos pesen, y de que se agrupen los astros del universo.
- **Nucleares.** Son las responsables de que exista el núcleo de los átomos, y de fenómenos como la radiactividad o la energía de las estrellas.

### Necesidad de contacto

- **Por contacto.** Si es necesario que haya contacto físico para ejercerlas. Por ejemplo, cuando empujas un objeto.
- **A distancia.** Cuando el contacto no es necesario. Por ejemplo, las fuerzas entre imanes, o la que hace que un cuerpo caiga.

### Tipos de fuerzas en nuestro entorno

Todas las fuerzas que observamos en nuestro entorno cotidiano, excepto el peso, son de origen electromagnético. Las fuerzas gravitatorias actúan a distancia. Por ejemplo, cuando un objeto cae hacia el suelo.

Las fuerzas electromagnéticas pueden actuar por contacto o a distancia. En la imagen, la fuerza que sostiene el globo actúa por contacto, y la que hace que el otro globo se separe, a distancia.

### Comprende, piensa, investiga...

**5** Sobre una mesa se aplican dos fuerzas horizontales, de 20 N y de 40 N. Representa y calcula el valor de la resultante si:

a) Ambas se aplican hacia la derecha.

b) La de 20 N se aplica hacia la derecha y la de 40 N hacia la izquierda.

c) La de 20 N, en sentido sur, y la de 40 N, en sentido oeste.

**6** Cuando sujetas un libro has de aplicar una fuerza. Sin embargo, ni varía su estado de movimiento ni observas que se deforme. ¿Cómo explicas esta situación? Resuelve la actividad gráficamente.

**7** Enumera las fuerzas que identificas sobre la pelota en la siguiente fotografía. Para cada una de ellas, razona de qué tipo es según los dos criterios estudiados.

# 2
# ESTUDIO DEL MOVIMIENTO

## 2.1 Sistema de referencia, posición y trayectoria

En nuestra vida cotidiana solemos decir que algo se mueve si lo hace con respecto al suelo. Mentalmente, establecemos el suelo como algo que está quieto y lo utilizamos para describir los movimientos. Pero sabemos que la Tierra gira alrededor del Sol, y que con ella lo hace el suelo (que no es más que la superficie del planeta).

Del mismo modo, cuando estudiamos el movimiento de los planetas, suponemos que el Sol está quieto y que el resto de astros, incluida la Tierra, se mueven a su alrededor, aunque también sabemos que el Sol se mueve alrededor del centro de la Vía Láctea.

En general, para poder describir el movimiento de los cuerpos, es necesario establecer un sistema de referencia, y es el resto de cuerpos los que se mueven con respecto a él.

Un **sistema de referencia** se representa por un punto, que consideramos estático (origen), que se utiliza para localizar al resto de cuerpos.

Establecido el sistema de referencia, podemos determinar la **posición,** *s*, de un cuerpo **respecto al origen,** y si esta cambia diremos que el cuerpo se mueve en ese sistema. Si unimos los puntos por los que va pasando se obtiene una línea que se denomina trayectoria.

La **trayectoria** es la línea que resulta de unir las sucesivas posiciones que ocupa un cuerpo durante su movimiento.

### Sistema de referencia, posición y trayectoria

Un sistema de referencia muy utilizado en el estudio de los movimientos cotidianos es aquel cuyo origen se establece en un punto de la trayectoria, quedando definida la posición de cada objeto mediante la distancia, medida sobre aquella, entre el origen y el lugar en que se encuentra el cuerpo.

Podremos tener posiciones positivas o negativas dependiendo de si el objeto se encuentra a un lado o al otro del origen.

En cuanto al tipo de movimiento, se habla de rectilíneos cuando la trayectoria es una línea recta (por ejemplo, un objeto que cae libremente) y de curvilíneos cuando no lo es (como el movimiento circular de un tiovivo).

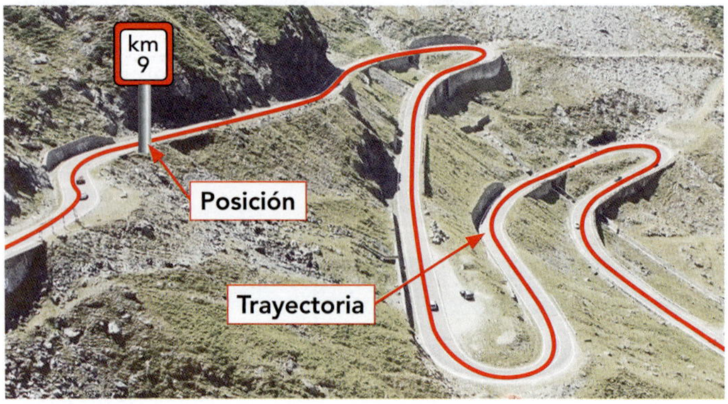


### Comprende, piensa, investiga...

**8** Explica cómo sería el movimiento de tu casa si situáramos el sistema de referencia en el centro de la Tierra.

**9** Imagina un sistema de referencia sobre una carretera. Desde este, una bicicleta está inicialmente en la posición $s_0$ = –200 m, y transcurrido poco tiempo, en $s$ = 25 m. Explica qué puede haber pasado.

**10** ¿Cómo crees que sería tu movimiento si situaras el sistema de referencia en ti mismo?

**11** Te ha podido pasar que alguna vez que vas viajando en coche te hayas imaginado, sin darte cuenta, que el sistema de referencia está en el coche. ¿Cómo ves los árboles? ¿podrías decir que se mueven?

# 3 DEFORMACIONES ELÁSTICAS. LEY DE HOOKE

Aparte de alteraciones en el estado de movimiento, las fuerzas también pueden producir deformaciones. Son de especial interés las **deformaciones elásticas,** aquellas en las que el cuerpo recupera su forma original cuando cesa la fuerza que lo deforma. Es lo que le ocurre a uno de los sistemas elásticos más habituales: los muelles.

En 1660, el científico inglés Robert Hooke comunicó los resultados de su estudio sobre la deformación de sistemas elásticos según la fuerza que se les aplicaba. De la **ley de Hooke** se deduce que (figura inferior):

> La **deformación** que experimenta un sistema elástico es **proporcional a la fuerza** que se ejerce sobre él. En lenguaje matemático:
>
> $$F = k \cdot \Delta l$$

En esta expresión matemática:

- $F$ representa la intensidad de la fuerza aplicada.
- $k$ es una constante que depende de las características del sistema elástico, que recibe el nombre de **constante elástica.** Como la unidad de fuerza del SI es el newton (N), y la de longitud, el metro (m), la constante elástica se expresa, en este sistema de unidades, en newton partido por metro (N/m).
- $\Delta l$ es lo que se ha estirado, o comprimido, el cuerpo al ejercer sobre él la fuerza $F$. Recibe el nombre de **elongación.**

## Ley de Hooke

De la ley de Hooke se deduce que, si a un muelle le colgamos un peso $P_1$ y se estira una longitud determinada, $\Delta lP_1$, si se le cuelga uno de peso doble, $P_2 = 2 \cdot P_1$, se estirará el doble.

$$P_1 = k \cdot \Delta l_1 \rightarrow \Delta l_1 = \frac{P_1}{k}$$

$$P_2 = k \cdot \Delta l_2 \rightarrow \Delta l_2 = \frac{P_2}{k} = \frac{2 \cdot P_2}{k} \rightarrow \Delta l_2 = 2 \cdot \Delta l_1$$

Así, una constante de valor $k = 200$ N/m significa que se habrá de aplicar una fuerza de 200 N para que el muelle se deforme 1 m.

Esta propiedad de los muelles es la base de la fabricación de los **dinamómetros**, aparatos que se utilizan para medir fuerzas.

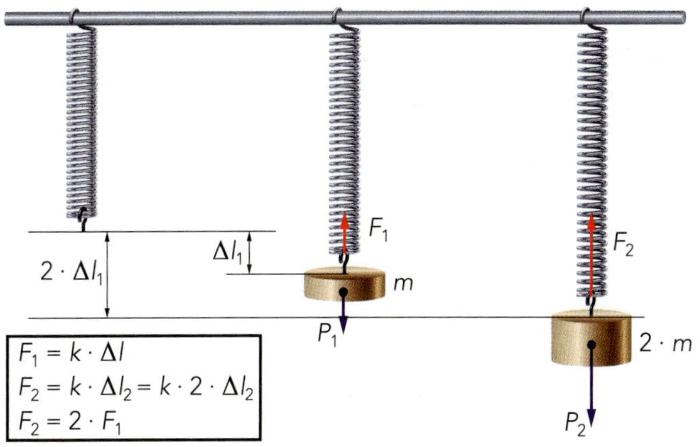


## Comprende, piensa, investiga...

**23** **Preparar la tarea.** De un muelle sujeto por su extremo superior se cuelga un cuerpo de 1,5 kg, y se mide una elongación de 4 cm.

a) ¿Cuál es el valor de la constante $k$ del muelle?

b) ¿Cuánto se estirará si se le cuelgan 900 g?

c) ¿Y si apoyamos el muelle en posición vertical, y se le coloca encima un cuerpo de 2,5 kg?

**24** Se cuelgan de un muelle tres cuerpos de distinto peso y se miden las elongaciones. Se obtienen los datos de la tabla siguiente.

| **P/N** | 1 | 5 | 7 |
|---|---|---|---|
| **Δl/cm** | 2 | 10 | 14 |

A partir de ellos, representa la gráfica $P$–$\Delta l$ y calcula la constante elástica del muelle en unidades del SI.

En **anayaeducacion.es** dispones de una simulación en la que podrás experimentar con la ley de Hooke.

# 4 MÁQUINAS SIMPLES

El ser humano no se caracteriza por poder ejercer grandes fuerzas, pero su inteligencia le ha permitido construir dispositivos para ello: las máquinas. En general, **las máquinas permiten transmitir fuerzas,** incluso **multiplicando su valor.** Las más sencillas son las llamadas **máquinas simples.**

Una **máquina simple** es un artefacto mecánico que **transmite fuerzas,** variando su intensidad y su dirección.

Son máquinas simples la **palanca,** el **plano inclinado**, la **polea** y la **cuña,** y algunas otras que derivan de estas.

## Palanca

La palanca consiste en una barra rígida que, apoyada en un punto, puede girar libremente alrededor de este. Cuando aplicamos una fuerza en uno de sus extremos se consigue transmitirla al otro extremo.

### Ley de la palanca

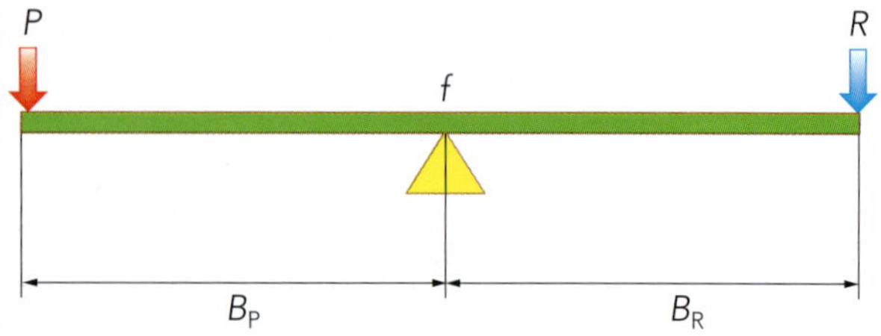


A la fuerza que aplicamos se la llama **potencia** ($F$), la que queremos vencer recibe el nombre de **resistencia** ($R$), y el punto de apoyo, **fulcro.**

La distancia sobre la barra que separa el fulcro del punto de aplicación de cada fuerza se denomina **brazo, *B*,** y se cumple que el producto de cada fuerza por su brazo es constante, lo que se conoce como **ley de la palanca.**

$$F \cdot B_F = R \cdot B_R$$

**Palancas de primera clase**

El fulcro se encuentra entre la potencia y la resistencia.

Ejemplos: tijeras, alicates.

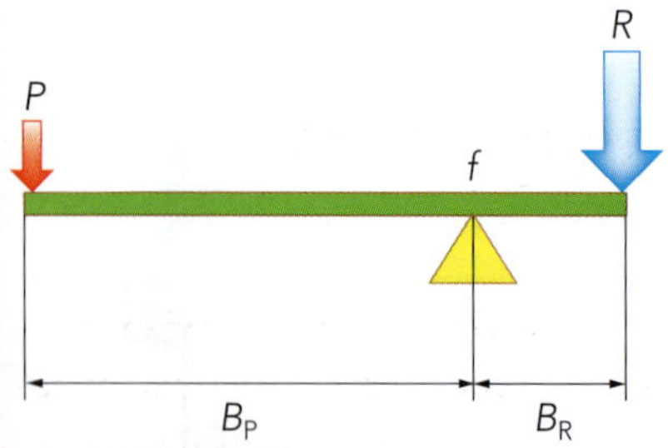


**Palancas de segunda clase**

La resistencia se encuentra entre la potencia y el fulcro.

Ejemplos: carretilla, cascanueces.

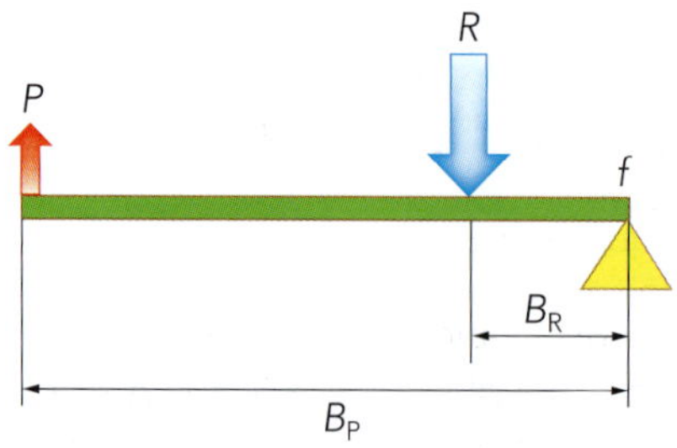


**Palancas de tercera clase**

La potencia se encuentra entre la resistencia y el fulcro.

Ejemplos: quitagrapas, pinzas.

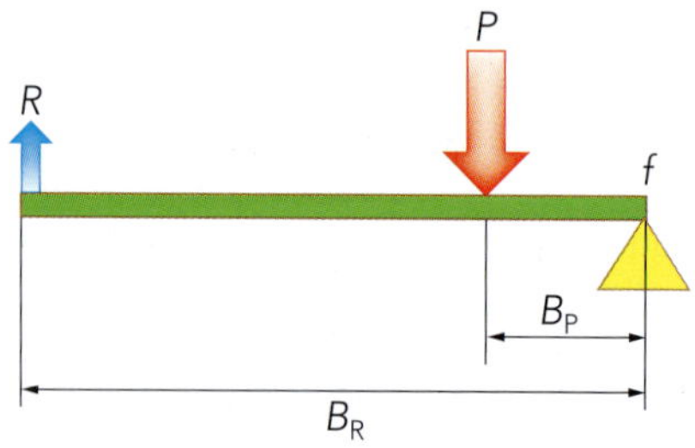


### Ejercicio resuelto

**7 Para mover un objeto de 1 000 N con una palanca de 2 m. ¿A qué distancia hemos de colocar el fulcro si la fuerza que podemos ejercer es de 400 N?**

Si utilizamos la barra como palanca de primera clase (figura derecha), y según la ley de la palanca:

$$P \cdot (2 - x) = R \cdot x \rightarrow 2 \cdot P - P \cdot x = R \cdot x \rightarrow$$

$$\rightarrow 2 \cdot P = (P + R) \cdot x \rightarrow x = \frac{2 \cdot P}{P + R} = \frac{2 \cdot 400\ \text{N}}{1\,400\ \text{N}} = 0{,}57\ \text{m}$$

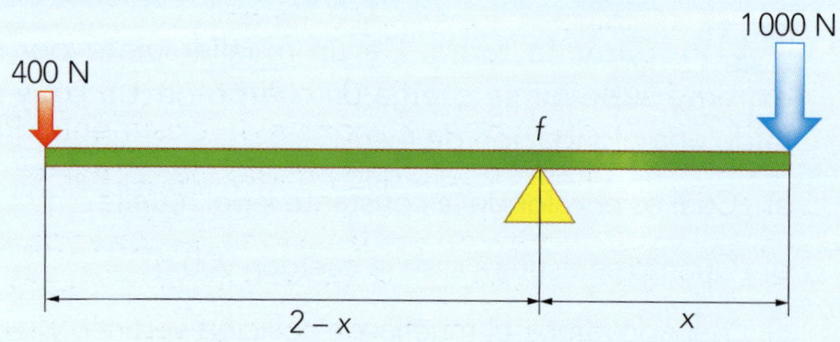

### Plano inclinado

Consiste en una superficie plana que forma un ángulo con la horizontal. Se utiliza para elevar cuerpos aplicando una fuerza menor que si se hiciera verticalmente, a costa de recorrer más distancia.

### Polea

Es una máquina simple que únicamente transmite la fuerza; no modifica la intensidad, pero sí la dirección en la que se ejerce. Cuando se asocian varias poleas se consigue multiplicar la fuerza aplicada. Esto puede hacerse de varias maneras, constituyendo los denominados polipastos.

### Cuña

Se trata de una pieza con forma de prisma triangular que se utiliza para dividir cuerpos sólidos, ajustarlos entre ellos, calzarlos o rellenar huecos no deseados. Técnicamente, es un plano inclinado doble.

| Plano inclinado | Polea | Cuña |
|---|---|---|
| 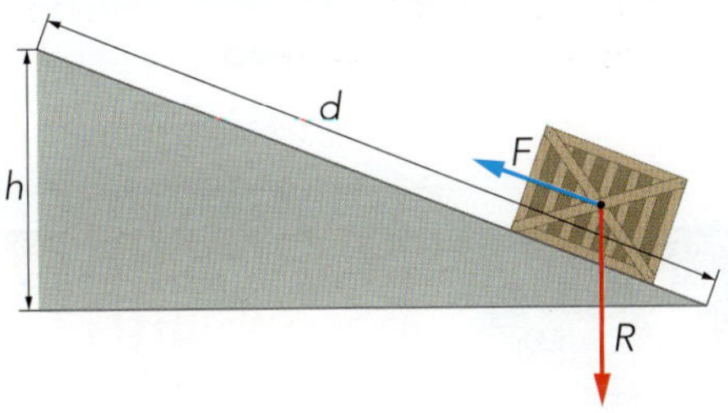 | 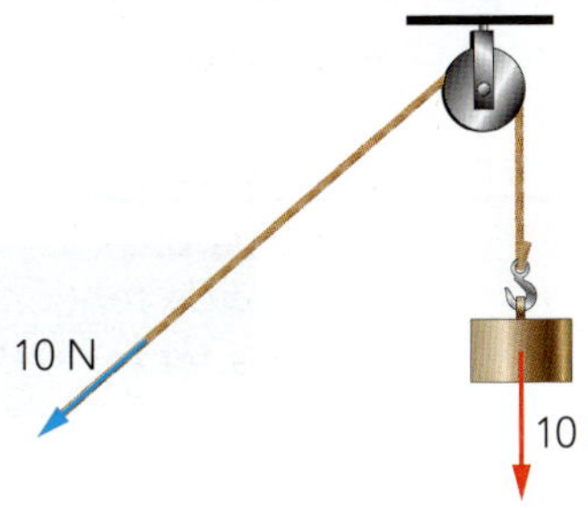 | 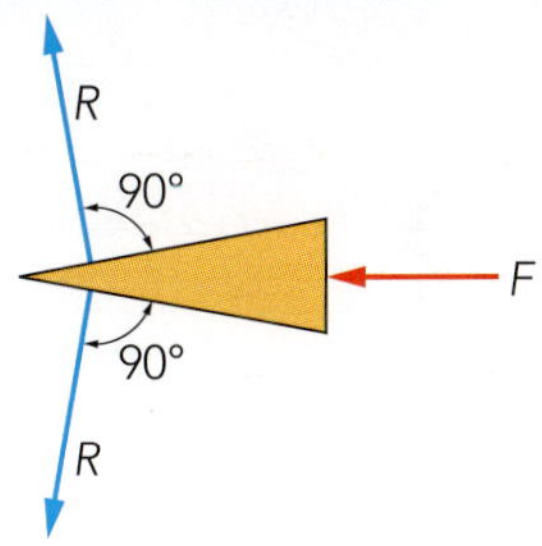 |
| La expresión matemática que relaciona las fuerzas con los desplazamientos es: **$F \cdot d = R \cdot h$** | La polea se basa en una máquina simple cuyo descubrimiento cambió nuestro modo de vida: la **rueda con eje.** | Muchos dispositivos cotidianos, como hachas, cinceles, cuchillos o tijeras, se basan en esta máquina simple. |

## Ejercicio resuelto

**8** **Se desea subir un objeto de 2000 N hasta una altura de 1,5 m. Diseña un plano inclinado de manera que no se tenga que aplicar una fuerza superior a 300 N.**

De la relación entre fuerzas y distancias en un plano inclinado se puede obtener la longitud mínima del plano que aseguraría no tener que aplicar más de 300 N.

Despejando y sustituyendo en la fórmula:

$$d = \frac{R \cdot h}{F} = \frac{2000\ \text{N} \cdot 1{,}5\ \text{m}}{300\ \text{N}} = 10\ \text{m}$$

Se haría, pues, con una rampa de 10 m de longitud. Para longitudes mayores, la fuerza que habría que aplicar sería menor de 300 N.

## Comprende, piensa, investiga...

**25** ¿Qué clase de palanca es una caña de pescar?

**26** Dos personas se sientan en un balancín. Si una pesa el doble que la otra, ¿qué relación ha de existir entre los brazos de las fuerzas para que puedan balancearse?

**27** Argumenta la razón de que las tijeras de cortar papel tengan las hojas largas y el mango corto, mientras que en las de podar ocurre al contrario. ¿Qué máquinas simples puedes identificar en estas herramientas?

**28** Una carretilla de mano mide 100 cm. Si colocamos un saco de cemento de 500 N a 30 cm de la rueda, ¿qué fuerza habrá que aplicar para moverlo?

**29** ¿Qué relación de proporcionalidad hay entre la longitud de un plano inclinado y la fuerza que hay que aplicar para elevar con él un objeto?

**30** Además de la polea fija, también existe la móvil. Busca información sobre ella, y su uso en polipastos.

5

# FUERZAS COTIDIANAS

## 5.1 Rozamiento

Seguramente hayas notado que al arrastrar un cuerpo sobre el suelo se aprecia resistencia al movimiento, tanto mayor cuando menos pulidas están las superficies de contacto.

Esto se debe a que estas superficies, por lisas que parezcan, tienen irregularidades que, al deslizar una sobre la otra, hacen de anclaje originando una **fuerza de rozamiento** (figura inferior).

Es una fuerza electromagnética, por contacto, caracterizada por:

- Se manifiesta si intentamos deslizar o deslizamos un cuerpo sobre otro.
- Tiene la dirección del movimiento, pero sentido opuesto.
- Su intensidad no depende de la cantidad de superficie de contacto, sino de su calidad.

La existencia del rozamiento tiene consecuencias negativas, ya que nos obliga a aplicar fuerzas mayores para deslizar los cuerpos, pero también las tiene positivas, pues es imprescindible en la vida cotidiana; sin él, por ejemplo, no podríamos caminar (los pies resbalarían sobre el suelo), ni los coches circularían (sus ruedas no harían tracción con el suelo).

### Fuerza de rozamiento

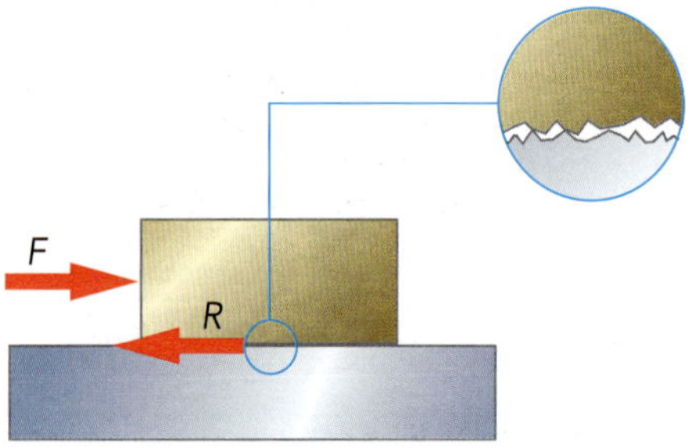


Las superficies de los cuerpos siempre presentan irregularidades que dificultan el deslizamiento, a la vez que aseguran el anclaje. Estas irregularidades son las responsables de que exista el rozamiento.

La fuerza de rozamiento es la responsable de que el patinador de la fotografía pueda impulsarse, o tomar una curva. Sin rozamiento, esto sería imposible e iría en línea recta sin cambiar la rapidez.

### Comprende, piensa, investiga...

**31** Indica alguna situación de la vida cotidiana en las que se manifieste la fuerza de rozamiento, y valora los aspectos positivos y negativos de su presencia.

**32** ¿Crees que en los fluidos, líquidos y gases, existen también fuerzas de rozamiento? Explica tu respuesta.

**33** De tu experiencia cotidiana, ¿qué relación existe entre el rozamiento y la temperatura de los cuerpos que deslizan o ruedan? Ilustra tu respuesta con al menos dos ejemplos. ¿A qué puede deberse esta relación? Una vez que tengas tus respuestas, busca información para ampliarlas y comprobar si tus explicaciones eran correctas.

**34** En la siguiente imagen, representa las fuerzas que actúan en la horizontal favoreciendo el movimiento, y las que se oponen a él.

## 5.2 Peso

Si soltamos un objeto, cae verticalmente hacia el suelo; lo sabemos desde pequeños, pues siempre ocurre así. Pero ¿por qué ocurre?

Cuando en el siglo XVII Isaac Newton se planteó encontrar la respuesta, la pregunta que rondaba por su mente era: *si los cuerpos caen hacia la Tierra, ¿por qué no cae la Luna?*

Mediante un experimento mental llegó a la conclusión de que la Luna también cae hacia la Tierra, a la vez que se desplaza con la rapidez que hace que se mantenga en órbita a su alrededor (figura derecha).

Finalmente enunció la *ley de gravitación universal*, que permitió describir tanto la caída de los cuerpos, debida a su peso, como el movimiento de la Luna, además de las fuerzas entre los demás astros del universo. A partir de esta ley podemos relacionar el peso de un cuerpo con su masa (cuadro inferior).

### Movimientos orbitales

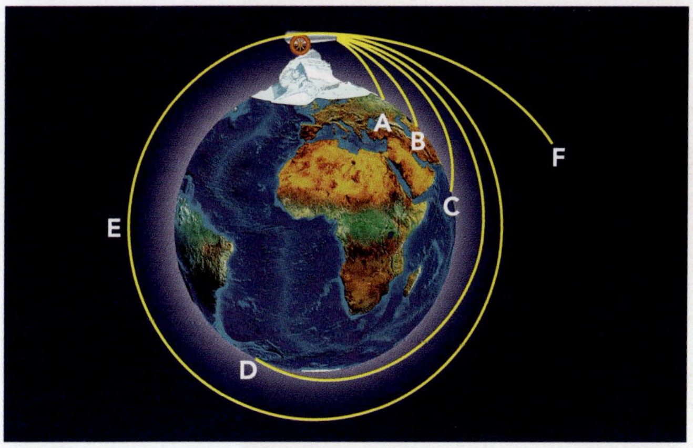


El experimento mental de Newton consistió en suponer que se dispara una bala de cañón desde una montaña desmesurada. Si la rapidez es baja, la bala caería en *A*, *B*, *C* o *D*. y si fuera muy elevada, seguiría la trayectoria *F*. Sin embargo, a la rapidez adecuada para esa altura, la bala quedaría en órbita alrededor de la Tierra (*E*).

| Ley de gravitación universal (LGU) | Fuerza peso |
|---|---|
| La **fuerza gravitatoria** con la que se atraen dos cuerpos cualesquiera del universo es **directamente proporcional al producto de sus masas** e **inversamente proporcional al cuadrado de la distancia** que los separa.<br>Matemáticamente: $F = G \cdot \frac{M \cdot m}{r^2}$<br>En esta expresión:<br>• *M* y *m* son las masas de los cuerpos.<br>• *r* es la distancia que separa sus centros<br>• *G* es la **constante de gravitación universal,** de valor $6{,}67 \cdot 10^{-11}$, en unidades del SI. | El peso de un cuerpo es la **fuerza gravitatoria con la que la Tierra lo atrae.** Según la LGU, para un cuerpo de masa *m* situado en la superficie del planeta, el producto de la constante *G* por la masa de la Tierra entre el cuadrado de su radio (distancia entre centros) es una constante, *g*, de valor:<br>$g = G \cdot \frac{M_T}{R_T^2} = 6{,}67 \cdot 10^{-11} \cdot \frac{6 \cdot 10^{24}}{(6{,}38 \cdot 10^6)^2} = 9{,}8\ \frac{m}{s^2}$<br>Y el peso del cuerpo es, por tanto, $\boldsymbol{P = m \cdot g}$.<br>**Masa y peso son magnitudes distintas. La masa de un cuerpo no varía, pero su peso sí** puede hacerlo, pues la aceleración de la gravedad, *g*, es 9,8 $m/s^2$ solo en la superficie de la Tierra. En otro astro, o si nos alejamos de la superficie terrestre, tomará otros valores y el cuerpo, aunque mantiene su masa, tendrá otro peso. |

### Comprende, piensa, investiga...

**35** Una persona de 70 kg, ¿cuánto pesa en la superficie de la Tierra?

**36** La persona de la actividad anterior, ¿cuánto pesa en la estación espacial internacional (ISS), a 400 km de la superficie terrestre?

**37** ¿Cuáles son las unidades del SI de la constante de gravitación universal?

**38** **Petición del oyente.** ¿Por qué se dice en el texto que Newton realizó un «experimento mental»? Localiza en Internet otro ejemplo de experimento mental científico, y prepara un breve resumen para exponerlo en clase.

**39** **Rueda lógica.** En una nave espacial ubicada en el espacio interestelar, alejada de cualquier astro, ¿podríamos hablar de peso? ¿Y de masa? ¿Podríamos andar por la nave? ¿Por qué?

¿Sabías que puedes estudiar distintos grados universitarios para trabajar en la NASA? En **anayaeducacion.es** encontrarás un documento con el que podrás informarte más acerca de estos grados.

# 6

# LA GRAVITACIÓN EN EL UNIVERSO

Hoy día tenemos una ley de la gravitación que funciona mejor que la de Newton; es la teoría general de la relatividad de Albert Einstein, formulada a principios de siglo XX. Sin embargo, en muchas ocasiones se sigue usando la ley de Newton porque, aunque no es totalmente exacta, continúa dando resultados muy válidos utilizando unas matemáticas mucho más simples.

La acción gravitatoria hace que los distintos cuerpos se atraigan entre sí, y así se ha formado los planetas y las estrellas a partir de polvo y gases, y estos astros, a su vez, se atraen formando sistemas planetarios; a mayor escala, las estrellas se atraen formando galaxias.

## Galaxias

Las **galaxias** son agrupaciones de **entre 250 y 150 miles de millones de estrellas** que giran por atracción gravitatoria alrededor de su centro, donde hay un agujero negro supermasivo. Alrededor de cada estrella hay materia residual, sobrante de la formación de la misma, con la que se han formado otros astros.

La idea actual de universo es la de un espacio vacío, inimaginablemente enorme, con galaxias muy lejanas unas de otras. Es dentro de estas galaxias donde se encuentra la materia de la que estamos formados.

Hoy día sabemos que, a grandísimas distancias, existe una gravedad repulsiva que está haciendo que las galaxias se alejen unas de otras. No se sabe aún cómo funciona, y por ello se está estudiando.

La galaxia en la que nos encontramos, la **Vía Láctea,** tiene forma de espiral. Se trata de una **espiral barrada,** similar a la de la fotografía inferior derecha.

**Trabaja con las imágenes**

Observa la fotografía inferior izquierda, realizada por el telescopio espacial Hubble. En ella cada mancha luminosa es una galaxia. Y si nos acercáramos a una de ellas, la veríamos como la imagen de la derecha; ahora, cada puntito luminoso es una estrella. Con los datos que aparecen en la unidad, ¿puedes estimar cuántas estrellas hay en el universo?

### Las galaxias

El universo es un espacio vacío, donde se estima que hay unos 2 billones de galaxias muy alejadas unas de otras.

## Sistemas planetarios

Se piensa que la mayoría de las estrellas de cada galaxia tienen planetas a su alrededor, constituyendo los sistemas planetarios. A los planetas que giran en torno a una estrella distinta al Sol los llamamos exoplanetas.

En el caso del **sistema solar,** encontramos, en órbita alrededor del Sol:

- **Planetas.** Son objetos esféricos que giran alrededor del Sol en una órbita limpia de otros cuerpos. De menor a mayor distancia al Sol están Mercurio, Venus, Tierra, Marte, Júpiter, Saturno, Urano y Neptuno. Algunos tienen **satélites**, en ocasiones decenas de ellos, orbitando a su alrededor.
- **Planetas enanos.** Son cuerpos esféricos que giran alrededor del Sol en una órbita que aún no está limpia, y con el tiempo irán chocando con estos objetos. Son los siguientes: Ceres, Plutón, Eris, Makemake y Haumea.
- **Cuerpos menores.** Son los **asteroides** (rocas gigantes que pueden tener hielo, que giran alrededor del Sol en zonas determinadas, como el cinturón de asteroides, entre Marte y Júpiter), los **cometas** (objetos helados con órbitas muy alargadas que al acercarse al Sol desprenden gases y polvo formando una cola) y los **meteoroides** (todo tipo de rocas pequeñas). Cuando un meteoroide alcanza la superficie de un planeta, se lo conoce como **meteorito.**

## Las distancias en el universo

En el universo, las distancias son muy grandes. Así, la distancia media Tierra-Luna es de unos 384 000 km, la Sol-Tierra, de 150 000 000 km, y la que separa al Sol de su estrella más cercana, α-Centauri, de $4{,}15 \cdot 10^{13}$ km.

Para manejar estas distancias con números más sencillos, se definen otras unidades de longitud:

- **Unidad astronómica (ua).** Se define como la distancia media Tierra-Sol:

$$\mathbf{1\ ua = 1{,}5 \cdot 10^{11}\ m}$$

- **Año luz.** Es la distancia que recorre la luz en un año. Como la luz viaja en el vacío con rapidez constante, $c = 3 \cdot 10^8$ m/s, un año luz equivale a:

$$1\ \text{año} \cdot \frac{365\ \text{días}}{1\ \text{año}} \cdot \frac{24\ \text{h}}{1\ \text{día}} \cdot \frac{60\ \text{min}}{1\ \text{h}} \cdot \frac{60\ \text{s}}{1\ \text{min}} \cdot 3 \cdot 10^8\ \frac{\text{m}}{\text{s}}$$

$$\mathbf{1\ año\ luz = 9{,}5 \cdot 10^{15}\ m}$$

Con estas unidades, las distancias anteriores quedarían así (compruébalo):

- Tierra-Luna: 1,28 segundos luz.
- Sol-Tierra: 1 ua; 8,3 minutos luz.
- Sol-α-Centauri: 4,37 años luz.

El hecho de que la luz no viaje de forma instantánea, como se ha llegado a pensar, hace que lo que vemos al mirar el firmamento sea el pasado de los astros. Así, vemos la Luna tal y como era hace 1,28 s, observamos el Sol de hace unos ocho minutos, y cuando miramos α-Centauri, vemos cómo era hace 4,37 años.

### Ejercicio resuelto

**9 La galaxia M-31 se encuentra a 2,5 millones de años luz y se acerca hacia la Vía Láctea a unos 300 km/s.**

**a) ¿Cuánto tarda la luz de M-31 en llegar a nuestra galaxia?**

**b) Expresa la distancia en el SI.**

**c) Se cree que cuando colisionen se formará una galaxia elíptica gigante. De ocurrir así, ¿cuándo sucederá?**

a) Su luz tarda 2,5 millones de años. Vemos M-31 tal y como era hace este tiempo.

b) En el SI, la distancia a la galaxia es:

$$d = 2{,}5 \cdot 10^6\ \text{años luz} \cdot \frac{9{,}5 \cdot 10^{15}\ \text{m}}{1\ \text{año luz}} = 2{,}4 \cdot 10^{22}\ \text{m}$$

c) La rapidez con la que acerca a la Vía Láctea es:

$$v = 300\ \frac{\text{km}}{\text{s}} \cdot \frac{10^3\ \text{m}}{1\ \text{km}} = 3 \cdot 10^5\ \frac{\text{m}}{\text{s}}$$

d) De mantener esta rapidez, llegará dentro de:

$$t = \frac{d}{v} = \frac{2{,}4 \cdot 10^{22}\ \text{m}}{3 \cdot 10^5\ \text{m/s}} = 8 \cdot 10^{16}\ \text{s} \cong 2{,}5 \cdot 10^9\ \text{años}$$

Ocurrirá, pues, en unos 2 500 millones de años.

### Comprende, piensa, investiga...

**40** Las galaxias más lejanas a la Tierra se encuentran a unos 13 500 millones de años luz. ¿Cuánto tarda la luz en llegarnos desde ellas? ¿Existía la Tierra cuando se formaron? Expresa esta distancia en ua, y en el SI.

**41** Busca en Internet las razones por las que Plutón, desde 2006, se considera planeta enano. Haz una tabla con las características de los planetas enanos que se conocen, y los nombres de los candidatos a serlo.

# CIENCIA RECREATIVA

## EL FACTOR TIEMPO EN LAS FUERZAS

### REFLEXIONA

Los efectos que produce una fuerza dependen tanto de su intensidad como del tiempo durante el que actúe. Por eso, las baldas de las estanterías terminan combándose con el tiempo.

Puedes hacer una prueba sujetando un objeto de poca masa, por ejemplo, una botella de agua de 1 L. Para ello, estira el brazo y coloca la botella en la palma de tu mano. Aunque te cueste poco sujetarlo, ¿podrías hacerlo durante un período prolongado de tiempo?

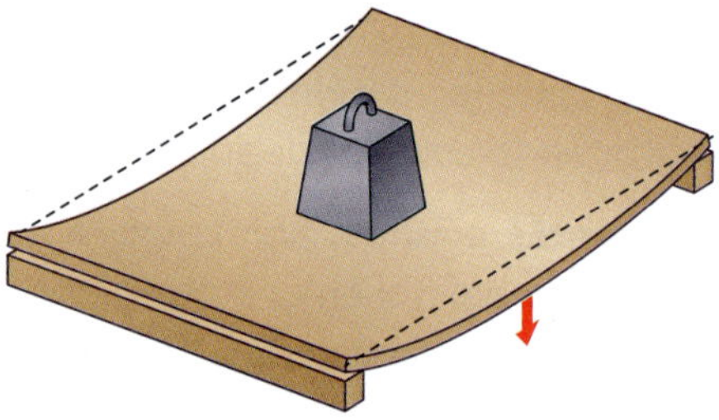

### EXPERIMENTO 1

Al contrario que en el caso anterior, si la fuerza actúa durante un período de tiempo muy breve, puede producir pocos efectos aunque su intensidad sea grande.

Lo puedes comprobar haciendo una pila de monedas, como se muestra en la imagen izquierda, y dando un golpe seco a la más baja con un cuchillo.

Observarás cómo la que golpeas sale despedida y el resto quedan apiladas, ya que, aunque exista rozamiento entre la moneda más baja y la inmediatamente superior, actúa durante tan poco tiempo que no produce apenas efectos.

### EXPERIMENTO 2

Una variante de este fenómeno consiste en pegar un tirón fuerte de un mantel y conseguir que todo lo que hay encima quede sobre la mesa. Puedes verlo si buscas en Internet «quitar el mantel con la mesa puesta».

Aunque te recomendamos no hacerlo, pues puedes ocasionar destrozos, sí puedes reproducir la situación con un vaso, una moneda y un naipe. Si colocas el naipe sobre el vaso, con la moneda encima, y das un golpe seco al naipe, la moneda caerá en el vaso.

Una propiedad de la materia, llamada inercia, hace que los cuerpos tiendan a permanecer en su estado de reposo o movimiento si no hay fuerzas que lo modifiquen. En los casos descritos, las fuerzas actúan durante tan poco tiempo que sus efectos son despreciables.

En anayaeducacion.es dispones de un documento con el que serás capaz de construir un aerodeslizador.

# TRABAJO PRÁCTICO

## DEFORMACIONES ELÁSTICAS. LEY DE HOOKE

Montaje experimental ley de Hooke.

**PLANTEAMIENTO DEL PROBLEMA**

¿Cómo se puede medir en el laboratorio la constante elástica de un muelle?

**TU PROPUESTA**

Antes de continuar, elabora tu propuesta de modo que incluya un diseño experimental detallado en el que describas el material necesario y el proceso a seguir.

**NUESTRA PROPUESTA**

Para medir la constante elástica de un muelle, nos basamos en la ley de Hooke, que establece que el peso del cuerpo que se cuelga del muelle es directamente proporcional a la deformación que produce:

$$P = k \cdot \Delta l$$

**MATERIAL**

• Pie soporte • Muelle • Plato de balanza • Pesas • Regla • Dinamómetro

### ORIENTACIONES PARA LA REALIZACIÓN DE LA EXPERIENCIA

- Para realizar mejores medidas es conveniente trabajar por parejas.
- Realizad un montaje similar al que se muestra en la figura de arriba.
- El dinamómetro se utiliza para medir el peso de los cuerpos antes de colgarlos del muelle. No olvides que el primer cuerpo que debes colgar es el plato de balanza.
- Te has de asegurar de que el dinamómetro marca cero cuando no tiene nada colgado. En la parte superior hay una tuerca para ello. Se evita de este modo el llamado error de cero.
- La regla es para medir la deformación del muelle. No olvides medir siempre la longitud antes de colgar nada.
- Apunta las medidas en tablas como las que se han mostrado en algunas de las actividades de la unidad.

### Extrae conclusiones...

1 Compara tu propuesta inicial con la nuestra. ¿Habías planteado una propuesta adecuada? En caso negativo, ¿por qué?

2 A partir de los datos obtenidos, representa gráficamente el peso (en ordenadas) en función de la elongación (en abscisas).

3 De la gráfica obtenida, ¿se pueden establecer alguna relación de proporcionalidad? ¿Cuál?

4 El muelle estudiado, ¿se podría utilizar para construir un dinamómetro? ¿Por qué?

5 Expresa matemáticamente la relación de proporcionalidad y compárala con la ley de Hooke. De esta comparación se puede obtener la constante elástica del muelle.

6 Elabora el informe final de la experiencia, en formato presentación de diapositivas.

7 Con los datos de esta práctica, ¿cómo podrías averiguar el valor de la aceleración de la gravedad? Usa los instrumentos que necesites.

Recuerda seleccionar el material de trabajo de esta unidad para tu **portfolio.**

# TRABAJA CON LO APRENDIDO

## ORGANIZO MI MENTE Mapa conceptual sistémico

**1 Resume en un dibujo.** Representa en un mapa el recorrido que haces por las mañanas para ir a clase. Mide la distancia y el tiempo en cada tramo, y representa las gráficas del movimiento.

**2 Mapa conceptual.** Copia y completa en tu cuaderno el mapa conceptual de debajo. Siguiendo el ejemplo, elabora uno con todos los contenidos de la unidad.

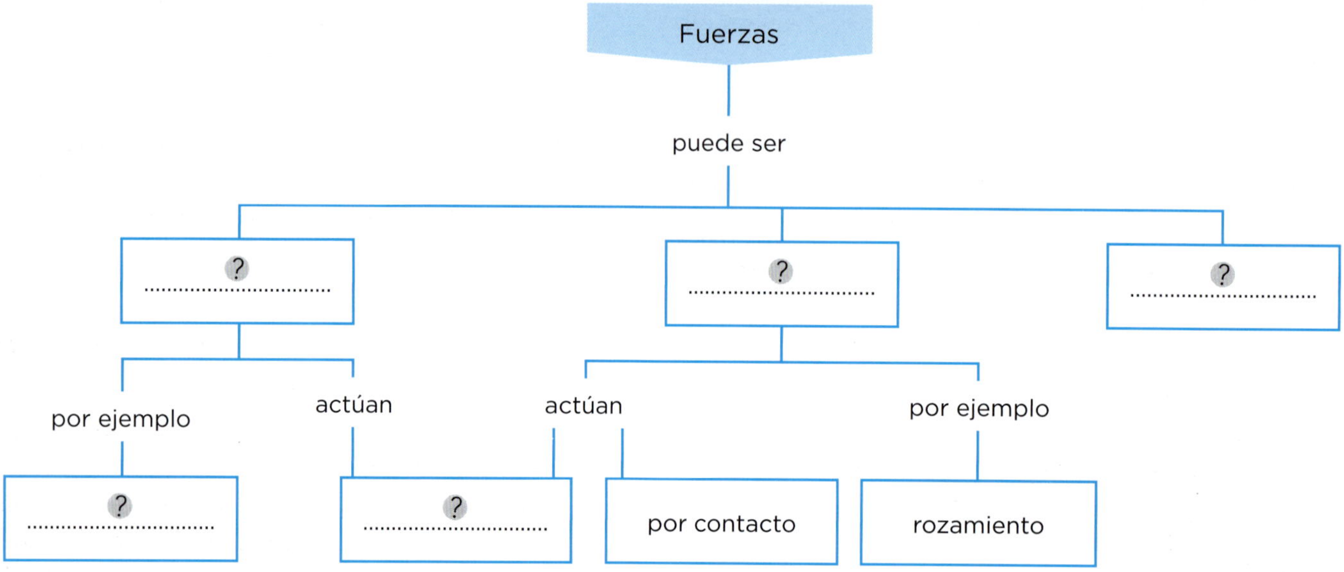


### Las fuerzas y sus efectos. Fuerza neta

**1** Dos personas ejercen sendas fuerzas sobre un cuerpo, la primera de 100 N en dirección norte, y la segunda de 200 N en dirección este. ¿Cuál es la fuerza neta?

**2** En la actividad anterior, representa la fuerza que ha de ejercer una tercera persona para que el cuerpo no se mueva.

### Estudio del movimiento

**3** Según lo representado en la siguiente gráfica, ¿qué coche viaja más rápido? ¿De qué posición parte cada uno? ¿Qué espacio recorren durante los primeros 5 s de movimiento? ¿Con qué rapidez media?

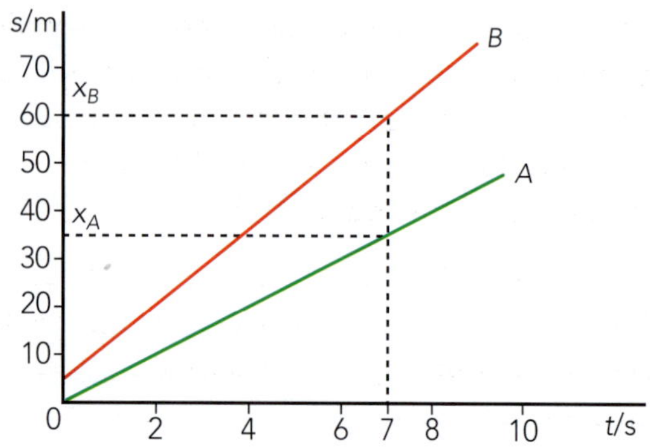


**4** Una avioneta tarda 2 horas y 18 minutos en completar un viaje. Si la rapidez media con que lo realiza es de 720 km/h, ¿qué distancia ha recorrido?

**5** Interpreta la siguiente gráfica, en la que se representa la rapidez de un móvil en función del tiempo. Representa, a partir de ella, la gráfica aceleración-tiempo.

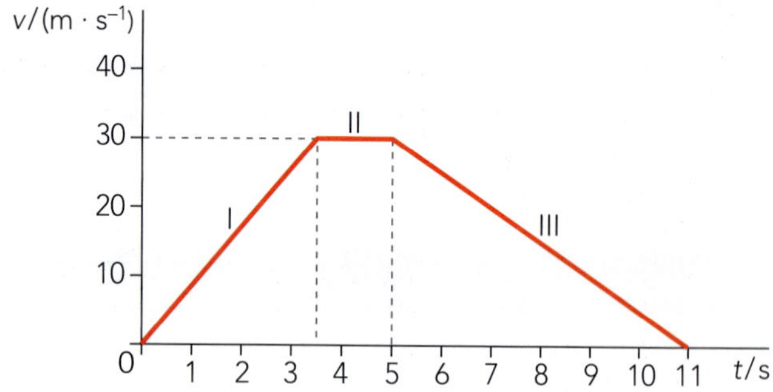


**6** La DGT anunció que en algunas carreteras conflictivas se instalarían radares de tramo, que miden la rapidez media en un tramo determinado. Explica el funcionamiento de estos radares.

**7** Si alguna vez te has fijado en la información que hay en las carreteras, habrás visto que te proporciona la posición en la que estás, kilómetro a kilómetro. Pero nunca habrás visto posiciones negativas, ¿puedes explicar esto?

Recuerda que puedes consultar las soluciones de todas las actividades numéricas en **anayaeducacion.es**.

8 En un instante determinado la rapidez de un móvil es de 45 km/h. Si el movimiento se empezó a estudiar un minuto antes, y la aceleración es de 20 cm/s², ¿cuál es la rapidez inicial del intervalo estudiado? ¿Cuánto valdrá pasado otro minuto?

9 ¿Qué se puede decir de un vehículo que sabemos que se mueve con $a = 0$? ¿Qué quiere decir que la aceleración de un cuerpo es de –1 m/s²?

## Deformaciones elásticas

10 Explica con tus palabras el significado de que el valor de la constante elástica de un muelle sea 250 N/m.

11 Si al muelle de la actividad anterior se le cuelga un cuerpo de 20 kg, ¿cuánto se alarga? ¿Qué masa hay que colgar de él para que la elongación sea de 5 cm?

12 Un muelle se alarga 2 cm cuando se le cuelga un cuerpo de 50 N. Si el límite de elasticidad se alcanza al someterlo a una fuerza de 300 N, ¿qué masa máxima podremos colgarle? ¿Qué elongación se producirá en este caso?

13 Explica con detalle cómo construirías un dinamómetro.

14 Se comprime un muelle de 30 cm mediante una fuerza de 180 N, hasta una longitud de 27 cm.

a) Determina la constante elástica del muelle.

b) ¿Cuánto medirá el muelle si lo estiramos con una fuerza de 260 N?

## Máquinas simples

15 ¿En qué máquina simple crees que se refería Arquímedes cuando dijo «dadme un punto de apoyo y moveré el mundo»?

16 Para subir un cuerpo a 1 m de altura tenemos dos rampas. Al colocarlas, una queda con más ángulo que la otra. ¿Con cuál será necesario aplicar menos fuerza?

17 ¿A qué clase de palanca pertenecen los utensilios siguientes? En cada caso, representa un diagrama en el que indiques la potencia, la resistencia y el fulcro:

a) Balanza romana.

b) Remo.

c) Pinzas de depilar.

18 ¿Qué fuerza hay que ejercer para subir a 1 m de altura un cuerpo de 100 kg por una rampa de 5 m de longitud?

**anayaeducacion.es** Consulta los apartados «Para estudiar» y «Aprende jugando» en el banco de recursos.

19 Un cortaúñas resulta de combinar dos tipos de palancas. Identifícalas, di a qué clase pertenecen y señala en ellas la potencia, la resistencia y el fulcro.

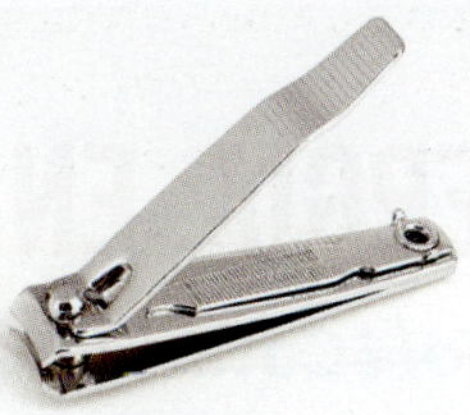

20 Propón un ejemplo de utensilio cotidiano, distinto al de la actividad anterior, que también esté formado por la combinación de dos máquinas simples.

## Fuerzas cotidianas

21 Explica, en términos científicos, por qué resbalas al pisar una superficie mojada.

22 En la Tierra es el rozamiento con el aire el responsable de que los cuerpos ligeros, como plumas o papeles, tarden más en llegar al suelo que los más pesados. En un astro sin atmósfera, como la Luna, una pluma llegaría al suelo a la vez que un martillo (busca en Youtube «pluma martillo luna»). Sin necesidad de ir a la Luna, ¿cómo podríamos comprobarlo?

23 Un astronauta que en la Tierra pesa 850 N, ¿cuánto pesará en la Luna, si la masa del satélite es $M_L = 7{,}35 \cdot 10^{22}$ kg, y su radio $R_L = 1737$ km? ¿Qué relación hay entre la gravedad de la Tierra y la de la Luna?

## La gravitación en el universo

24 ¿Qué significa que una estrella se encuentra a 2000 años luz de otra? ¿Cuánto vale esta distancia en km? ¿Y en unidades del SI?

25 ¿Qué significa que al mirar al firmamento «vemos el pasado»? ¿A qué se debe?

26 Una de las estrellas más conocidas del hemisferio norte, pues señala el norte terrestre, es Polaris. Se encuentra a 431 años luz. Si viajásemos hacia ella en línea recta con rapidez constante de 12 km/s, una de las más altas alcanzadas por el ser humano, ¿cuánto tardaríamos en llegar a ella?

27 Busca información sobre la cantidad de planetas que se estima que existen en el universo y prepara un debate sobre la siguiente cuestión: ¿existe vida en otros planetas? En caso afirmativo, ¿por qué no han contactado con nosotros?

7

# LA ENERGÍA. ENERGÍA MECÁNICA

## Terremoto. ¿Catástrofe natural o castigo divino?

El 1 de noviembre de 1755, un fuerte terremoto, hoy se estima que podría haber alcanzado valores superiores a ocho en la escala Richter, sacudió la ciudad de Lisboa (Portugal). Su duración (10 minutos, aproximadamente) y efectos indirectos (entre ellos el tsunami generado, pues parece que el epicentro se situaba en el océano Atlántico) provocaron la destrucción casi total de la ciudad. Este acontecimiento dio lugar a dos posturas. Una etiquetaba a los terremotos como una catástrofe natural, derivada de una «fuerte explosión» en el interior de la Tierra. La otra calificaba a esta catástrofe como castigo divino.

Ciertamente, este acontecimiento histórico significó el origen de la sismología moderna. Así, las primeras hipótesis que aludían a «explosiones subterráneas» promovieron estudios que relacionaron a los seísmos con las erupciones volcánicas. Luego, John Milne (1850-1913) fue el primero que asoció los terremotos con los movimientos orogénicos, gracias al estudio de las fallas de Japón en 1891. Prácticamente dos décadas más tarde, Harry F. Reid explicó que los movimientos de la corteza terrestre acumulan energía elástica en las rocas que, en caso extremo, pueden causar la rotura de estas. La liberación brusca de dicha energía se propaga a través de ondas que, a su vez, generan vibraciones en la superficie terrestre. Estas explicaciones se perfeccionarían y ampliarían con la *teoría de la tectónica de placas,* desarrollada entre las décadas de 1950 y 1960 gracias a las aportaciones de varios físicos (Harry H. Hess o Allan V. Cox) y geólogos (Linn Sykes, Hiroo Kanamori o Maurice Ewing).

## COMPROMISO ODS

ODS

**1** En enero de 2021 tuvieron lugar varios terremotos en la provincia de Granada (España). Responded a las siguientes cuestiones:

a) ¿Qué magnitudes tuvieron los terremotos referidos?

b) De acuerdo a la escala Ritcher, ¿cómo describiríais a estos sismos?

c) **Mesa redonda.** Primero, documentaos sobre los daños materiales y humanos que pudieron ocasionar estos terremotos en las distintas localidades granadinas. Luego, volved a mirad vuestra respuesta del apartado b) y debatid en torno a la siguiente pregunta; ¿se corresponde la magnitud de los terremotos con los daños ocasionados?

*Antes de empezar a estudiar esta unidad, consulta la presentación «Qué necesitas saber» en anayaeducacion.es.*

## LOS RECURSOS EN LA WEB DE ESTA UNIDAD

### LA ENERGÍA. ENERGÍA MECÁNICA

**Terremoto. ¿Catástrofe natural o castigo divino?**
- PRESENTACIÓN: Qué necesitas saber.
- DOCUMENTO: Objetivos de Desarrollo Sostenible.

**1 Energía**
- DOCUMENTO: Cómo aplicar la técnica: «Análisis asociativo».

**2 Manifestaciones de la materia**
- DOCUMENTO: Textos explicativos.
- DOCUMENTOS: Cómo aplicar las técnicas: «Mesa redonda», «Folio giratorio» y «¿Qué te hace decir eso?».

**3 Intercambios de energía**
- DOCUMENTOS: Cómo aplicar las técnicas: «Lápices al centro» y «Piensa y comparte en pareja».
- SIMULACIÓN: Energía en la pista de patinaje.

**4 Ondas mecánicas**
- SIMULACIÓN: Onda en una cuerda.
- DOCUMENTO: Cómo aplicar la técnica: «Solución a cuatro».

**5 Sonido**
- DOCUMENTO: Textos expositivos.
- DOCUMENTO: Cómo aplicar la técnica: «Círculo de puntos de vista».

**Ciencia recreativa**
Teléfono de hilo

**Trabajo práctico**
¿De qué depende la energía mecánica?

**Trabaja con lo aprendido**
- DOCUMENTO: Organizador gráfico: «Mapa conceptual sistemático».
- DOCUMENTO: Consejos para elaborar tu potfolio.
- «Para estudiar» y «Aprende jugando».

**Y ADEMÁS...** Soluciones de todas las actividades numéricas

1

ENERGÍA

## 1.1 ¿Qué es la energía?

Podríamos decir que la energía es aquello que tienen los cuerpos para poder hacer cosas. Por ejemplo, las personas tenemos energía y gracias a ello movemos objetos, andamos, etc., y nuestro corazón late, o en nuestras células se producen reacciones químicas. Si no tuviéramos energía, nada de esto ocurriría.

Pero los objetos inanimados también pueden tener energía. Así, una bola de billar en movimiento tiene energía porque es capaz de hacer cosas, como poner en movimiento a otras bolas. Y también una teja en un tejado podría hacer algún cambio, como abollar un coche si cayera. Por eso, decimos que la teja en el tejado tiene energía.

Cuando hablamos de fuerzas decimos que son las responsables de producir deformaciones y cambios en el estado de movimiento; es decir, cambios. Ahora podemos añadir que los cuerpos pueden ejercer esas fuerzas gracias a que tienen energía.

Se define, pues, la energía del siguiente modo:

La **energía** es la capacidad que tiene un sistema material para **producir cambios** en otro sistema material, o sobre sí mismo.

Un científico inglés del siglo XIX, llamado James P. Joule, dedicó parte de su trabajo al estudio de la energía. En honor a él la unidad de esta magnitud en el Sistema Internacional es el **julio, J.**

**Trabaja con la imagen**

¿Por qué las bolas de billar en movimiento finalmente quedan en reposo?

### Interacciones, cambios y energía

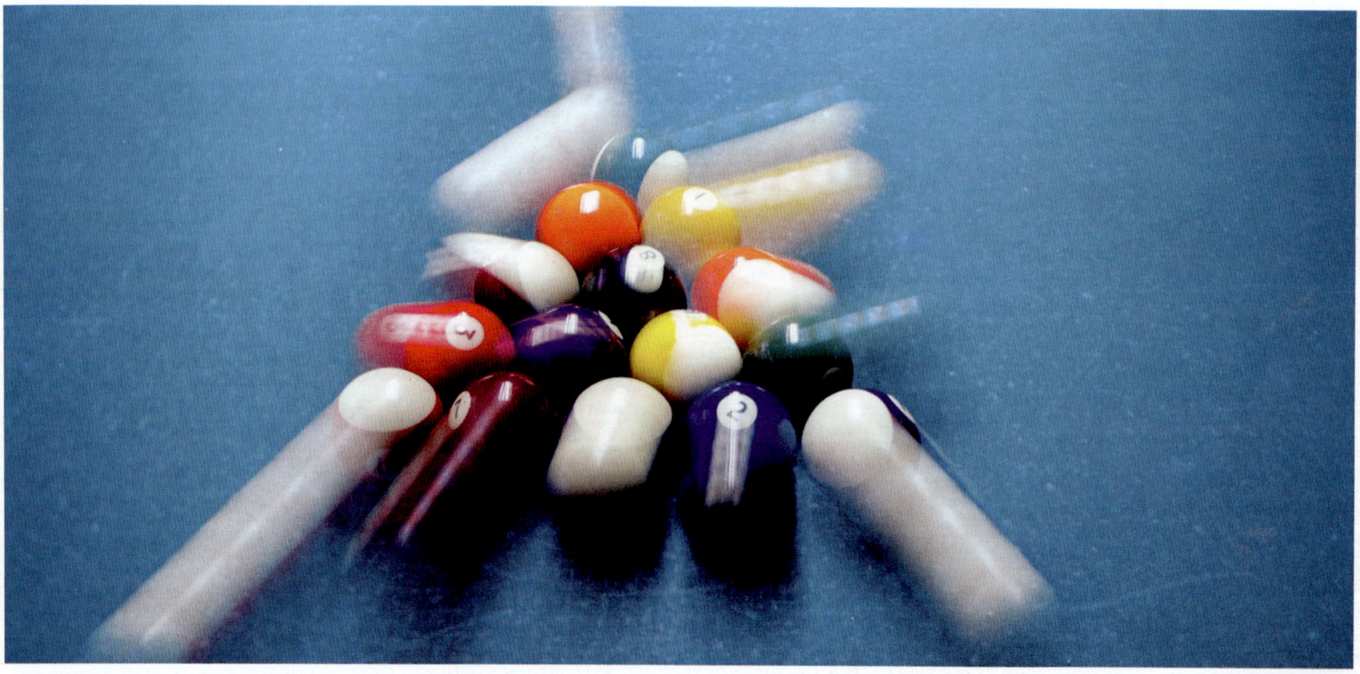

La causa de los cambios son las fuerzas (o interacciones), pero estas no son posibles sin la energía.

Así, la bola blanca permanece en reposo mientras no la golpeemos con el taco, al igual que el resto de las bolas mientras no sean golpeadas por otras. Esto es, **el cambio,** en este caso de movimiento, **se produce debido a las fuerzas** con las que interaccionan las bolas.

Pero todas estas interacciones no serían posible sin un aporte de energía inicial que suministramos a la bola blanca mediante un golpe con el taco.

## 1.2 Características de la energía

La energía se caracteriza porque:

- **Se transforma.**

  La energía puede manifestarse de diferentes formas. En el ejemplo de la bola de billar, se manifiesta con el movimiento de la bola. Pero esta bola terminará parándose debido a las fricciones, y tanto la bola como el tapiz de la mesa quedarán algo más calientes que al principio.

  En este caso, se produciría una transformación de la energía asociada al movimiento en energía asociada a la temperatura.

- **Se transfiere.**

  La energía puede pasar de un cuerpo a otro. Para que la bola de billar blanca empiece a moverse es preciso que sea golpeada. Con ello, se le transferirá energía de movimiento, que proviene de la energía almacenada en los músculos del brazo del jugador.

- **Se conserva.**

  En todos los experimentos en los que se manifiestan cambios físicos y químicos se comprueba que la energía total del sistema material no cambia; permanece constante.

  Este hecho se ha elevado a un principio físico, es decir, algo que pensamos que se cumple siempre. Lo denominamos principio de conservación de la energía y dice que:

En cualquier cambio físico o químico, **la energía ni se crea ni se destruye;** siempre se mantiene constante.

### Principio de conservación de la energía

Los sistemas materiales, según puedan intercambiar energía y materia con su entorno, se clasifican en:

- **Abiertos,** si pueden intercambiar materia y energía con el entorno.
- **Cerrados,** si pueden intercambiar energía, pero no materia.
- **Aislados,** si no pueden intercambiar ni materia ni energía con su entorno.

Otro modo de expresar el principio de conservación de la energía es:

**En un sistema aislado, la energía se conserva.**

Así, si dos cuerpos *A* y *B* se aíslan del exterior, cuando disminuye la energía de uno, por ejemplo, en 100 J, aumenta la del otro, en la misma cantidad (imagen inferior). Así, el incremento de energía del sistema es cero.

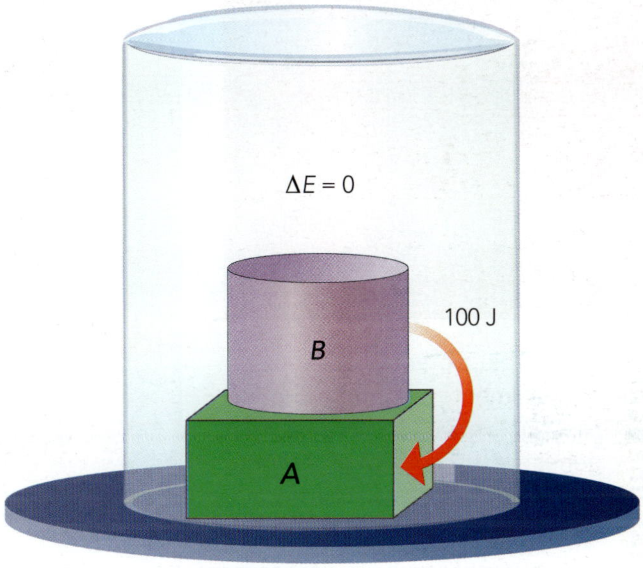


### Comprende, piensa, investiga...

**1** **Análisis asociativo.** Explica con tus palabras las relaciones existentes entre las fuerzas, los cambios y la energía.

**2** Una pelota de baloncesto cae con una energía de 1 J y bota al llegar al suelo. Si tras el bote su energía es de 0,998 J, ¿podemos afirmar que parte de la energía se ha destruido?

**3** Contesta a las siguientes preguntas y justifica tus respuestas ilustrándolas con ejemplos:

a) Una persona, ¿es un sistema material aislado, abierto o cerrado?

b) ¿Y un recipiente de vidrio hermético?

**4** Tenemos dos cuerpos, A y B, aislados del exterior. Si el cuerpo B gana 500 J, ¿qué le ha ocurrido al cuerpo A? Razona tu respuesta.

**5** En física se suele utilizar el símbolo «Δ» para indicar la variación de una magnitud. Así, si cuando te levantas tu masa es 60 kg, y cuando te acuestas, 63 kg, tu masa ha aumentado 3 kg ese día. Matemáticamente, esto se expresa como:

$$\Delta m = m_{final} - m_{inicial} = 3 \text{ kg}$$

Teniendo esto en cuenta, ¿qué significa el $\Delta E = 0$ que aparece en la imagen superior, en el cuadro del principio de conservación de la energía?

Recuerda que dispones de las soluciones de todas las actividades numéricas en **anayaeducacion.es**.

# 2 MANIFESTACIONES DE LA ENERGÍA

Como se ha comentado, la energía se puede manifestar de formas diferentes. Veamos algunas de ellas:

## 2.1 Energía mecánica

La energía mecánica, $E_m$, es la energía que tiene un cuerpo debido a aspectos mecánicos como su movimiento, su posición, su deformación, etc. Por ello, es suma de dos energías; la energía cinética y la energía potencial:

$$E_m = E_c + E_p$$

- **Energía cinética**

  La energía cinética, $E_c$, es la energía que tiene un cuerpo por el hecho de estar moviéndose.

  Un cuerpo de masa *m*, que se mueve con una rapidez *v*, tiene una $E_c$ que se determina mediante la expresión:

$$E_c = \frac{1}{2} \cdot m \cdot v^2$$

- **Energía potencial**

  La energía potencial, $E_p$, es la energía que tiene los cuerpos debido a su posición o deformación. Por eso, distinguimos dos tipos:

  - **Energía potencial gravitatoria.**

    Es aquella que tienen los cuerpos situados a una cierta altura *h*. Viene dada por la expresión $E_p = m \cdot g \cdot h$, donde *g* es la gravedad del planeta.

  - **Energía potencial elástica.**

    Es la que almacenan los cuerpos elásticos cuando están deformados. Verifica la expresión $E_p = \frac{1}{2} \cdot k \cdot x^2$ , en la que *k* es una constante que depende del material, y *x*, la deformación que este sufre.

**Trabaja con las imágenes**

La energía potencial se transforma fácilmente en energía cinética, y viceversa. Observa las imágenes de abajo y explica cómo podría ocurrir esta transformación en cada caso.

**Energía cinética**

La $E_c$ aumenta mucho con la rapidez.

**Energía potencial gravitatoria**

La escaladora tiene $E_p$ gravitatoria.

## 2.2 Energía eléctrica

La materia está formada por átomos, que contienen partículas con carga eléctrica. Cuando estas partículas se mueven de forma ordenada se establece una corriente eléctrica.

La **energía eléctrica** es la **energía que lleva asociada una corriente eléctrica.**

## 2.3 Energía química

Cuando los átomos se enlazan entre sí, almacenan energía. Esta energía se libera o se absorbe en los cambios químicos. Hablamos entonces de energía química.

**La energía química** es la **energía asociada a los enlaces químicos** que mantienen unidos los átomos en una sustancia pura.

### Ejercicio resuelto

**1 ¿Qué energía mecánica tiene una avioneta de 900 kg que vuela a 360 km/h y a 1 km de altitud?**

El valor de la rapidez, en unidades del SI, es:

$$360\frac{\text{km}}{\text{h}}\cdot\frac{1000\,\text{m}}{1\text{km}}\cdot\frac{1\text{h}}{3\,600\,\text{s}}=100\frac{\text{m}}{\text{s}}$$

La energía cinética será, entonces:

$$E_c=\frac{1}{2}\cdot m\cdot v^2=\frac{1}{2}\cdot 900\,\text{kg}\cdot\left(100\frac{\text{m}}{\text{s}}\right)^2=4{,}50\cdot 10^6\ \text{J}$$

Por otro lado, como 1 km = 1 000 m, el valor de la energía potencial de la avioneta será:

$$E_p=m\cdot g\cdot h=900\,\text{kg}\cdot 9{,}8\frac{\text{m}}{\text{s}^2}=1000\,\text{m}=8{,}82\cdot 10^6\ \text{J}$$

Por último, el valor de la energía mecánica resulta:

$$E_m=E_c+E_p=4{,}50\cdot 10^6\ \text{J}+8{,}82\cdot 10^6\ \text{J}=13{,}32\cdot 10^6\ \text{J}$$

### Energía eléctrica

La energía eléctrica es la energía más cómoda y versátil que conocemos, al menos de momento. No es posible imaginar una sociedad sin energía eléctrica.

### Energía química

En la quema del combustible se produce un cambio químico que libera la energía química del combustible para impulsar el cohete.

### Comprende, piensa, investiga...

**6** Qué tipo de energía mecánica tiene un teja que:

a) Está en reposo formando parte del tejado.

b) Cae y llega al suelo con una rapidez de 5 m/s.

c) Cuando se encuentra en mitad de la caída.

**7** Calcula la energía mecánica de un globo aerostático de 1,5 t que vuela a 500 m de altura con rapidez constante de 72 km/h.

**8** **Mesa redonda.** ¿Tienes energía mecánica en este momento? Razona tu respuesta.

**9** **Folio giratorio.** ¿Conoces alguna reacción química, diferente de la que hemos mencionado en el texto, que suministre energía?

**10** ¿De dónde obtiene un muelle estirado la energía para recuperar su forma?

## 2.4 Energía elástica

Cualquier cuerpo elástico, como un muelle o una goma elástica tiene energía elástica cuando se encuentra estirado o comprimido. Esta energía es la que le permite recuperar su forma.

Gracias a esta energía funcionan algunos aparatos mecánicos, como los relojes de cuerda, y también se puede utilizar para impulsar objetos, como ocurre, por ejemplo, en un arco.

## 2.5 Energía térmica

Como sabes, la materia está formada por partículas. La teoría cinético-molecular de la materia nos dice que estas partículas no están quietas, sino que están en continuo movimiento. En los cuerpos sólidos se encuentran vibrando en torno a un punto de equilibrio; en los líquidos, se deslizan unas sobre otras; y en los gases se mueven con movimiento rectilíneo, muy separadas unas de otras, salvo cuando chocan entre ellas o con las paredes del recipiente.

Así, cada partícula tiene energía de movimiento, es decir, energía cinética, y por tanto, todo sistema material contiene una determinada cantidad de energía debido a las energías cinéticas de todas las partículas que lo forman. Esta energía se denomina *energía térmica,* $E_T$.

La **energía térmica** de un sistema material es la suma de todas las energías cinéticas de las partículas que constituye dicho sistema material.

Todo sistema material tiene energía térmica, ya que sus partículas siempre se están moviendo. Cuanto más energético sea el movimiento de las partículas, o mayor sea el número de estas, mayor será la energía térmica que contiene el sistema material.

**Trabaja con las imágenes**

Observa las imágenes de abajo en la que se representa una misma sustancia en sus tres estados. ¿En qué estado contiene más energía térmica? ¿Y en cuál menos?

### Representación de las partículas de un sistema material en los tres estados de la materia

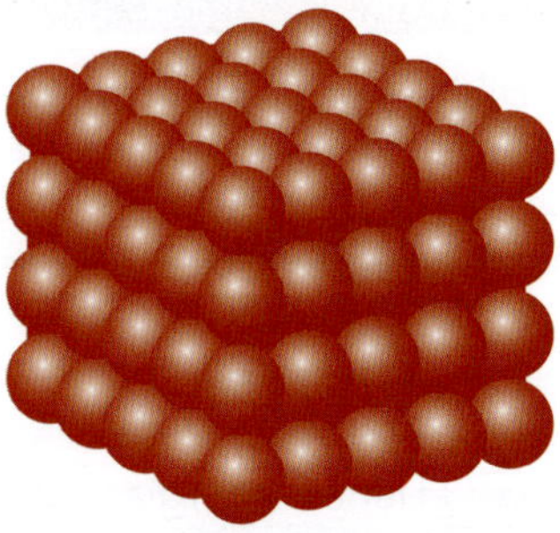

Cuando una sustancia se encuentra en estado sólido, sus partículas se mueven relativamente poco y no son capaces de vencer las fuerzas de atracción existente entre ellas. Por eso, se mueven oscilando alrededor de un punto de equilibrio.

Si a esas mismas partículas se les proporciona más energía, podrán moverse más rápido, y vencer, en cierto grado, las fuerzas de atracción entre ellas, consiguiendo desplazarse unas con respecto a otras. Se encontrará en estado líquido.

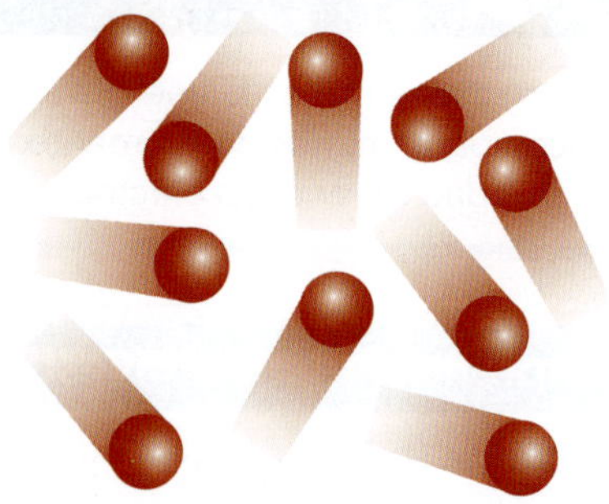

Si se les da más energía se mueven tan rápido que vencen las fuerzas de atracción y se separan unas de otras, moviéndose en línea recta, chocando entre ellas o con las paredes del recipiente que las contiene. Se encontrará en estado gaseoso.

## 2.6 Energía nuclear

En el átomo se encuentra una zona extraordinariamente pequeña, el núcleo, que puede experimentar cambios.

La energía nuclear es la energía almacenada en los núcleos atómicos y que se pone de manifiesto en los cambios nucleares.

La cantidad de energía almacenada en los núcleos es enorme. Por eso, en los procesos nucleares se desprenden o absorben cantidades terribles de energía. Básicamente, encontramos dos tipos de cambios nucleares:

### Fisión nuclear

Es un proceso en el que el núcleo de un átomo pesado, como el uranio o el plutonio, se rompe en dos distintos, obteniéndose dos núcleos de elementos diferentes. En este proceso se desprende parte de la energía nuclear mediante partículas lanzadas a altas velocidades y radiación muy energética, que resultan peligrosas para la vida, ya que rompen y alteran las células.

### Fusión nuclear

Es el proceso mediante el cual dos núcleos de átomos ligeros, como son los del hidrógeno o del helio, se unen para dar un núcleo más pesado. En el proceso se desprenden enormes cantidades de energía, pero se requieren temperaturas de algunos millones de grados Celsius. Es la temperatura del interior de las estrellas, como el Sol. Como no produce residuos radiactivos, es una fuente de energía candidata a ser la energía del futuro.

### Energía nuclear

En las actuales centrales nucleares se fisionan átomos de uranio o plutonio, extrayendo la energía nuclear y transformándola en energía eléctrica.

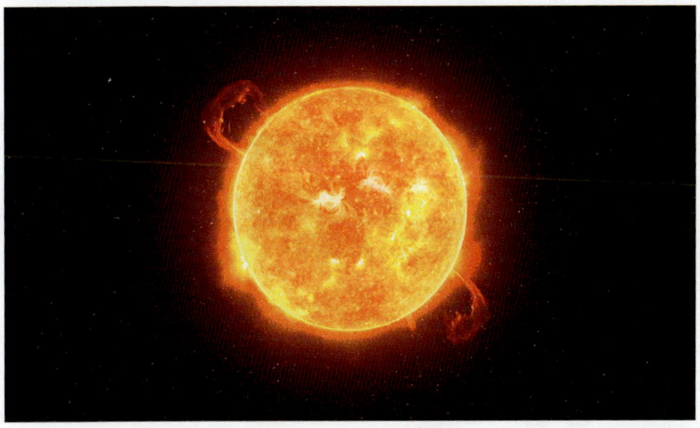

La alta temperatura del Sol y, en general, de las estrellas provoca que los átomos de hidrógeno se muevan a altas velocidades y colisionen entre sí, fusionándose, y formando átomos de helio.

### Comprende, piensa, investiga...

**11** Explica si un trozo de plastilina deformado tendrá energía elástica.

**12** Realiza un razonamiento con el cual demuestres que un muelle tiene más energía elástica cuanto más estirado esté.

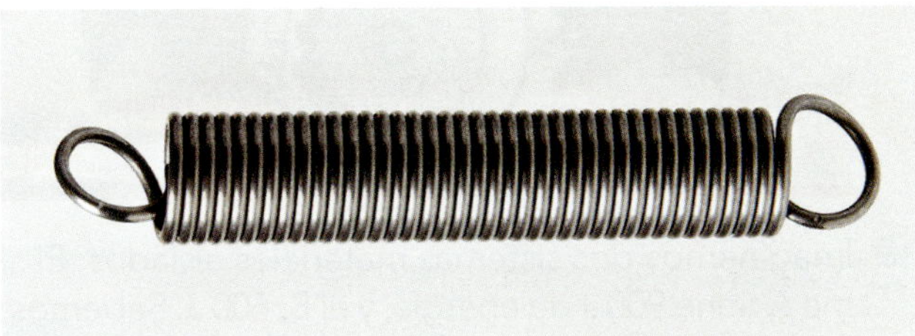

**13** **¿Qué te hace decir eso?** ¿Qué tendrá más energía térmica, un cubito de hielo, o el agua líquida que queda después de derretirse completamente?

**14** ¿Qué crees que tendrá más energía térmica? Razona la respuesta.

a) ¿Un tornillo a 10 °C, o el mismo tornillo a 11 °C?

b) ¿Una tuerca pequeña a 15 °C, o una grande a la misma temperatura, ambas de hierro?

**15** ¿Dónde crees que hay más energía térmica, en un clavo al rojo vivo o en el agua del mar Mediterráneo? Razona tu respuesta.

## Formas de transferir energía

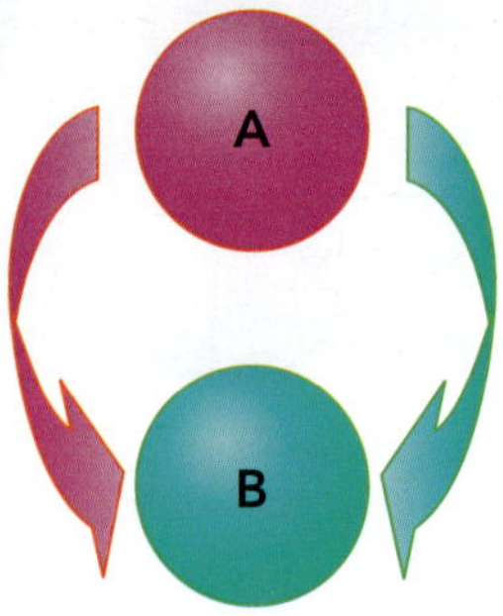


Si el sistema material A le transfiere energía al sistema B, sólo puede ocurrir mediante trabajo o calor.

Al empujar una carretilla se produce una transferencia de energía mediante trabajo desde la persona a la carretilla.

## 3.1 Maneras en las que se transfiere la energía

Ya hemos dicho que la energía puede pasar de un sistema material a otro, es decir, se transfiere. Ahora veremos que esta transferencia solo puede ocurrir de dos maneras (imagen izquierda):

### Mediante calor

Ocurre cuando dos sistemas materiales están a distinta temperatura. Se produce un tránsito de energía del más caliente al más frío. A esta transferencia de energía la denominamos calor.

Por nuestra experiencia diaria sabemos que los cuerpos calientes se enfrían mientras que calientan los fríos; el plato de sopa se enfría calentando la mesa y el aire de encima. En términos energéticos, diremos que los cuerpos calientes pierden energía térmica, y los fríos la ganan. Evidentemente se transfiere energía térmica del sistema más caliente al más frío. Así, denominamos calor a esta energía en tránsito. Luego, no debemos decir que los cuerpos tienen calor, sino que transfieren energía mediante calor.

### Mediante trabajo

Se produce cuando un sistema material aplica una fuerza a otro, y con ella consigue desplazarlo o deformarlo. A esta energía que pasa de un sistema material a otro, la denominamos trabajo.

Si una persona empuja una mesa y la mueve de un sitio a otro, la energía cinética que adquiere la mesa proviene de la persona, que mediante la realización de una fuerza sobre la mesa ha conseguido transmitirle parte de su energía.

Las fuerzas de rozamiento de los objetos con el suelo producen trabajo negativo en los cuerpos, haciendo que su energía cinética disminuya y terminen parándose; transforman la energía cinética en térmica, calentando las superficies de contacto. A estas fuerzas se las denomina **fuerzas disipativas.**

### Comprende, piensa, investiga...

**16** **Lápices al centro.** Indica en qué energía se transforma, y mediante qué tipo de transferencia:

a) La energía térmica de una roca caliente, que se enfría al aire libre.

b) La energía química de los músculos de una persona que levanta unas pesas.

c) La energía térmica de una estufa que calienta una habitación.

d) La energía cinética que una bola de billar comunica a otra con la que choca.

e) La energía potencial gravitatoria de una piedra que va cayendo por un barranco.

f) La energía elástica de la cuerda de un arco al lanzar una flecha.

**17** Cuando un cuerpo en movimiento frena por el rozamiento, se calientan las partes que han rozado. ¿Qué crees que sucede después con esas partes más calientes?

**18** Imaginemos dos sistemas materiales aislados. El sistema A tiene 900 J de energía, y el B, 600 J. Sabemos que A realiza un trabajo de 400 J sobre B, pero finalmente comprobamos que el sistema B tiene una energía de 800 J. ¿Crees que los sistemas A y B se encontraban a la misma temperatura? Justifica tu respuesta.

¿Conoces el grado de ingeniería mecánica? En **anayaeducacion.es** encontrarás un documento con el que podrás informarte más acerca de este grado.

## 3.2 Conservación de la energía mecánica

En muchos fenómenos cotidianos, se observan transformaciones de energía cinética en potencial, y viceversa, pero la existencia de rozamientos hace que estas transformaciones no sean completas, ya que, se pierde parte de la energía mecánica en calentar las zonas rozadas. Así, podemos establecer que:

En **ausencia de fuerzas disipativas,** la **energía mecánica** de un sistema permanece **constante.**

Por tanto, si no hay rozamientos en un cuerpo en movimiento la energía cinética se puede transformar en potencial, y viceversa, sin pérdidas de energía mecánica.

Como toda ley física, este principio de conservación se puede expresar en lenguaje matemático.

Así, si un cuerpo, en un instante determinado, *A*, tiene una energía cinética $E_{c_A}$ y una energía potencial $E_{p_A}$, y en un instante posterior, *B*, tiene una energía cinética $E_{c_B}$ y una energía potencial $E_{p_B}$, el principio de conservación de la energía mecánica adopta la forma:

$$F_{\text{disipativas}} = 0 \Rightarrow E_m = \text{constante} \Rightarrow$$

$$E_{m_A} = E_{m_B} \Rightarrow \boxed{E_{c_A} + E_{p_A} = E_{c_B} + E_{p_B}}$$

El principio de conservación de la energía mecánica es muy útil para estudiar fenómenos cotidianos siempre que se puedan despreciar las fuerzas disipativas, como se muestra en el siguiente ejercicio resuelto.

### Ejercicio resuelto

**2 Un cuerpo de 50 kg está en la azotea de un edificio de 25 m de altura. Si se deja caer libremente, ¿con qué rapidez llegará al suelo si despreciamos el rozamiento con el aire?**

Puesto que en este fenómeno la fuerza de rozamiento con el aire se puede despreciar, podemos aplicar el principio de conservación de la energía mecánica.

Si utilizamos el subíndice *A* cuando está en la azotea, y el subíndice *B* cuando llega al suelo:

$$E_{c_A} + E_{p_A} = E_{c_B} + E_{p_B}$$

Pero en la azotea, justo antes de soltarlo, el cuerpo no tiene energía cinética ($E_{c_A} = 0$), y cuando va a chocar contra el suelo, no tiene energía potencial ($E_{p_B} = 0$). Por tanto, obtenemos que:

$$E_{p_A} = E_{c_B} \Rightarrow m \cdot g \cdot h_A = \frac{1}{2} \cdot m \cdot v_B^2 \Rightarrow$$

$$v_B = \sqrt{\frac{2 \cdot m \cdot g \cdot h_A}{m}} = \sqrt{2 \cdot g \cdot h_A}$$

Si sustituimos los datos del enunciado:

$$v_B = \sqrt{2 \cdot 9{,}8 \frac{\text{m}}{\text{s}^2} \cdot 25\,\text{m}} = \sqrt{490 \frac{\text{m}^2}{\text{s}^2}} \Rightarrow$$

$$v_B = 22{,}14\,\text{m/s}$$

Observa que no hemos necesitado el valor de la masa del cuerpo, lo que nos da a entender que cualquier cuerpo, en el que los efectos de rozamiento sean despreciables, cae siempre igual. Si hubiéramos considerado la fricción con el aire el resultado hubiera variado ligeramente, y sin embargo, los cálculos se habrían complicado considerablemente.

### Comprende, piensa, investiga...

**19** **Piensa y comparte en pareja.** Explica qué significa la expresión:

$$E_{C_0} + E_{P_0} + E_{C_f} + E_{P_f}$$

en la que los subíndices «0» y «f» se refieren a dos estados cualesquiera de un cuerpo en movimiento. Enuncia la ley física a la que se refiere esta expresión matemática.

**20** Un cuerpo se mueve por una carretera que tiene rozamiento. ¿Podríamos aplicar el principio de conservación de la energía mecánica? ¿Qué requisitos se han de cumplir para poder aplicarla?

**21** La energía potencial de un cuerpo aumenta en 50 J. Si no hay rozamiento, ¿qué cantidad de energía cinética ha transformado?

**22** Si despreciamos el rozamiento con la vía, ¿con qué rapidez llegará la vagoneta al punto 2? ¿Tendrá energía suficiente para superar la siguiente subida? ¿Y si hay rozamiento?

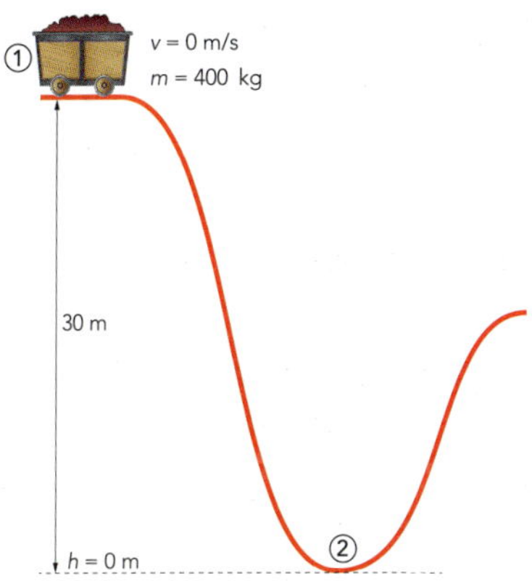


En **anayaeducacion.es** encontrarás una simulación en que podrás comprobar la conservación de la energía mecánica.

# 4 ONDAS MECÁNICAS

## 4.1 ¿Qué son las ondas?

Si imaginamos un corcho flotando en un estanque, tenemos dos maneras de hacer que se mueva. Podríamos lanzarle piedrecitas y golpearlo; de esta forma, parte de la energía cinética de las piedras pasará al corcho y hará que se mueva. Pero también podríamos meter las manos en el estanque y producir una ola que llegue al corcho, y haga que se mueva también.

Como ves, en las dos experiencias hemos comunicado energía al corcho; en la primera ha habido transporte de materia, las piedras, mientras que, en la segunda, no. Cuando movemos el agua para producir una ola, el agua que pone en movimiento el corcho es la que estaba inicialmente con él, no hay transporte de materia.

Así, hemos provocado una perturbación que se ha transmitido hasta el corcho, sin transporte de materia. Hemos transmitido energía mediante una onda.

Una **onda** es la **propagación de una perturbación** que se genera en un punto del espacio, llamado foco emisor, **con transporte de energía pero sin transporte de materia.**

Otro ejemplo de onda es cuando sujetamos un extremo de una cuerda atada a la pared y agitamos el extremo hacia arriba y hacia abajo. La perturbación que originamos en este último extremo de la cuerda (el foco emisor) se propaga a través de la misma, haciendo que cada punto de esta inicie un movimiento de oscilación al mismo ritmo.

Una onda se describe mediante magnitudes como la **amplitud, longitud de onda** o **periodo.**

**Trabaja con la imagen**

Dibuja una onda en una cuerda que tenga mayor amplitud y menor longitud de onda que la representada en la imagen.

Argumenta si la energía que transporta la onda que has dibujado es mayor o menor que la de la imagen.

### Ondas en una cuerda. Características

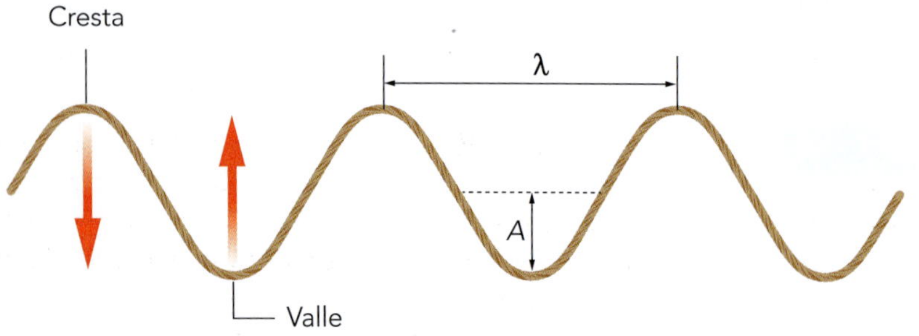


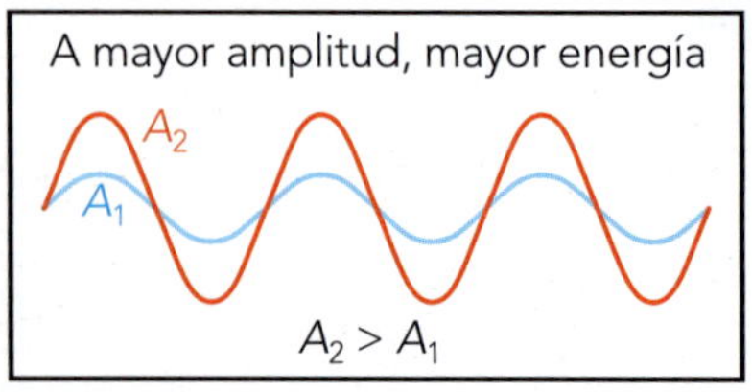


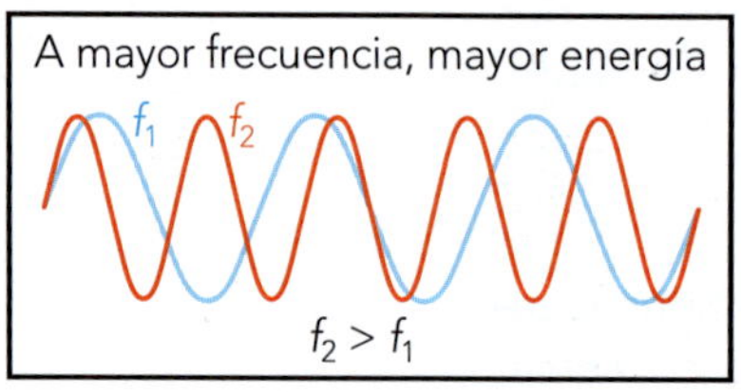


Los puntos de la cuerda suben y bajan, pero no se desplazan en la horizontal (hay transporte de energía, pero no de materia). A los puntos más altos se los denomina crestas, y a los más bajos, valles.

La propiedad que caracteriza una onda es su frecuencia (o su periodo), ya que esta no depende del medio por el que se propague.

- **Amplitud (*A*).** La máxima separación de los puntos que oscilan respecto de su posición de equilibrio. Su unidad SI es el **metro**, m.
- **Longitud de onda (*λ*).** Es la distancia entre dos crestas, o entre dos valles, consecutivos. Su unidad SI es el **metro**, m.
- **Periodo (*T*).** Tiempo que tarda un punto en describir una oscilación completa. También es el tiempo que tarda una cresta en recorrer un espacio igual a una longitud de onda. Su unidad SI es el **segundo**, s.
- **Frecuencia (*f*).** Es el número de oscilaciones que da un punto de la cuerda en un segundo. Es la magnitud inversa al periodo ($f = 1/T$). Su unidad SI es el **hercio,** Hz, que significa «oscilaciones por segundo» ($Hz = 1/s$).
- **Velocidad de propagación (*v*).** Es la velocidad a la que se propaga la perturbación, y depende del medio por el que viaje. Se cumple que $v = \lambda \cdot f$.

En **anayaeducacion.es** encontrarás una simulación sobre las ondas en una cuerda.

## 4.2 Tipos de ondas

Podemos clasificar las ondas según dos criterios:

### Según la dirección de vibración y propagación

Según este criterio, las ondas se clasifican en:

- **Ondas transversales.** Aquellas en las que la **dirección de vibración es perpendicular a la de propagación.**
- **Ondas longitudinales.** Aquellas en las que la **dirección de vibración** es **paralela a la de propagación.**

Pueden existir ondas que sean mezcla de longitudinales y transversales, como las ondas sísmicas.

### Según su naturaleza

Atendiendo a este criterio, pueden ser:

- **Ondas mecánicas.** También llamadas ondas materiales; son aquellas en las que lo que vibra es la propia materia. Para su propagación se necesita un medio material.
- **Ondas electromagnéticas.** En las ondas electromagnéticas lo que oscila no es la materia, sino electricidad y magnetismo. **Pueden propagarse por cualquier medio material e incluso por el vacío.** La luz es una onda de esta naturaleza. Son transversales.
- **Ondas gravitatorias.** Son ondas transversales, descubiertas recientemente. Lo que vibra en ellas es el propio espacio y tiempo.

### Ondas transversales y longitudinales

**Ondas transversales**

Si hacemos oscilar sucesivamente hacia arriba y hacia abajo un extremo de un muelle o de una cuerda, las partículas del medio (el muelle o la cuerda) se mueven también hacia arriba y hacia abajo, pero la onda se desplaza en la horizontal. Se genera así una onda transversal.

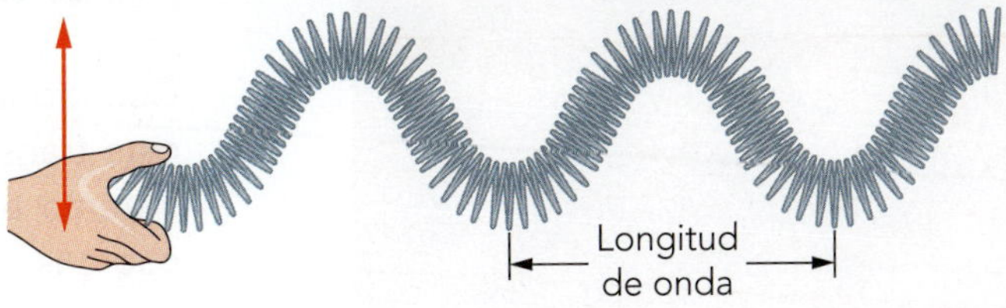


Otro ejemplo frecuente de onda transversal es la que se produce en la superficie del agua al lanzar un objeto sobre ella.

**Ondas longitudinales**

Si en lugar de mover el extremo hacia arriba y hacia abajo lo hacemos hacia la derecha e izquierda, las partículas del medio vibran en la dirección, y la onda se propaga también en la misma dirección. Se genera así una onda longitudinal.

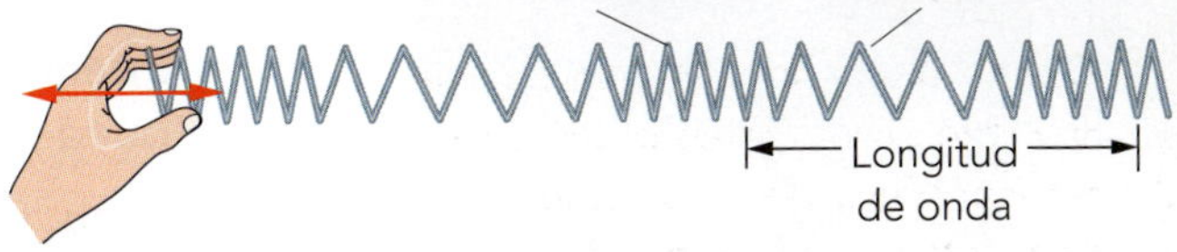


En ambos casos, las partículas no se desplazan con la onda, sino que oscilan en torno a un punto de equilibrio.

### Comprende, piensa, investiga...

**23** A partir de las unidades del SI de la longitud de onda ($\lambda$) y del período ($T$), ¿qué relación crees que habrá entre ellas y la velocidad de propagación ($v$)?

**24** **Solución a cuatro.** Explica por qué las ondas que se producen en la superficie del agua son transversales. ¿Qué podrías hacer para comprobarlo? Describe con detalle la experiencia que diseñarías.

**25** Busca en Internet dónde y cuándo se detectaron por primera vez las ondas gravitatorias.

**26** Cuando en 1969 el ser humano pisó por primera vez la Luna, en la Tierra recibimos tanto imágenes como sonido del evento. ¿Qué tipo de ondas se utilizaron para la comunicación entre la Tierra y la Luna? Razona tu respuesta.

# 5 SONIDO

## 5.1 Generación y percepción del sonido

Cuando un objeto vibra, por ejemplo, cuando se golpea la membrana de un tambor, la oscilación de sus partículas se transmite a las del aire que lo rodea produciendo una **onda longitudinal:** la **onda sonora.**

El **sonido** es una percepción que se produce cuando nos llega una onda sonora.

Cuando la onda alcanza nuestro tímpano lo hace vibrar, y la vibración de este transmite una señal al nervio auditivo a través de nuestro complejo sistema auditivo (figura inferior). Cuando hablamos, hacemos vibrar las cuerdas vocales y estas transmiten su vibración a las partículas de aire.

Si no hay partículas de aire, o cualquier otro medio, que transmita la vibración, el sonido no podrá propagarse. De ahí que sea una **onda mecánica,** pues necesita un medio material (sólido, líquido o gaseoso) para propagarse y, por tanto, **no se propaga por el vacío.**

## 5.2 Cualidades del sonido

Cada sonido queda caracterizado por tres cualidades, de manera que dos sonidos con las tres iguales son indistinguibles:

- **Intensidad.** En términos cotidianos lo conocemos como **volumen.** Se puede medir en **decibelios, dB.**
- **Tono.** El tono está relacionado con la frecuencia de la onda sonora. Las frecuencias más bajas corresponden a sonidos **graves,** y las más altas, a **agudos.** El oído humano puede percibir sonidos cuyas frecuencias están comprendidas entre 20 Hz y 20 000 Hz.
- **Timbre.** Es la cualidad que nos hace distinguir dos sonidos de igual tono e intensidad emitidos por diferentes instrumentos. Las ondas sonoras producidas por cada uno tienen diferentes ondulaciones, que hacen que las oigamos de manera distinta, distinguiendo si se trata de una guitarra, una trompeta o una voz.

**Trabaja con las imágenes**

Dibuja dos ondas sonoras de modo que una corresponda a un sonido grave, y la otra a uno agudo.

### Generación y percepción del sonido

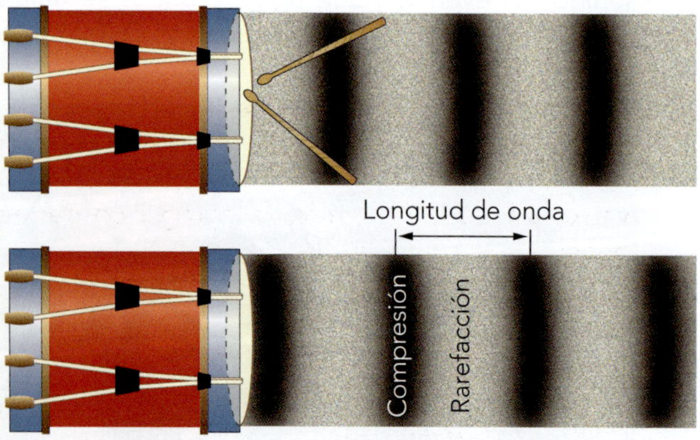


Al gopear la membrana del tambor, esta vibra, y la vibración se transmite a las partículas de aire generando una onda sonora.

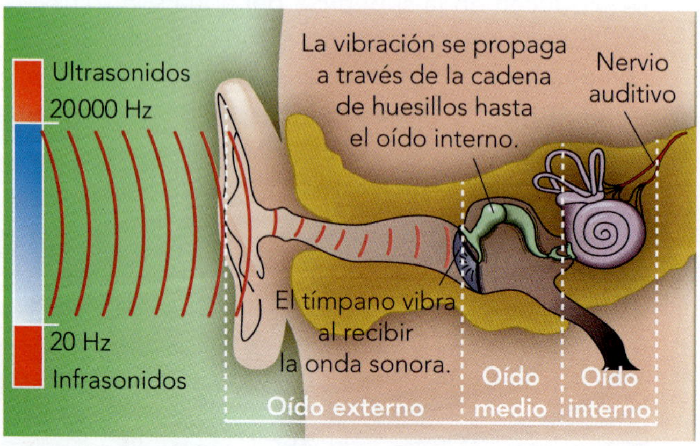


Cuando la onda alcanza nuestro oído hace vibrar el tímpano. El oído humano no percibe los **infrasonidos** ($f < 20$ Hz) ni los **ultrasonidos** ($f > 20000$ Hz).

## 5.3 Eco y reverberación

Un fenómeno característico de todas las ondas, y en particular del sonido, es la **reflexión.**

Imagina que hablas frente a una pared. Cuando el sonido la alcanza, parte de la energía se transmite a través de la pared (alguien al otro lado puede oírte) y parte rebota en ella o, en otras palabras, se refleja en la pared, volviendo hacia ti:

- Si al volver el sonido lo escuchamos diferenciándolo del emitido inicialmente, decimos que se ha producido **eco.**
- Si llega tan pronto que nuestro oído lo entremezcla con el emitido, escuchándose un único sonido amplificado, lo denominamos **reverberación.**

### Eco y reverberación

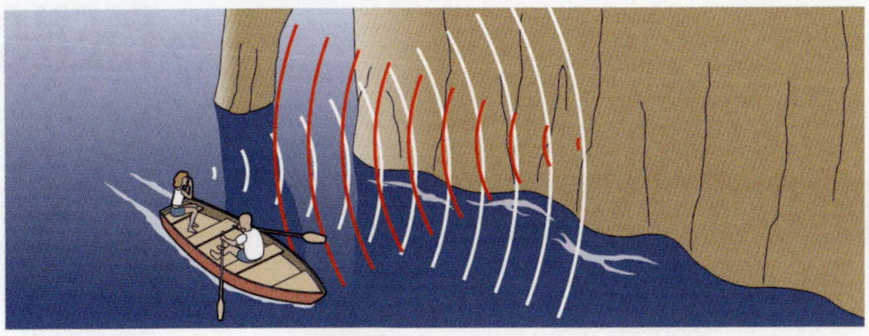

El oído humano puede diferenciar dos sonidos siempre que le lleguen separados por, al menos, 0,1 segundos. Como el sonido viaja en el aire a 340 m/s, en ese tiempo recorre:

$$e = v \cdot t = 340 \frac{m}{s} \cdot 0,1\,s = 34\,m$$

Por tanto, si la pared en la que se refleja está a más de 17 m, se produce eco, y si la distancia es menor, reverberación.

## 5.4 Contaminación acústica

El exceso de ruido puede producir efectos nocivos, tanto fisiológicos como psicológicos.

> El término **contaminación acústica** hace referencia al **exceso de sonidos molestos** (ruido) provocado por las actividades humanas.

Por ejemplo, los sonidos con intensidad superior a 120 dB pueden provocar daños en el tímpano. Pero también una exposición prolongada a sonidos de intensidad inferior, como tráfico, ladridos de perros, obras, etc., produce cansancio mental, depresión, ansiedad, dolor de cabeza, bajo rendimiento en el estudio, etc.

En el cuadro de la derecha puedes observa la escala de niveles sonoros medios más comunes.

**NIVELES SONOROS (VALORES MEDIOS)**

| Intensidad (dB) | Sonido |
|---|---|
| 0 | Umbral de audición |
| 10 | Respiración normal |
| 20 | Conversación en voz baja |
| 40 | Conversación normal |
| 60 | Conversación en voz alta |
| 100 | Tren |
| 110 | Discoteca |
| 120 | Avión despegando (umbral de dolor) |
| 140 | Concierto de rock |
| 180 | Explosión |

### Comprende, piensa, investiga...

**27** **Círculo de puntos de vista.** En las películas de ciencia ficción en las que aparecen naves espaciales, se oyen los motores y los disparos procedentes de las mismas. ¿Es esto científicamente correcto?

**28** Explica la diferencia entre el eco y la reverberación.

**29** En el texto se ha proporcionado la velocidad con la que se propaga el sonido en aire. Busca la velocidad de propagación en agua y en acero, y relaciona estas velocidades con el estado de agregación del medio por el que se propaga.

# CIENCIA RECREATIVA

## TELÉFONO DE HILO

### PREPARA

Para poder hablar con alguien que esté lejos sin gritar (y sin usar un teléfono móvil, o similar), podríamos plantearnos que el sonido se transmitiese por un medio diferente al aire de la habitación; por ejemplo, un hilo.

Vamos a construir un teléfono de hilo, con el que podrás hablar con tus compañeros sin gritar, aunque estén lejos.

### NECESITAS

- Dos vasos de plástico (de yogur, helado, etc.), mejor cuanto más rígidos.
- Un clavo.
- Un palillo de dientes.
- Un hilo largo (al menos 4 m) y grueso.

### CONSTRUYE

Para construir el teléfono de hilo, sigue estos pasos:

- Con ayuda de un adulto, calienta el clavo y haz un pequeño agujero en el centro del fondo de cada vaso (cuanto más se ajuste al grosor del hilo, mejor)
- Pasa cada extremo del hilo por uno de los agujeros que acabas de hacer.
- Ata un trozo de palillo en cada extremo del hilo, de manera que los vasitos queden perfectamente unidos al tensarlo.

La figura derecha muestra cómo debe quedar el teléfono.

### EXPERIMENTA Y REFLEXIONA

Ha llegado el momento de experimentar con el teléfono y, como siempre, de reflexionar sobre lo que ocurre. Para ello:

- Pide a alguien que sostenga uno de los vasos en la mano y que hable en su interior, sin levantar la voz, y acerca el otro vaso a tu oreja manteniendo el hilo tenso. ¿Puedes escuchar algo?
- Sin dejar de hablar, afloja la tensión de la cuerda. ¿Qué sucede?
- Pide a alguien que toque la cuerda mientras estáis hablando por el «teléfono». ¿Qué ocurre?
- ¿Puedes utilizar el teléfono alrededor de una esquina? ¿Qué ocurre cuando el hilo toca la pared?
- Crees que podríamos dar al hilo la longitud que quisiéramos.

# TRABAJO PRÁCTICO

## ¿DE QUÉ DEPENDE LA ENERGÍA MECÁNICA?

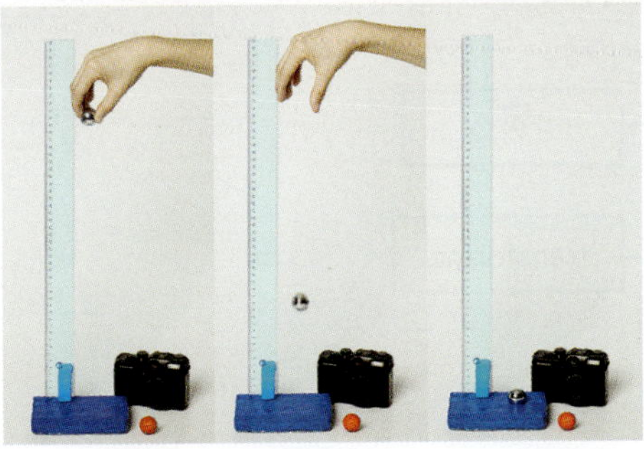

### TABLA DE DATOS

En cada celda sombreada tienes que indicar si la deformación es mayor (>) o menor (<) que las que hay junto a ella, al analizar las fotografías.

| | Alturas en centímetros (cm) | | | | | | | | |
|---|---|---|---|---|---|---|---|---|---|
| 1 | 10 | | 20 | | 30 | | 40 | | 50 |
| | | | | | | | | | |
| 2 | 10 | | 20 | | 30 | | 40 | | 50 |

### PLANTEAMIENTO DEL PROBLEMA

Determinar experimentalmente de qué magnitudes físicas depende la energía mecánica de un objeto.

### TU PROPUESTA

Antes de continuar, y teniendo en cuenta la definición de energía y las expresiones matemáticas de la energía cinética y potencial, diseña una experiencia con la que podrías dar respuesta al problema planteado. Si puedes, llévala a la práctica y extrae conclusiones.

### NUESTRA PROPUESTA

La energía se ha definido como la capacidad de producir cambios, y será en esta definición en la que basaremos nuestra propuesta.

Un cambio frecuente en nuestro entorno son las deformaciones, por lo que si un cuerpo tiene más energía que otro será capaz de producirlas en mayor medida.

Vamos a comparar las deformaciones que producen dos objetos de la misma forma y masa diferente cuando caen sobre un trozo de plastilina desde diferentes alturas.

### MATERIAL

- Plastilina
- Dos esferas del mismo tamaño y masas diferentes
- Regla de al menos 50 cm
- Cámara de fotos.

### ORIENTACIONES PARA LA REALIZACIÓN DE LA EXPERIENCIA

- Deja caer una de las esferas desde, por ejemplo, 10 cm, 20 cm, 30 cm, 40 cm y 50 cm, y haz fotografías de las deformaciones que produce.
- Asegúrate de que siempre mides la altura del mismo modo. Además, en cada lanzamiento, la esfera ha de caer sobre una superficie lisa de plastilina.
- Repite la experiencia desde las mismas alturas que en la propuesta inicial, pero usa la otra esfera y apunta el resultado.
- Organiza los datos de ambas experiencias en una tabla como la que se muestra en el cuadro de arriba a la izquierda.

### Extrae conclusiones...

1 Evalúa tu propuesta inicial.

2 A igualdad de masa, ¿qué relación hay entre la altura y la deformación?

3 A igualdad de altura, ¿qué relación hay entre la masa y la deformación?

4 ¿Qué transformaciones de energía tienen lugar durante la caída?

5 ¿Qué relación hay entre la altura y la velocidad de impacto?

6 Finalmente, ¿de qué magnitudes depende la energía mecánica?

7 Elabora una presentación de diapositivas sobre la experiencia en la que se incluya el planteamiento, el material, el procedimiento y los resultados de la experiencia.

Recuerda seleccionar el material de trabajo de esta unidad para tu **portfolio.**

# TRABAJA CON LO APRENDIDO

## ORGANIZO MI MENTE Mapa conceptual sistémico

**1 Resume información en un dibujo.** Representa en un dibujo el principio de conservación de la energía mecánica.

**2 Mapa conceptual.** Completa el mapa conceptual de abajo y amplíalo con otros contenidos de la unidad.

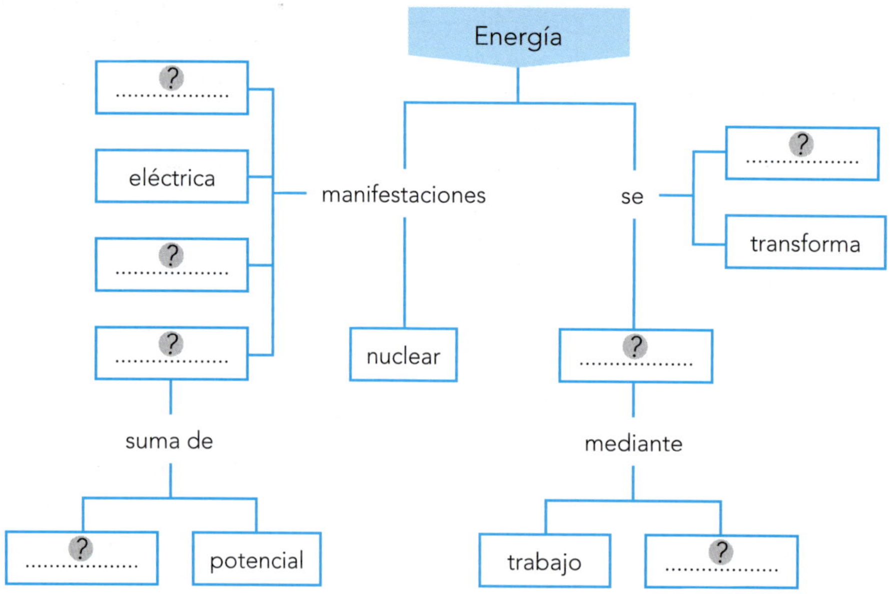


### Energía. Manifestaciones

**1** ¿Qué es la energía? ¿Cuándo se transforma?

**2** ¿Existe algún cuerpo, o sistema material, que no tenga energía? Razona tu respuesta.

**3** **Sumamos.** Indica todas las formas de energía que se manifiestan cuando encendemos una linterna y la mantenemos encendida cierto tiempo.

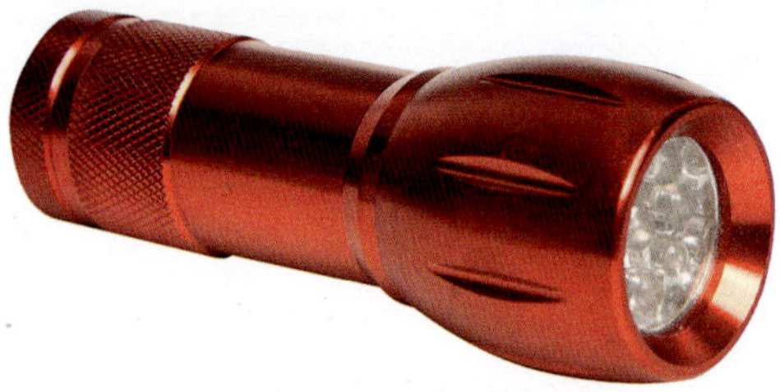

**4** ¿De qué magnitudes depende la energía cinética de un cuerpo? ¿Cuándo es cero su valor?

**5** ¿De qué magnitudes depende la energía potencial de un cuerpo? ¿Cuándo es cero su valor?

**6** La energía potencial de un cuerpo que se encuentra a 2 metros de la superficie lunar, ¿es la misma que si se encuentra a 2 metros de la superficie terrestre? Razona tu respuesta (si lo necesitas, busca información en Internet).

**7** ¿Qué energía cinética tiene un coche de 2,5 t que circula con una rapidez de 120 km/h? (1 t = 1 000 kg).

**8** Un saltador de esquí de 69 kg salta y alcanza 10,7 metros de altura. ¿Qué energía potencial tiene?

**9** ¿Cuál es la masa de un objeto que situado a 1 m del suelo tiene una energía potencial de 1 J?

**10** Analiza el enunciado y el resultado de la actividad anterior, y propón una definición de la unidad de energía del SI, el julio.

**11** Un automóvil de 1 350 kg marcha con rapidez constante de 108 km/h por un viaducto de 45 m de altura. ¿Cuánto vale su energía mecánica?

Recuerda que dispones de las soluciones de todas las actividades numéricas en **anayaeducacion.es**.

## Intercambios de energía

**12** El calor y el trabajo, ¿son formas de energía? ¿Los cuerpos los tienen?

**13** Como sabes, la energía se transfiere mediante calor y/o trabajo. ¿Cuál es la unidad del SI de estas dos magnitudes físicas?

**14** Formad grupos de cuatro personas y que cada uno escriba una frase en la que aparezca el término «energía» y otra con el término «calor». Después, analizad en grupo si estos términos se han utilizado correctamente desde un punto de vista físico. Finalmente, comunidad los resultados al resto de la clase.

**15** Reflexiona un momento sobre tu persona. ¿Qué transferencias de energía se están produciendo entre tu cuerpo y tu entorno? ¿Mediante calor, mediante trabajo? Ilustra tu respuesta con algunos ejemplos.

**16** Cuando un futbolista da una patada al balón, ¿hay transferencia de energía? En caso afirmativo, ¿mediante calor o mediante trabajo? Explícalo.

**17** Explica qué son las fuerzas disipativas. ¿En qué forma de energía transforman la energía mecánica?

**18** Un cuerpo de 15 kg de masa se encuentra en reposo a 10 m de altura:

a) Calcula sus energías cinética y potencial.

b) Comienza a caer y, en un instante dado, su energía cinética vale 470 J; si despreciamos el rozamiento con el aire, ¿cuánto vale en ese instante su energía potencial? ¿A qué altura se encuentra?

**19** Si despreciamos el rozamiento con el aire, ¿hasta qué altura llegará un objeto de 2 kg que se lanza desde el suelo a 36 km/h?

**20** **Lápices al centro.** Si se deja caer un balón de 200 g desde 1 m de altura, y cuando bota en el suelo alcanza una altura de 90 cm:

a) ¿Qué energía se ha disipado en el bote?

b) ¿Se ha conservado la energía?

c) ¿Y la energía mecánica?

d) ¿Qué ha ocurrido con la energía disipada?

## Ondas mecánicas. Sonido

**21** ¿Por qué el sonido no puede propagarse en el vacío?

**22** La velocidad de la luz en aire es de, aproximadamente, 300 000 km/s, y la del sonido, de 340 m/s. Utiliza estos valores para saber a qué distancia se encuentra una tormenta, una vez visto el relámpago y oído el trueno.

**23** Busca en Internet la forma de la onda sonora de diferentes instrumentos musicales. ¿Crees que podríamos decir que el timbre de un instrumento es su firma?

**24** La siguiente gráfica muestra la percepción de la intensidad y la frecuencia de la onda sonora por el oído humano.

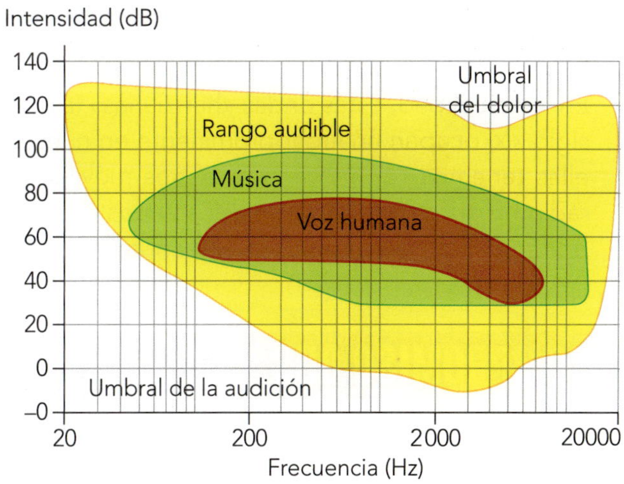


a) ¿Todos los tonos se empiezan a percibir al mismo volumen?

b) ¿Cuáles son las frecuencias y las intensidades de la voz humana?

c) En la gráfica solo se representan las frecuencias comprendidas entre 20 Hz y 20 000 Hz. ¿Significa eso que no existen sonidos de menor y mayor frecuencia?

**anayaeducacion.es** Consulta los apartados «Para estudiar» y «Aprende jugando» en el banco de recursos.

# 8

# ENERGÍA TÉRMICA

## El descubrimiento de las ondas de radio

La radiación electromagnética es la energía que se transmite a través del espacio en forma de ondas electromagnéticas. De estas sabemos que en el vacío se propagan a la velocidad de la luz y que su velocidad de propagación se reduce en cualquier medio material, pero ¿quién la descubrió?

Este hallazgo se sitúa en el siglo XIX y, como siempre, su descubrimiento fue posible gracias a la contribución previa de otros científicos. Así, el hecho de que B. H. Hertz (1857-1894) descubriera las ondas de radio (un tipo de onda electromagnética) en 1887, quien paralelamente ideó medios para producirlas y detectarlas, se debe a la teoría matemática que J. C. Maxwell propuso veinte años antes. Concretamente, Maxwell dedujo un sistema de ecuaciones que describían la estructura de la electricidad y el magnetismo y explicaban la relación entre ambos. La interpretación de su teoría matemática le llevo a predecir la existencia de un proceso cíclico que podría generar una onda electromagnética capaz de propagarse en el espacio. En un principio, estas hipótesis fueron descartadas por la comunidad científica, pero tras los experimentos y hallazgos de Hertz fueron recuperadas y confirmadas.

En la actualidad, estas ondas «hertzianas» (así las llamaron durante el siglo XIX) ocupan un lugar prominente en nuestro día a día. Gracias a ellas tenemos cobertura en nuestros móviles, podemos escuchar la radio en el coche, utilizar el *wifi* en nuestra tableta, conectar el ratón por *bluetooth* al portátil o calentar nuestra comida en el microondas.

## COMPROMISO ODS

ODS

El 5G se asentó en España en 2020, y de este nuevo avance tecnológico se espera que incremente la velocidad y volumen de transmisión de datos entre dispositivos móviles, así como el ahorro de energía.

**1** **Piensa y comparte en pareja.** Revisa las **metas 9.1** y **9.c** de los ODS y reflexiona sobre el impacto (aspectos positivos y negativos) del 5G en ellas.

**2** En 2018, Ecologistas en Acción elaboró un informe en el que recogía algunos de los efectos negativos que podría tener el 5G en la salud y el medioambiente. Recabad más información sobre estos efectos, elegid una meta de los ODS relacionada con ellos y elaborad un esquema sobre sus implicaciones.

*Antes de empezar a estudiar esta unidad, consulta la presentación «Qué necesitas saber» en anayaeducacion.es.*

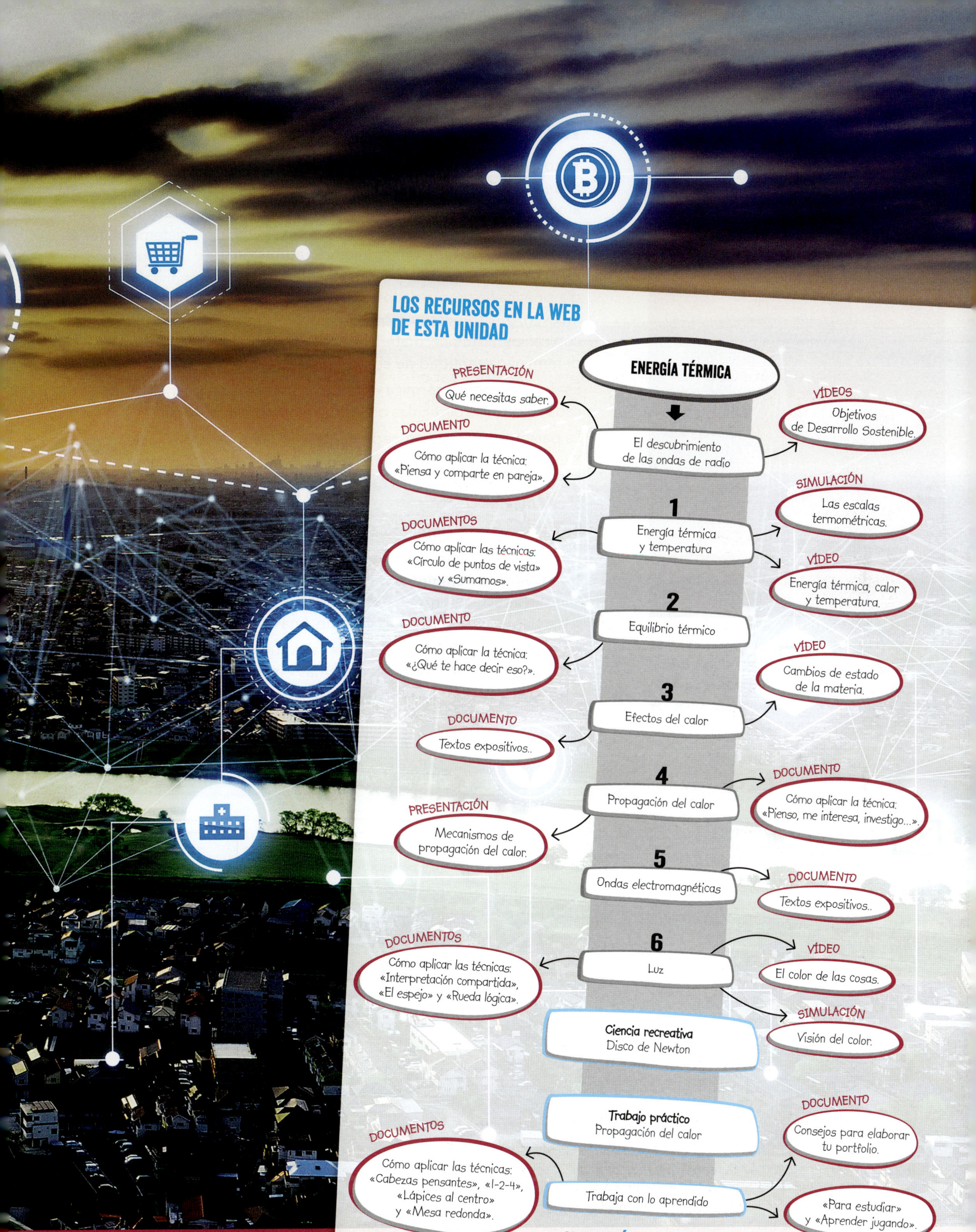

## LOS RECURSOS EN LA WEB DE ESTA UNIDAD

**ENERGÍA TÉRMICA**

**El descubrimiento de las ondas de radio**
- PRESENTACIÓN: Qué necesitas saber.
- DOCUMENTO: Cómo aplicar la técnica: «Piensa y comparte en pareja».
- VÍDEOS: Objetivos de Desarrollo Sostenible.

**1 Energía térmica y temperatura**
- DOCUMENTOS: Cómo aplicar las técnicas: «Círculo de puntos de vista» y «Sumamos».
- SIMULACIÓN: Las escalas termométricas.
- VÍDEO: Energía térmica, calor y temperatura.

**2 Equilibrio térmico**
- DOCUMENTO: Cómo aplicar la técnica: «¿Qué te hace decir eso?».

**3 Efectos del calor**
- VÍDEO: Cambios de estado de la materia.
- DOCUMENTO: Textos expositivos.

**4 Propagación del calor**
- DOCUMENTO: Cómo aplicar la técnica: «Pienso, me interesa, investigo...».
- PRESENTACIÓN: Mecanismos de propagación del calor.

**5 Ondas electromagnéticas**
- DOCUMENTO: Textos expositivos.

**6 Luz**
- DOCUMENTOS: Cómo aplicar las técnicas: «Interpretación compartida», «El espejo» y «Rueda lógica».
- VÍDEO: El color de las cosas.
- SIMULACIÓN: Visión del color.

**Ciencia recreativa**
Disco de Newton

**Trabajo práctico**
Propagación del calor

**Trabaja con lo aprendido**
- DOCUMENTOS: Cómo aplicar las técnicas: «Cabezas pensantes», «1-2-4», «Lápices al centro» y «Mesa redonda».
- DOCUMENTO: Consejos para elaborar tu portfolio.
- «Para estudiar» y «Aprender jugando».

**Y ADEMÁS...** Soluciones de todas las actividades numéricas

# 1 ENERGÍA TÉRMICA Y TEMPERATURA

## 1.1 Energía térmica

Recordemos que, según la teoría cinética de la materia (TCM), las partículas (que pueden ser átomos, como en el caso del hierro, o moléculas, como en el del agua) están en constante movimiento, al que denominamos **agitación térmica.** Por tanto, las partículas tienen energía cinética (la propia de los cuerpos cuando se mueven) y esto ocasiona que a escala macroscópica los sistemas materiales encierren una determinada cantidad de energía en su interior.

Llamamos **energía térmica** de un sistema material a la energía que tiene debido a la agitación térmica de las partículas que lo constituyen.

Es decir, la energía térmica es la suma de las energías cinéticas de todas y cada una de las partículas que forman el sistema material.

La palabra «térmica» procede del griego *thermos* que significa 'caliente'. Y evidentemente, según sabemos por la TCM, si se calienta un cuerpo sus partículas se mueven más rápido, por lo que la energía térmica aumenta al calentar los cuerpos.

En consecuencia, la energía térmica que tiene un sistema material depende de su temperatura y de su tamaño. De ahí que:

- Si dos sistemas materiales de la misma sustancia tienen el mismo número de partículas, tendrá más energía térmica aquel en el que la agitación térmica sea mayor (el más caliente, imagen inferior izquierda).
- Considerando dos sistemas materiales cuyas partículas se muevan con la misma agitación térmica, tendrá más energía térmica el que tenga más partículas (el más grande, imagen inferior derecha).

**Trabaja con las imágenes**

Haz un dibujo como los que se muestran más abajo de dos sustancias distintas, pero igual de calientes. ¿Se moverán igual de rápido ambos tipos de partículas?

### Energía térmica y cantidad de materia

**Energía térmica**

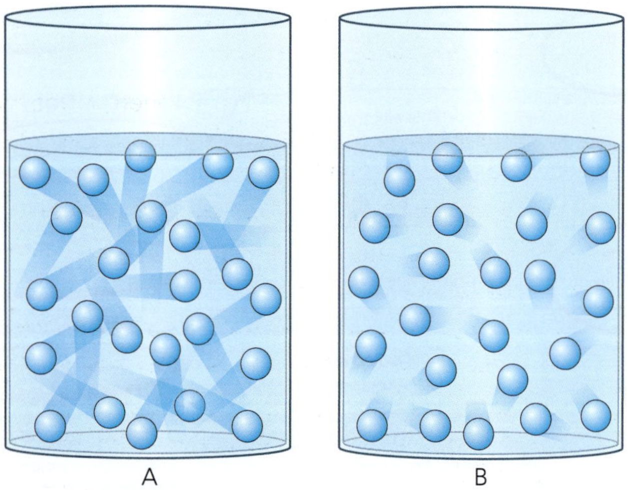


Si tomamos la misma cantidad de agua en dos vasos, A y B, uno con el agua más caliente que el otro, $T_A > T_B$, sabemos que la agitación térmica en el más caliente es mayor y que, por tanto, el del agua caliente tiene más energía térmica que el de agua fría.

**Energía térmica y cantidad de materia**

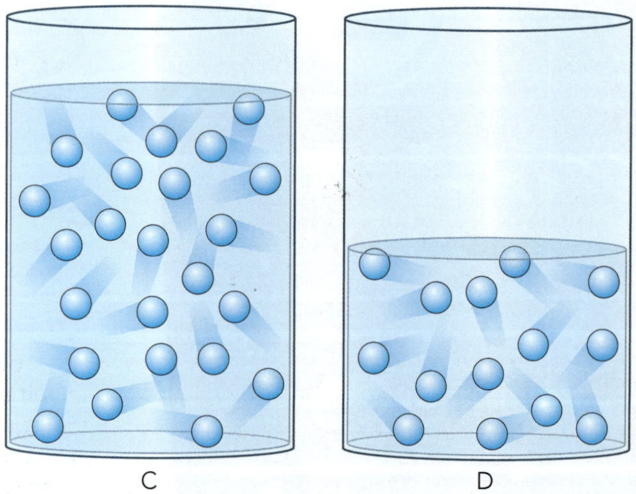


Si tomamos dos vasos de agua C y D de la misma fuente, uno más grande que el otro, C > D, el primero tendrá más energía térmica que el segundo, puesto que hay más partículas, aunque las partículas se muevan a la misma velocidad en ambos vasos.

En **anayaeducacion.es** dispones del vídeo «Energía térmica, calor y temperatura» para comprender mejor los conceptos de la unidad.

## 1.2 Temperatura

Cuando un sistema material se calienta, su energía térmica aumenta. Pero esto no nos permite determinar «lo caliente» que está, pues también depende de su tamaño. Para ello, necesitamos una magnitud que mida la agitación térmica media de las partículas: la temperatura.

> La **temperatura** es una magnitud que mide la energía cinética media de las partículas que forman un sistema.

Por tanto, la temperatura más baja a la que podría estar un sistema material sería aquella en la que sus partículas no se movieran, aunque, como has estudiado, es imposible esta situación. A esta temperatura le hemos asignado el valor cero en la **escala absoluta** de temperaturas, donde la temperatura se expresa en **kelvin,** K, que, como sabemos, es la unidad del SI.

En nuestra vida cotidiana utilizamos la escala **Celsius.** En ella, el valor cero se asigna a la temperatura de fusión el hielo, y el valor cien, a la de ebullición del agua. Por esta razón, la unidad en esta escala se conocía tradicionalmente con el nombre de **grado centígrado,** aunque su denominación correcta es grado Celsius (°C).

Existe otra escala de temperaturas utilizada tradicionalmente en los países anglosajones; se trata de la escala **Fahrenheit.** En esta escala, se asigna el valor 32 °F al hielo fundente, y 212 °F al agua en ebullición.

En la figura inferior puedes observar qué relación existe entre las tres escalas termométricas, en concreto, entre la centígrada y las otras dos.

### Escalas de temperatura

**Relación Celsius – Kelvin**

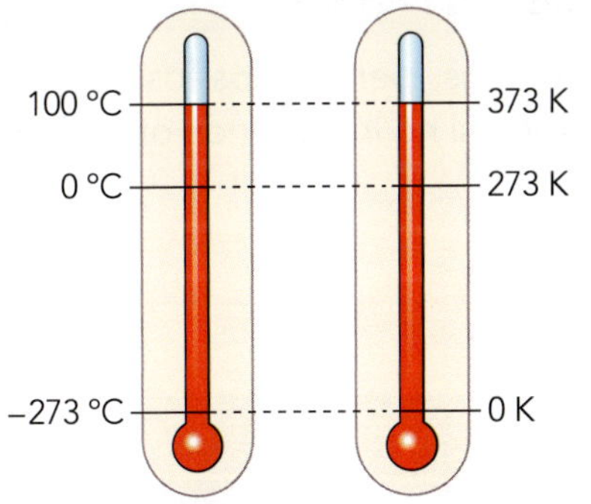


Como el cero absoluto, 0 K, ocurre a aproximadamente –273 °C, podemos escribir la siguiente relación:

$$T/\text{K} = T/°\text{C} + 273$$

**Relación Fahrenheit – Celsius**

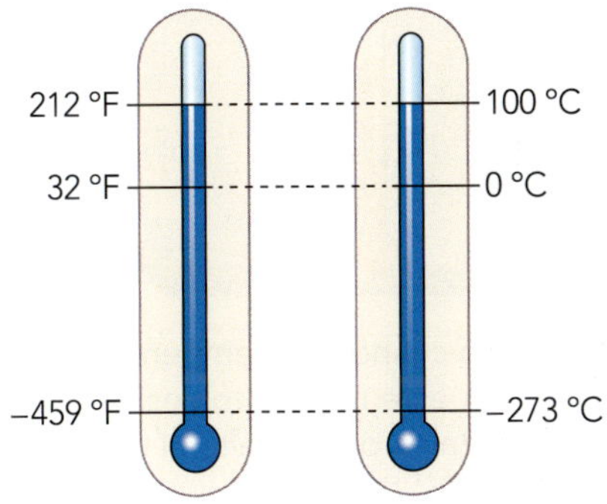


El «tamaño» del grado Fahrenheit es más pequeño que el del grado Celsius. Estas escalas se relacionan como sigue:

$$T/°\text{C} = \frac{5}{9} \cdot (T/°\text{F} - 32)$$

### Comprende, piensa, investiga...

**1** ¿Puede darse el caso de que un cuerpo, *A*, tenga más energía térmica que otro más caliente, *B*?

**2** La temperatura media de la superficie del planeta Marte es de 218 K. Expresa esta temperatura en grados Celsius y en grados Fahrenheit.

**3** **Círculo de puntos de vista.** Tenemos una moneda que está caliente porque estaba al sol y la tiramos a un estanque de agua fresca:

a) ¿Aumentará o disminuirá su energía térmica?

b) ¿Crees que el agua del estanque experimentará algún cambio en su energía térmica?

**4** Si tenemos un vaso de agua a 10 °C, ¿será correcto decir que la temperatura de sus moléculas es 10 °C?

**5** Hoy empiezas a trabajar en un hospital en EE. UU. Mides la temperatura de un paciente y obtienes 97,7 °F. ¿Tiene fiebre?

**6** **Sumamos.** Un neoyorquino prepara su maleta para viajar a España. Advierte en las predicciones meteorológicas que las temperaturas diurnas estarán sobre los 40 °C y, sin embargo, pone un abrigo en la maleta. Explica qué debe haber pasado.

En **anayaeducacion.es** puedes encontrar una simulación de las escalas termométricas. Dispones también de las soluciones de todas las actividades numéricas.

# 2 EQUILIBRIO TÉRMICO

## 2.1 Calor y equilibrio térmico

Un fenómeno que sin duda has observado en tu experiencia cotidiana es el hecho de que la sopa caliente se enfría mientras calienta los sistemas materiales de su alrededor, como el propio plato, la cuchara, la mesa y el aire cercano.

Se deduce de ello que puesto que la sopa va disminuyendo su energía térmica, y que los materiales de su alrededor la van aumentando, debe existir un flujo de energía térmica desde la sopa al plato, cuchara, etc. Este fenómeno se produce siempre y cuando los sistemas materiales a distinta temperatura se encuentren en **contacto térmico;** en esta situación se transfiere energía desde el sistema de mayor temperatura hacia el de menor.

Pero ¿qué es el contacto térmico? No es más que la disposición que deben tener los sistemas materiales para que sea posible el tránsito de energía térmica. No significa necesariamente que haya contacto físico, porque, por ejemplo, el Sol calienta la Tierra y está a 150 millones de kilómetros.

Así, llegamos a la siguiente definición:

> El **calor** es el tránsito de energía térmica desde un sistema material a otro de menor temperatura con el que se encuentra en contacto térmico.

Por consiguiente, en física, el calor, $Q$, es una magnitud que indica **energía en tránsito;** por tanto, su **unidad en el SI** es el **julio, J.** Nada tiene que ver con la palabra «calor» cuando hablamos de percepciones (por ejemplo, «hace calor»).

Hay que hacer notar que los cuerpos no tienen calor, sino energía térmica. El calor es esa energía térmica «viajando» hacia un cuerpo más frío.

> Cuando las temperaturas de los dos sistemas materiales se igualan, cesa el tránsito de energía entre ellos; se dice que se ha alcanzado el **equilibrio térmico.**

En unos casos se tarda más y en otros menos, pero todos los sistemas materiales tienden a alcanzar dicho equilibrio si no intervienen otros fenómenos energéticos (imágenes inferiores).

**Trabaja con las imágenes**

Haz los mismos dibujos de esta página, pero imaginándote que los marcadores de temperatura y energía térmica fuesen numéricos. Deberás inventarte los números, pero que sean coherentes con lo estudiado.

### Transferencia de energía térmica

**Calor**

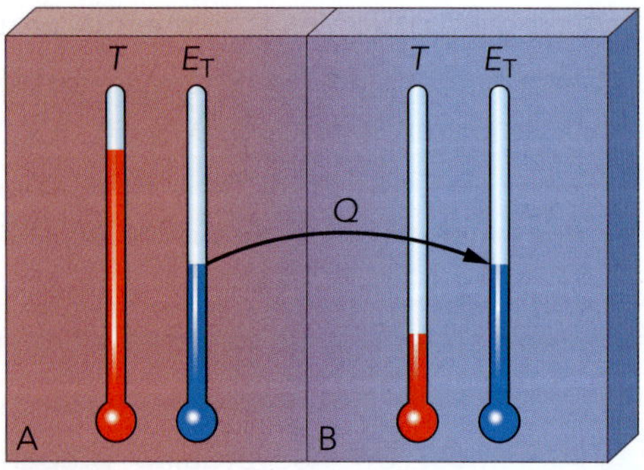


Si pudiéramos ver la temperatura y la energía térmica de dos cuerpos en contacto térmico, veríamos cómo el cuerpo A, a mayor temperatura, transfiere energía térmica mediante calor, $Q$, al cuerpo más frío, *B*.

**Equilibrio térmico**

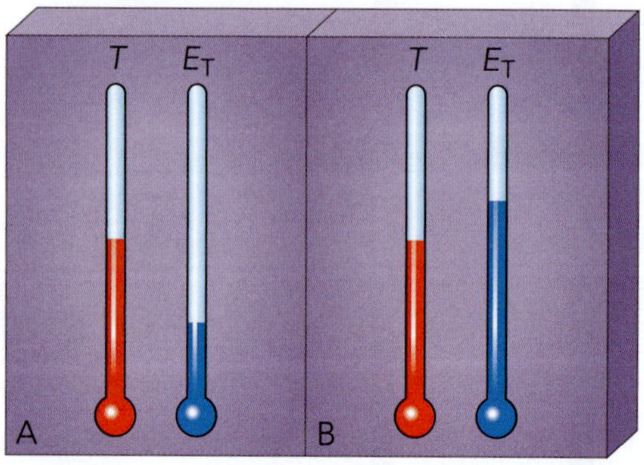


Se alcanza el equilibrio térmico cuando las temperaturas de los dos cuerpos se igualan. En este momento cesa el tránsito de energía. La energía térmica que le falta al cuerpo *A* está ahora en el cuerpo *B*.

## 2.2 Otra unidad de energía

La teoría del calórico, debida a Antoine Lavoisier, fue la que estuvo vigente desde finales del siglo XVIII hasta mediados del XIX para explicar qué es el calor. Se pensaba que era un fluido sin masa, denominado calórico, que los cuerpos calientes tenían muy concentrado, y los fríos, muy diluido. Fue James Prescott Joule quien comprobó mediante la experimentación que el calor es energía en tránsito, apartando de manera definitiva la idea del calórico. En honor a este científico, hoy utilizamos el **julio, J,** como **unidad de energía en el SI.**

La unidad que se estableció para medir el **calor** fue la **caloría (cal),** como aquella cantidad de calórico que es necesario para elevar un grado Celsius un gramo de agua. A pesar de que la teoría del calórico finalmente fue descartada, hoy día seguimos utilizando su unidad.

> La **caloría** es la cantidad de energía necesaria para elevar un grado Celsius un gramo de agua.

Joule pudo encontrar la **equivalencia entre la caloría y el julio:**

$$1 \text{ cal} = 4{,}18 \text{ J}$$

El agua es una de las sustancias más difíciles de calentar; es decir, es de las que más energía necesita para elevar su temperatura. Esta propiedad se mide con el **calor específico, *c*** (tabla al margen).

Puesto que la densidad del agua es de 1000 g/L, elevar un grado Celsius la temperatura de un litro de agua, o lo que es lo mismo de un 1 kg, necesita un aporte de 1000 cal = 1 kcal. Sin embargo, calentar un grado Celsius un kilogramo de hierro solo requiere de 113 cal.

Respecto a esta unidad existe una ambigüedad, ya que se utiliza también para indicar la energía alimenticia, es decir, la energía que nos proporciona un alimento al comerlo. En este caso, la unidad se suele escribir con «C» mayúscula, **Cal,** lo que en realidad corresponde a kilocalorías, **kcal.**

### Calores específicos

| Sustancia | c/[cal/(g °C)] |
|---|---|
| Acero | 0,114 |
| Agua (hielo) | 0,55 |
| Agua (líquida) | 1,00 |
| Agua (vapor) | 0,50 |
| Aguarrás | 0,42 |
| Alcohol | 0,59 |
| Aluminio | 0,22 |
| Cobre | 0,093 |
| Hierro | 0,113 |
| Latón | 0,0944 |
| Mercurio | 0,033 |
| Oro | 0,030 |
| Plata | 0,056 |
| Plomo | 0,031 |
| Vidrio | 0,20 |
| Cinc | 0,092 |

El calor específico depende del estado de agregación.

### Comprende, piensa, investiga...

**7** Cuando la sopa se deja suficiente tiempo como para alcanzar el equilibrio térmico con el plato, ¿tendrán el plato y la sopa la misma energía térmica?

**8** **Considerar todos los factores.** ¿Por qué una estufa eléctrica no llega a alcanzar el equilibrio térmico con el aire del alrededor?

**9** **Piensa y comparte en pareja.** Normalmente, el ser humano está a mayor temperatura que el ambiente:

a) ¿Crees que desprendemos energía al entorno?

b) ¿Por qué no nos enfriamos hasta alcanzar el equilibrio térmico?

**10** ¿Cuánta energía nos costará calentar un trozo de hielo de 0,5 kg desde −5 °C hasta 0 °C? Expresa el resultado en el SI.

**11** Si ponemos al sol dos chapas metálicas iguales, pero una de hierro y la otra de aluminio, ¿cuál se calentará más rápidamente? Según el resultado que has obtenido, ¿cuál de los dos metales será mejor para almacenar energía térmica?

**12** Un tornillo de acero de 8 g, a 45 °C, se deja al aire para que se enfríe:

a) Si el aire está a 10 °C, ¿cuánta energía desprenderá el tornillo al aire de su alrededor?

b) ¿Y si en lugar de dejarlo al aire se tira a un recipiente grande con agua a 10 °C? Expresa los resultados en el SI.

**13** Si una aceituna tiene 5 Cal, ¿cuánta energía aportará a nuestro organismo al ingerirla?

# 3 EFECTOS DEL CALOR

## 3.1 Dilatación térmica

Cuando un sistema material recibe energía mediante calor, esta se reparte entre sus partículas haciendo que se muevan con más energía. Este incremento de la agitación térmica implica un aumento de temperatura.

Debido al aumento de la agitación las partículas interaccionan entre sí, dejando más espacio entre ellas y separándose algo más unas de otras. Así, entre todas, ocupan más espacio (imagen inferior izquierda).

Macroscópicamente se produce un aumento del volumen del sistema material, y decimos que este se ha dilatado. Por tanto:

Llamamos **dilatación térmica** al aumento de volumen que experimenta un sistema material al aumentar su temperatura.

## 3.2 Cambios de estado

No siempre se consigue aumentar la temperatura de un sistema material al comunicarle calor, pues puede ocurrir que se encuentre a la temperatura que corresponda a su punto de fusión, o de ebullición, y en este caso las partículas están moviéndose lo máximo que permiten las fuerzas de cohesión. En esta situación, cuando las partículas reciben la energía e intentan moverse más lo que consiguen realmente es vencer estas fuerzas de cohesión y, debido ello, se produce un cambio de estado.

Si se trataba de un cuerpo sólido, las partículas comenzarían a deslizar manteniendo las distancias; se produce una fusión (el paso de sólido a líquido, imagen inferior derecha).

Si el cuerpo estaba en estado líquido, las partículas se estaban deslizando unas contra otras lo más rápido posible. Al intentar moverse un poco más, consiguen escapar en línea recta y alejarse del resto; se produce la ebullición.

De manera análoga, si el sistema material pierde energía mediante calor, las partículas quedan con menor energía cinética y, por tanto, las fuerzas de cohesión pueden ligarlas unas a otras manteniéndolas más juntas o incluso produciéndose un cambio de estado regresivo, que podría ser condensación o solidificación.

**Trabaja con las imágenes**

Observa la imagen inferior derecha. Dibuja cómo podrían estar esas partículas unos instantes después. ¿Continuarán ordenadas?

### Calentar un sólido

**Dilatación de un sólido**

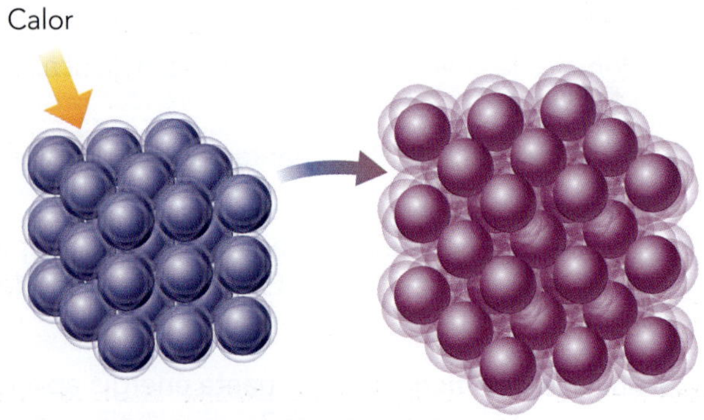


**Fusión: cambio de estado de sólido a líquido**

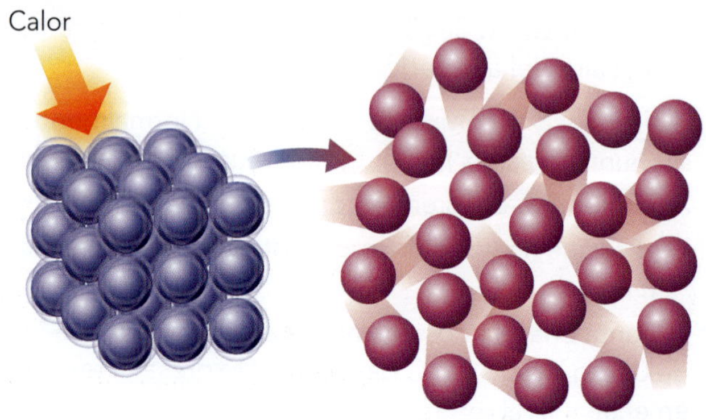


En el vídeo «Cambios de estado de la materia» en **anayaeducacion.es** se puede observar la relación entre la temperatura y los cambios de estado del agua.

## 3.3 Efectos de la dilatación

La dilatación o la contracción que experimentan los cuerpos de nuestro entorno con los cambios de temperatura que experimentamos en la superficie terrestre no son muy grandes; al contrario, son difíciles de apreciar. Para el caso de cuerpos que sean muy largos, como cables, vías, vigas, etcétera, se hace más patente la dilatación en la dirección del alargamiento, y hay que tenerlo en cuenta en las construcciones. Algunos ejemplos son:

- **Juntas de dilatación:** son ranuras que se dejan entre dos vías, entre dos vigas, etc., para que las piezas sólidas dispongan de espacio para dilatarse cuando la temperatura aumenta. De no dejar estas ranuras, los cuerpos se deformarían debido a las fuerzas tan intensas que aparecen.
- **Contracción de cables:** los cables que cuelgan de poste a poste, como los de alta tensión, o los de telefonía, no deben estar tensos; hay que dejarlos con cierta holgura para posibilitar su contracción en los días fríos. En caso contrario, el cable podría partirse o incluso derribar los postes.

Experimentalmente se encuentra que la longitud $L$, que mide una varilla o un cable de longitud inicial $L_0$, al aumentar la temperatura una cantidad $\Delta T$, se puede determinar mediante la expresión:

$$L = L_0 \cdot (1 + \alpha \cdot \Delta T)$$

Donde $\alpha$ es el coeficiente de dilatación lineal, propiedad característica de cada material.

Pero la dilatación no es únicamente fuente de problemas técnicos. También se puede aprovechar el fenómeno para la construcción de útiles, como, por ejemplo, el termómetro de líquido.

Así, se puede construir un termómetro aprovechando la dilatación de un líquido encerrado en un tubo muy estrecho y largo (un capilar). Al calentarse el líquido aumenta su longitud por el capilar recorriendo una escala graduada (imagen derecha inferior). Aunque durante mucho tiempo se ha utilizado el mercurio para la construcción de termómetros, debido a su alta capacidad contaminante, se ha ido sustituyendo por otros líquidos como alcoholes.

### Comprende, piensa, investiga...

**14** ¿Cómo puedes explicar que en invierno algunas puertas de madera se hinchen y no cierren bien?

**15** **Comprobamos.** A la caza de juntas de dilatación. Trabajando en grupos, fotografiad las juntas de dilatación que en una semana os podáis encontrar. Preparad una presentación en la que las mostréis indicando su localización.

**16** Un cable de acero que a –10 °C mide 10 m, se calienta hasta 40 °C. ¿Cuánto aumentará su longitud?

Dato: $\alpha$(acero) = $12 \cdot 10^{-6}$ °C$^{-1}$

**17** Un cable de cobre mide 150 m a una temperatura de 65 °C. ¿Cuánto mediará al enfriarlo hasta –20 °C?

Dato: $\alpha$(cobre) = $17 \cdot 10^{-6}$ °C$^{-1}$

**Junta de dilatación**

En invierno es cuando las juntas de dilatación están más abiertas.

**Tendidos de cables**

En invierno, los cables están más tensos.

**Termómetro de líquido**

El líquido, al dilatarse sube, recorre la escala de temperaturas.

# 4 PROPAGACIÓN DEL CALOR

## 4.1 Conductividad térmica

En el proceso de igualar las temperaturas de dos cuerpos a distinta temperatura en contacto térmico, la energía tiene que fluir desde el cuerpo de mayor temperatura al de menor. Esto ocurrirá más rápida o lentamente dependiendo de si el medio material existente entre los dos cuerpos es conductor o aislante térmico.

- Un material es **conductor térmico** si facilita el paso del calor a través de él. La mayoría de los metales son buenos conductores del calor.
- Los **aislantes térmicos** son aquellos materiales que dificultan el paso del calor; son el corcho, la madera, la cerámica, los plásticos, el vidrio, el aire, la lana...

## 4.2 Propagación del calor

El calor se propaga mediante tres mecanismos, que pueden ocurrir simultánea o individualmente:

- **Por conducción:** Es la manera en la que el calor se propaga por el interior de los **cuerpos sólidos.** Al calentar una zona de un sólido, se aumenta la agitación térmica de esa parte, y mediante las interacciones entre partículas se propaga la agitación (imagen inferior izquierda).
- **Por convección:** Es la forma en la que el calor se propaga en los medios fluidos **(líquidos y gases).** Se dilata la zona calentada, y con ello se vuelve menos densa y tiende a elevarse. Esta masa de fluido empuja a las masas más frías, que se desplazan ocupando las zonas que se calentaron. Se producen unas corrientes de fluido cerradas, denominadas **corrientes de convección.** Por tanto, esta manera de propagarse el calor implica un transporte de materia en el fluido. Estas corrientes se originan en la atmósfera, dando origen a los vientos y brisas (imagen inferior derecha).
- **Por radiación:** Todo cuerpo emite calor por radiación. Se propaga en forma de ondas que pueden viajar **tanto por el interior de los cuerpos como por el vacío.** La cantidad de radiación emitida por un cuerpo aumenta muy rápidamente al hacerlo la temperatura de este.

**Trabaja con las imágenes**

Observa la imagen inferior derecha. Dibuja cómo serían las corrientes de convección por la noche, sabiendo que las rocas se enfrían rápidamente y que el agua tarda más.

### Conducción y convección

**Conducción**

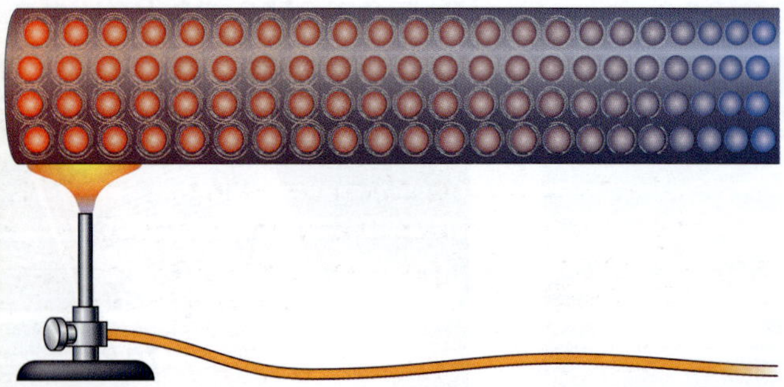

Las partículas de la zona calentada se mueven más energéticamente, transmitiendo energía a las partículas colindantes. De esta manera se aumenta la agitación térmica en todo el cuerpo.

**Convección**

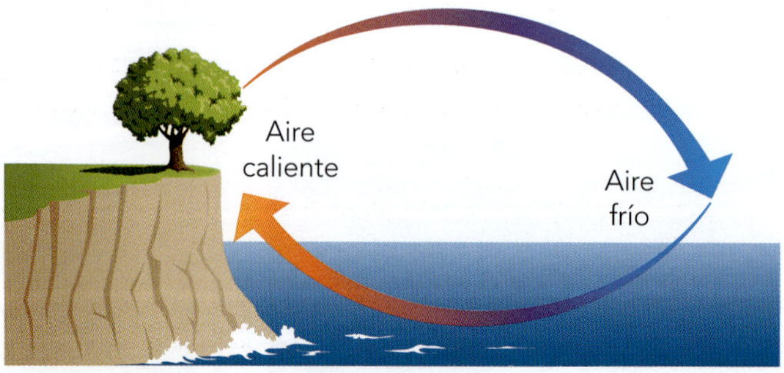


Las rocas se calientan más rápidamente que el agua, calentando el aire que hay encima. Este aire calentado, menos denso, asciende, y el aire más fresco sobre el agua se desplaza ocupando su lugar. Se forma una corriente cerrada.

En **anayaeducacion.es** puedes encontrar una presentación que resume los mecanismos de propagación del calor que has visto en el texto.

## ◼ 4.3 Aislamiento de las viviendas

Para hacer que una vivienda sea confortable, debemos procurar que las temperaturas interiores oscilen entre 21 °C en invierno y 26 °C en verano. Para ello, necesitamos estufas o calefacción en invierno, que hacen aumentar la temperatura del hogar, y aires acondicionados en verano, que la bajan. Pero este gasto energético se convierte en un despilfarro si la casa no está debidamente aislada térmicamente, lo que ocurre en numerosas ocasiones.

Muchas viviendas tienen mal aisladas las ventanas y las paredes, pero también los techos, las puertas y el suelo. Por estos lugares se escapa la energía térmica de la casa en invierno, y entra desde el exterior en verano.

Además, para aumentar la eficiencia energética del hogar es aconsejable rodear la casa de árboles que den sombra en verano y protejan del viento en invierno. Y si hubiera terrazas, hacer uso de techados, toldos, etc.

¿Te gustaría ser técnico o técnica superior en eficiencia energética y energía solar térmica? Si quieres descubrir en qué consiste este ciclo formativo y cómo puedes acceder a él, consulta el apartado «Itinerarios académicos y profesionales» de tu banco de recursos en **anayaeducacion.es**.

### Aislamiento térmico del hogar

### Comprende, piensa, investiga... Lluvia de ideas

**18** ¿De qué maneras se propaga el calor proveniente del fuego de una chimenea al calentar una habitación?

**19** Las sartenes son metálicas, pero suelen tener el mango de madera o plástico. ¿Puedes dar una explicación?

**20** **Pienso, me interesa, investigo...** Investiga mediante qué mecanismo calienta el Sol a la Tierra. ¿Crees que la temperatura de la Tierra se puede explicar únicamente mediante la energía recibida del Sol?

**21** En las noches frías nos tapamos con un edredón para «entrar en calor». ¿Cómo ocurre esto? ¿El edredón debe estar más caliente que nosotros para transmitir calor?

**22** ¿Por qué sentimos más frío si cuando, además de una baja temperatura, hay viento? ¿Y si el aire es húmedo?

**23** ¿Qué formas de propagación del calor observas en las siguientes fotografías?

# 5
# ONDAS ELECTROMAGNÉTICAS

## 5.1 Radiación

Cuando el calor se propaga por radiación lo hace en forma de **ondas electromagnéticas, OEM.** En este tipo de ondas, **lo que oscila no es materia, sino electricidad y magnetismo,** por lo que se pueden propagar tanto por el espacio vacío como por el interior de la materia.

Este tipo de radiación se emite cuando hay partículas cargadas que vibran. Por ejemplo, las antenas emiten ondas electromagnéticas producidas por una corriente eléctrica que oscila en su interior. Pero, también, la emiten todos los cuerpos de manera natural debido a la agitación térmica de las partículas cargadas de su interior. Al aumentar la temperatura de un cuerpo se emite más energía y, además, aparecen ondas electromagnéticas de mayor contenido energético.

Si calentamos una barra de hierro, llega un momento en el que sabemos que su temperatura es elevada con solo acercar la mano, sin llegar a tocarla, pues se emiten una gran cantidad de ondas del tipo infrarrojo, que detectamos mediante la percepción de calor en nuestra piel. Si seguimos calentándola llega un momento en el que empieza a brillar, al principio en tonos rojizos y, después, en tonos azulados y blancos (imagen inferior izquierda). Al acercar la mano seguimos percibiendo la radiación infrarroja, pero ahora también detectamos radiación visible.

Con el tacto y la vista podemos detectar, pues, algunas ondas electromagnéticas, pero la mayoría son indetectables para nuestros sentidos. Por ello, utilizamos instrumentos que nos permiten formar imágenes a partir de la radiación que emiten los objetos, informándonos incluso de la temperatura a la que se encuentran (imagen inferior derecha).

**Trabaja con las imágenes**

En la imagen izquierda, ¿qué parte del hierro está a mayor temperatura?

En la imagen de la cámara térmica, ¿qué partes de la casa se encuentran a mayor temperatura?

### Radiación

Al calentar un metal, empieza a brillar. Las partes más rojizas emiten menos energía que las blancas.

Las cámaras térmicas transforman en imágenes de colores la radiación que nuestros ojos no perciben.

## 5.2 Espectro electromagnético

Existe una amplia gama de ondas electromagnéticas que, en conjunto, reciben el nombre de espectro electromagnético (figura inferior).

A nuestro cuerpo llegan continuamente todo tipo de ondas electromagnéticas, aunque solo detectamos algunas:

- Una parte de las microondas y las ondas infrarrojas podemos percibirlas por la sensación de calor que nos producen; de ahí que las utilicemos, por ejemplo, en los hornos de microondas, para calentar sustancias que contengan agua, como alimentos y bebidas.
- Las ondas de la franja visible transportan la energía necesaria para excitar las células de la retina, y de ahí que las veamos.

En la imagen podemos observar que lo que llamamos «luz», la parte del espectro que percibimos con la vista, es una franja muy estrecha del espectro electromagnético.

Cuanto más rápido oscilan las ondas, más energía transportan. Así, las que lo hacen más rápido que la luz visible, desde las ultravioletas en adelante, transportan una gran cantidad de energía que es capaz de romper células y producir daños en nuestros tejidos. Por tanto, aunque una pequeña dosis de radiación ultravioleta puede ser beneficiosa para nuestro cuerpo (por ejemplo, la que nos pone morenos), a altas dosis resulta muy perjudicial.

Por otro lado, las ondas que oscilan más despacio que la luz visible, las menos energéticas, se utilizan, principalmente, para las comunicaciones, transmitiendo información mediante ondas de radio, televisión, radar, etc. También son las que se utilizan en el *wifi*.

### Comprende, piensa, investiga...

**24** Busca información sobre por qué a las ondas electromagnéticas de más energía se las denomina «radiaciones ionizantes». ¿Qué efectos pueden tener sobre el organismo?

**25** Explica el motivo por el cual los hornos de microondas consiguen calentar los alimentos.

**26** ¿Por qué el personal sanitario hace las radiografías desde una sala distinta a la del paciente?

### Trabaja con la imagen

La luz del Sol contiene ondas de todo el espectro, pero los gases presentes en la atmósfera terrestre absorben las de mayor energía: ultravioletas, rayos X y rayos gamma, protegiéndonos de sus efectos.

¿Qué ocurriría si estos gases no existieran? Compara tu respuesta con la del resto de compañeros y compañeras y llegad a conclusiones comunes.

### Espectro electromagnético

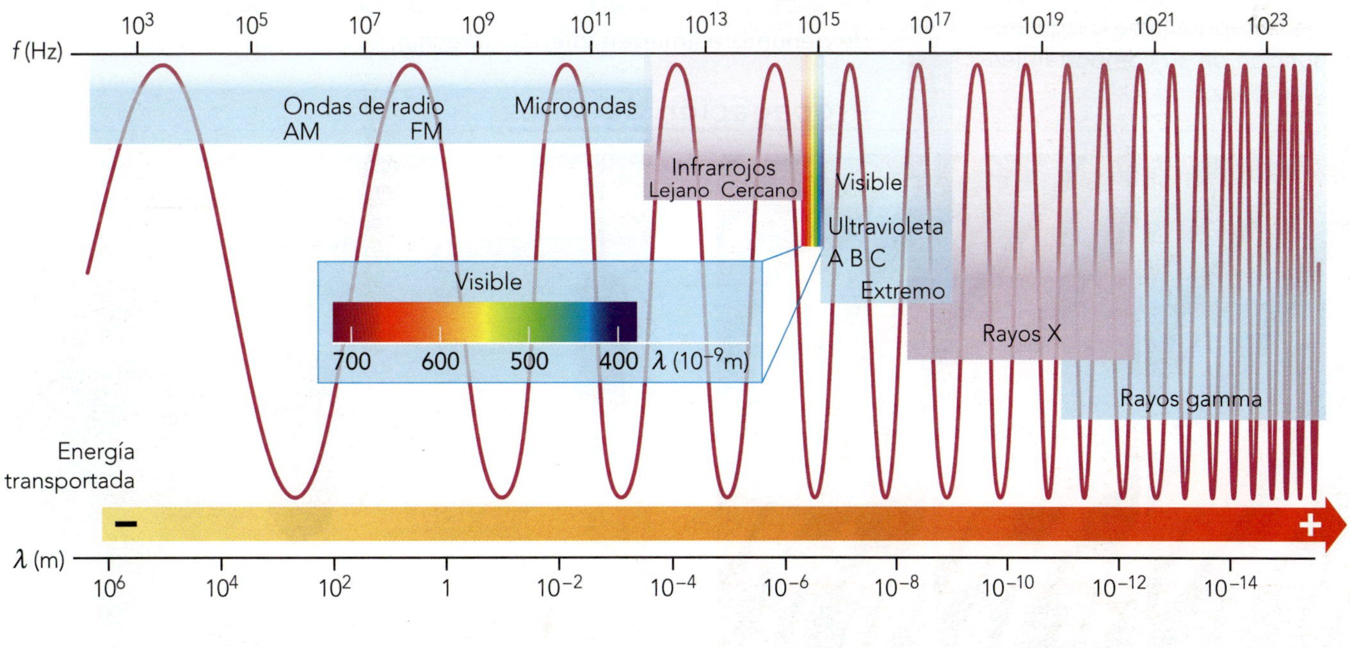


En la imagen del espectro comprobamos que las ondas que vibran a menor frecuencia que el visible, es decir, situadas a la izquierda del visible, lo hacen a menor velocidad y parecen estar menos «apelotonadas». Por otro lado, ocurre lo contrario en las ondas que se sitúan a la derecha del visible, y por eso su frecuencia es cada vez mayor.

6

LUZ

## 6.1 ¿Qué es la luz?

En el apartado anterior, hemos visto que la luz es una pequeña parte del espectro electromagnético. Por tanto, es una onda.

Pero, aunque este es el aspecto que vamos a considerar en este curso, es importante advertir que más adelante estudiaremos que también se comporta como si estuviese formada por partículas, a las que denominamos fotones. Así, diremos que la luz tiene una naturaleza mixta, de onda y de partícula.

La luz es una **onda electromagnética** que **procede de los cuerpos incandescentes.**

## 6.2 Propagación de la luz

Debido a su comportamiento como onda electromagnética, la luz **se propaga por el vacío,** a unos 300000 km/s, que es cuando más rápido lo hace. Pero, también, se puede propagar en medios materiales a menores valores de rapidez; por ejemplo, en el agua lo hace a unos 250000 km/s.

Para poder ver un objeto necesitamos que nos llegue luz desde él hasta nuestros ojos. Unas veces ocurre porque el objeto emite su propia luz (por ejemplo, una bombilla encendida), y otras porque rebota en él la luz que proviene de cuerpos luminosos (como cuando ves la mesa).

En función de la propagación de la luz a través de los materiales, los podemos clasificar en: **transparentes,** si dejan pasar la luz; **translúcidos,** si solamente una parte de la luz los atraviesa; y **opacos,** si no dejan pasar nada de luz (imagen inferior izquierda).

Cuando un objeto opaco eclipsa una fuente de luz, forma una zona de sombra en aquellos puntos a los que la luz no puede llegar; aquellos puntos a los que solo llegan algunos rayos, pero no todos, forman una zona de penumbra (imagen inferior derecha).

**Trabaja con las imágenes**

Clasifica cada uno de los materiales de la fotografía de la izquierda en función de su comportamiento ante la luz.

### Propagación de la luz

Algunos materiales dejan pasar la luz; otros, no, y otros solo dejan pasar parte.

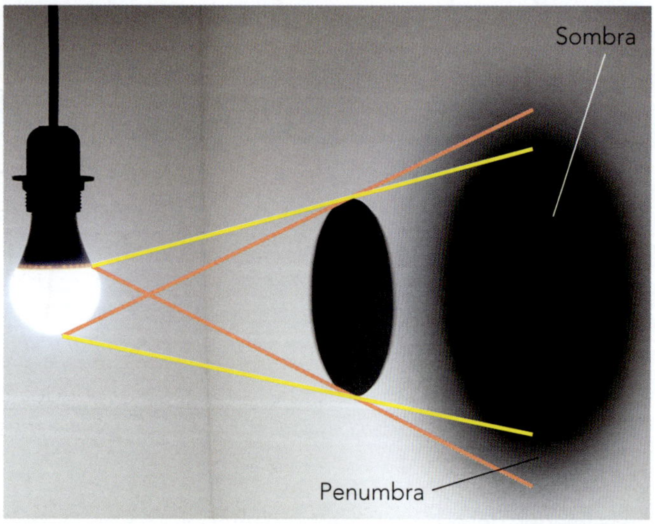


Cuando un objeto opaco eclipsa una fuente de luz, se forman zonas de sombra y de penumbra.

## 6.3 Reflexión y refracción

Gráficamente, utilizamos rayos para indicar la dirección y el sentido en el que se desplaza la onda de luz. Dentro de un mismo medio, los rayos de luz son líneas rectas que inciden sobre una superficie, y que, como toda onda, se reflejan o se refractan.

La **reflexión** ocurre cuando **la luz incide sobre un objeto, rebota y vuelve hacia el medio por el que se propagaba.**

Si la luz se refleja en una superficie lisa, todos los rayos de luz se propagan en direcciones paralelas y se habla de **reflexión especular.** Si la superficie es rugosa se habla de **reflexión difusa,** pues los rayos de luz se reflejan en direcciones no paralelas (cuadro derecho). La primera forma imágenes nítidas, como en los espejos, y la segunda no, pero nos permite ver los cuerpos que no emiten su propia luz (imagen inferior izquierda).

La **refracción** es el fenómeno por el que **la luz cambia la dirección de propagación al pasar de un medio a otro,** por el que sigue propagándose.

Debido a ello, por ejemplo, cuando sumergimos un objeto en agua lo vemos torcido.

### Reflexión y refracción de la luz

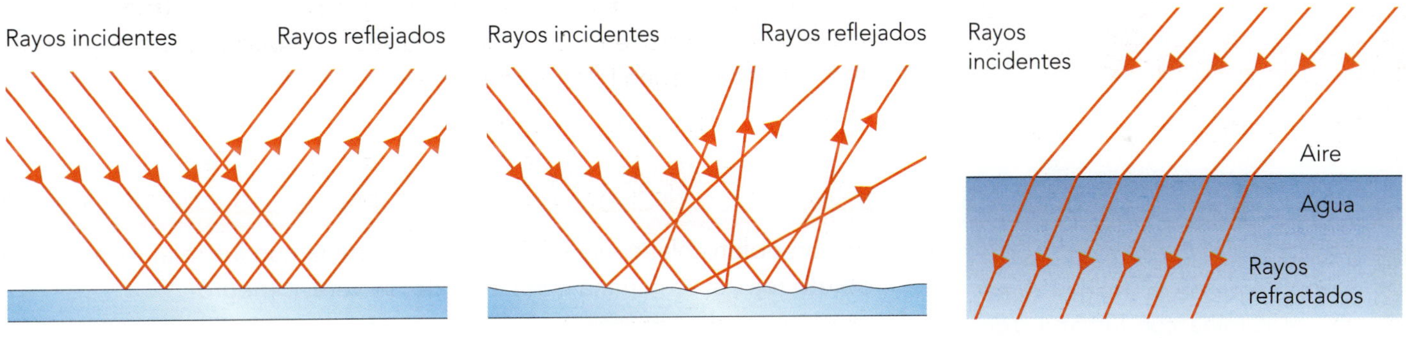


Reflexión especular | Reflexión difusa | Refracción

### Comprende, piensa, investiga...

**27** **Interpretación compartida.** Analiza la imagen de la página anterior donde se muestran las zonas de sombra y de penumbra (imagen derecha), y explica qué verá una hormiga que se vaya desplazando por la pantalla.

**28** Nuestro cuerpo es opaco para la luz visible, y, sin embargo, transparente para los rayos X. ¿Puedes explicar esto? ¿Hay partes de nuestro cuerpo opacas a los rayos X?

**29** **El espejo.** Busca información y averigua la diferencia entre un eclipse de sol total y uno parcial. ¿Puedes relacionar la información con lo visto en esta unidad?

**30** ¿Qué fenómeno se observa en la fotografía siguiente? A partir de lo aprendido en este epígrafe, ¿podemos creer todo lo que vemos?

## 6.4 Dispersión

Cuando la luz pasa de un medio transparente a otro, el rayo refractado se desvía. Pero esta desviación no es la misma para todos los colores, siendo mayor para los colores del extremo violeta.

La **dispersión** es el fenómeno por el cual la luz blanca, al refractarse, se separa en los colores que la forman.

La dispersión fue estudiada por primera vez por Isaac Newton en la segunda mitad del siglo XVII, cuando demostró que **la luz blanca está formada por todos los colores del arcoíris,** al conseguir separarla al hacerla pasar por un prisma (imagen inferior izquierda).

Este fenómeno es debido a que la velocidad a la que se propaga cada color por el medio material varía ligeramente con el color. El arcoíris es un buen ejemplo natural de este fenómeno, que se produce cuando la luz del Sol se descompone al atravesar las gotas de lluvia.

## 6.5 El color de los objetos

Cuando un haz de luz blanca se refleja en un objeto, algunos colores de los que componen el haz son absorbidos, y, otros, son reflejados. El color que percibimos de un objeto es el formado por la mezcla de todos aquellos colores reflejados que llegan hasta nuestros ojos. Por ejemplo, si solo se reflejara el rojo, veríamos el objeto de color rojo.

Así, los objetos blancos reflejan todas las ondas que les llegan, y los negros las absorben todas. Por tanto:

El color de los objetos no es una propiedad de estos, sino el resultado de su interacción con la luz.

Así, un objeto blanco se verá rojo si se ilumina con luz roja, igual que un objeto rojo, si se ilumina con luz verde, se verá... ¡negro!

**Trabaja con las imágenes**

Si el tomate de la imagen derecha se ilumina con luz azul, ¿de qué color se vería?

### Dispersión y absorción de la luz

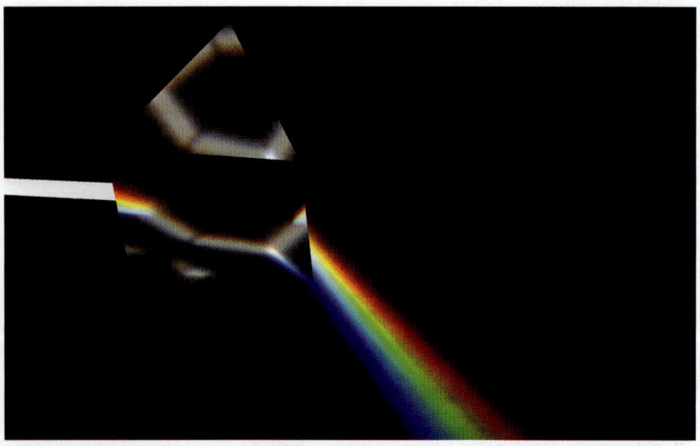

La luz blanca está compuesta por todos los colores del arcoíris, como se demuestra haciéndola pasar por un prisma de vidrio, que la descompone.

El tomate lo vemos rojo al iluminarlo con luz blanca porque es el color que refleja. Si se iluminara con luz verde, no reflejaría nada.

En **anayaeducacion.es** encontrarás un vídeo y una simulación con la que podrás afianzar lo estudiado sobre el color.

## 6.6 Contaminación lumínica

Igual que la contaminación acústica, la contaminación de origen lumínico también preocupa cada vez más a la sociedad.

El término **contaminación lumínica** hace referencia al **exceso de luz nocturna** provocado por las actividades humanas.

La manifestación más evidente de este tipo de contaminación es el aumento del brillo del cielo nocturno, debido a una mala gestión del alumbrado de las ciudades.

Algunas de las consecuencias negativas de la contaminación lumínica son:

- El desperdicio de energía, pues se encienden luces que realmente no necesitamos.
- El daño a los ecosistemas nocturnos, que se pueden ver alterados por la presencia de luz artificial.
- Las dificultades para el estudio del firmamento, que cada vez es más difícil observar.

Algunas medidas que se pueden tomar para evitarla son: iluminar exclusivamente, de arriba hacia abajo, las zonas que lo necesiten, y regular las luces de las ciudades (ornamentales, monumentales y publicitarias) para que no siempre, ni todas, estén encendidas simultáneamente. De este modo, aparte de disminuir la contaminación lumínica, se conseguiría un considerable ahorro de energía.

### Comprende, piensa, investiga...

**31** **Rueda lógica.** ¿De qué color se ve la nieve al iluminarla con luz blanca? ¿Y si se ilumina con luz de otro color? Entonces, ¿de qué color es la nieve? ¿Por qué solemos decir que es blanca?

**32** En ocasiones pueden verse dos arcoíris paralelos con sus colores invertidos, uno más intenso que el otro. Busca información y elabora un breve informe para explicar este fenómeno.

### Contaminación lumínica

Imagen nocturna de Europa como muestra de la contaminación lumínica producida por las sociedades industrializadas.

**Trabaja con la imagen**

De todas las luces que se observan, ¿crees que todas son necesarias? Observa la iluminación de tu barrio durante un tiempo y comenta con tus compañeros y compañeras si crees que es la adecuada.

# CIENCIA RECREATIVA

## DISCO DE NEWTON

REFLEXIONA

Si la luz blanca está formada por todos los colores, al juntarlos todos se debería obtener otra vez luz blanca, ¿no?

Es lo que vamos a hacer en esta experiencia construyendo un disco de Newton.

Este dispositivo recibe este nombre en honor a Isaac Newton, que fue el primero en estudiar la dispersión de la luz.

CONSTRUYE

Para construir el disco de Newton necesitas:

- Un CD.
- Una hoja de papel DIN A4.
- Tijeras.
- Pegamento en barra.
- Transportador de ángulos.
- Lápices de colores.
- Una barra cilíndrica (que encaje en el agujero central del CD).

Con ayuda del CD, dibuja una circunferencia en el papel y, con el transportador de ángulos, divídela en sectores de la misma superficie; por ejemplo, puedes empezar con ocho sectores.

Después, colorea cada uno de un color según se muestra en la imagen izquierda; recorta la circunferencia coloreada y pégala en el CD.

EXPERIMENTA

Con el papel coloreado pegado al CD, encaja la barra cilíndrica en el agujero central, y haz que el CD gire lo más rápido que puedas sobre ella.

Observarás que cuando el CD está girando, se dejan de observar los colores y se ve blanco. Esto se debe a que, al girar, los colores se mezclan. Hemos demostrado que al combinar todos los colores se obtiene el blanco.

Si en lugar de dividir en ocho sectores la circunferencia, utilizamos más de diferentes colores o intercalando los anteriores, el efecto es más apreciable.

# TRABAJO PRÁCTICO

## PROPAGACIÓN DEL CALOR

Experiencia I

**PLANTEAMIENTO DEL PROBLEMA**

Los distintos materiales presentan comportamientos diferentes frente a la transmisión de calor, lo que nos permite utilizarlos para diferentes aplicaciones. Pero ¿cómo podemos clasificarlos?

**MATERIAL**

• Seis cubitos de hielo (que sean del mismo tamaño) • Seis platos pequeños • Cinco cuadrados de 20 cm de lado de papel de periódico, de plástico para envolver alimentos, de papel de aluminio, de plástico de burbujas y de tela de algodón • Vaso de precipitados con agua caliente • Cucharas de madera, de acero inoxidable y de plástico • Mantequilla • Tres guisantes o garbanzos pequeños

### ORIENTACIONES PARA LA REALIZACIÓN DE LA EXPERIENCIA

**Experiencia I**

- Ponemos un cubito de hielo en un plato pequeño, y en los otros cinco restantes colocamos cubitos de hielo envueltos en los cuadrados de papel de periódico, de plástico, de plástico de burbujas, de aluminio y de tela.
- Esperamos hasta que se derrita el hielo sin envolver y abrimos el resto de los paquetes para observar qué cantidad de hielo hay en cada uno. Para más precisión podemos pesar los distintos cubitos antes y después de que el que se derrita no está envuelto. Anotamos los resultados.

**Experiencia II**

- Pegamos con un trozo de mantequilla cada garbanzo o guisante a la parte superior de las diferentes cucharas (a la misma altura, más o menos).
- Introducimos las cucharas en el vaso con agua caliente y observamos el tiempo que tarda en caer el garbanzo al derretirse la mantequilla.

### Extrae conclusiones...

**1** Contesta a las siguientes preguntas sobre la experiencia I:

a) ¿Cuál, de los que estaban envueltos, es el hielo que más se ha derretido? ¿Cuál es el que menos?

b) ¿Qué material de los que envolvían el hielo es mejor aislante? ¿Por qué?

c) ¿Cuál es el mejor conductor del calor? ¿Por qué?

d) ¿Cuál crees que es la razón de que el plástico de burbujas sea mejor aislante que el normal?

**2** Contesta a las siguientes preguntas sobre la experiencia II:

a) ¿Qué mecanismos de propagación del calor se ponen de manifiesto en esta experiencia?

b) ¿Cuál de los garbanzos comienza a descender antes porque la mantequilla se derrite?

c) ¿Cuál de los materiales con que están hechas las cucharas tiene mayor conductividad térmica? ¿Cuál es el de menor conductividad térmica?

**3** Si pones un globo lleno de aire cerca de la llama de una vela, explota. Si un globo similar lo llenas la mitad de agua y el resto de aire y lo pones a la llama, resiste sin romperse. Contesta razonadamente:

a) ¿Qué ocurrirá con el agua que se encuentra en el interior del globo?

b) ¿Qué mecanismo de propagación del calor se produce en el interior del globo?

**4** Si envuelves en una bufanda un termómetro que marca la temperatura ambiente, ¿aumentará de temperatura? Razona la respuesta.

Recuerda seleccionar el material de trabajo de esta unidad para tu **portfolio.**

# TRABAJA CON LO APRENDIDO

## ORGANIZO MI MENTE Mapa conceptual sistémico

**1 Resume información en un dibujo.** Explica los mecanismos de propagación del calor ayudándote con dibujos.

**2 Mapa conceptual.** Completa el siguiente mapa conceptual y amplíalo con otros contenidos de la unidad.

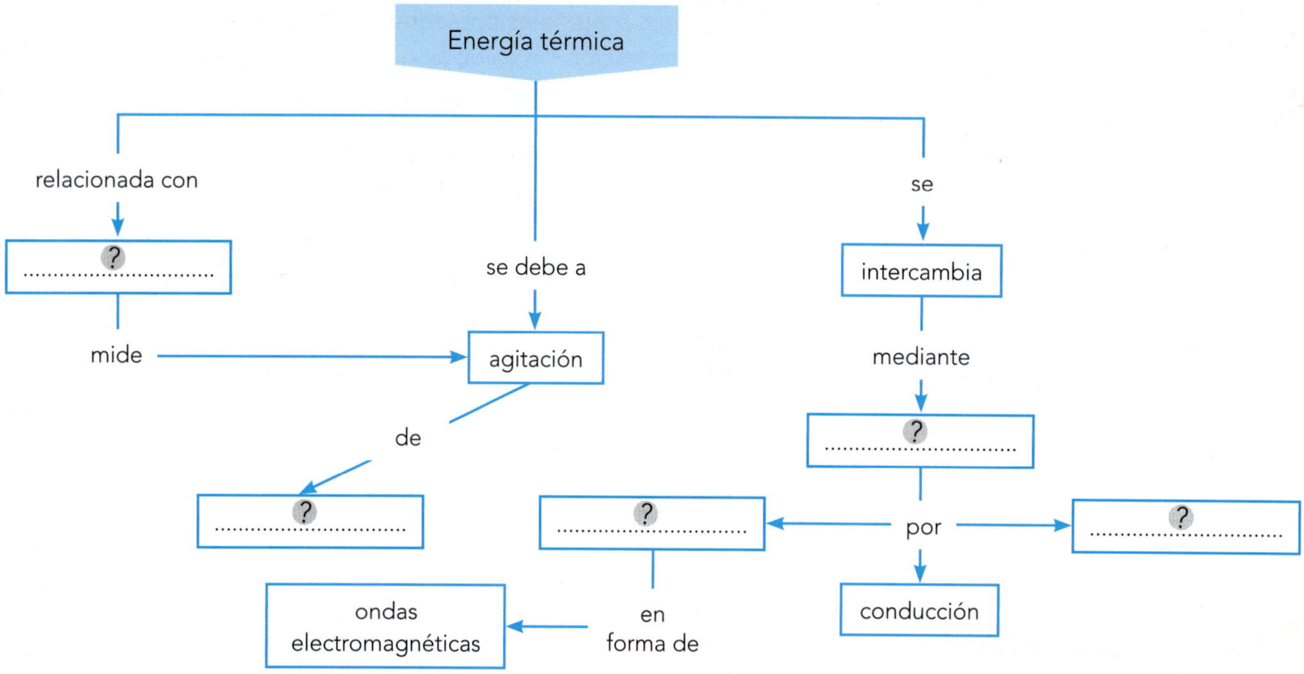


### Energía térmica y temperatura

**1** ¿Qué tiene más energía térmica, un clavo al rojo vivo o el mar Mediterráneo? ¿Y más temperatura? Razona tus respuestas.

**2 Interpretación compartida.** Estás preparando un trabajo sobre las escalas termométricas y encuentras esta ilustración en Internet. Decides repasarla y ves en ella varios errores. ¿Cuáles son?

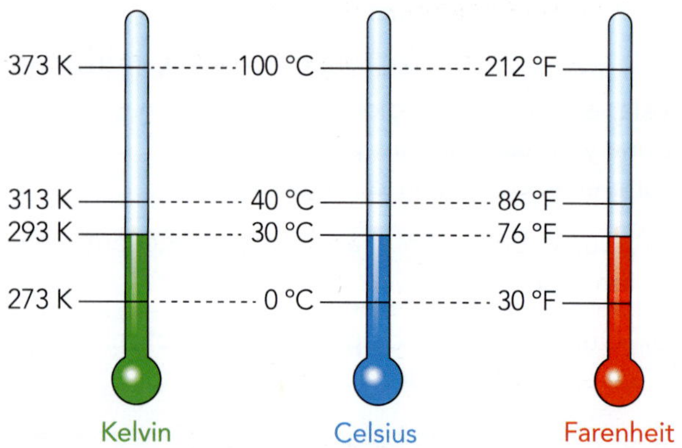


**3** Un cuerpo está a 36 °C, y otro, a 309 K. ¿En cuál de ellos las partículas tienen mayor agitación?

**4** Habrás observado que en los días fríos es muy fácil que los cristales de un automóvil se empañen con el vaho. Explica este hecho y por qué desaparece con aire caliente.

**5 Cabezas pensantes.** En la imagen se muestra la energía térmica de un cuerpo *A* y de otro *B* antes de ponerlos en contacto térmico y aislados del exterior. Y también, después, cuando se ha alcanzado el equilibrio térmico.

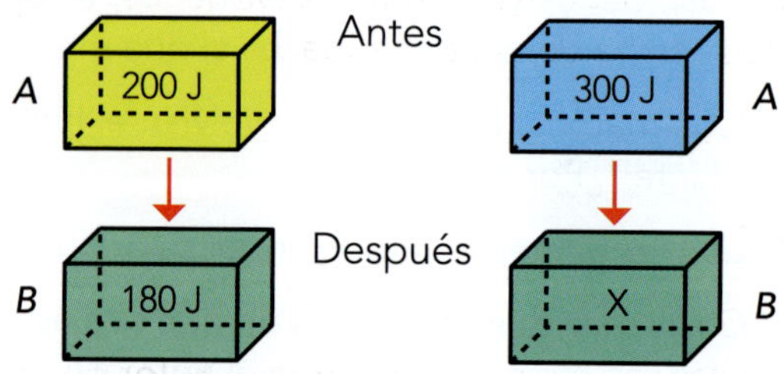


Responde razonadamente:

a) ¿Qué cuerpo estaba inicialmente a mayor temperatura?

b) ¿Con cuánta energía térmica habrá quedado el cuerpo *B*?

c) ¿Qué cuerpo tendrá una mayor temperatura final?

Recuerda que dispones de las soluciones de todas las actividades numéricas en **anayaeducacion.es**.

## Calor. Efectos del calor

**6** **¿Qué te hace decir eso?** «Cuando dos cuerpos están en equilibrio térmico, la cantidad de calor que almacenan es la misma». ¿Es esta frase correcta?

**7** Explica el significado de la frase: «Un cuerpo puede absorber o recibir energía térmica y no por ello tiene que cambiar su temperatura».

**8** Escribe de forma correcta las siguientes frases que utilizamos en la vida cotidiana:

a) En verano hace más calor que en invierno.

b) El hielo está más frío que el agua líquida.

c) La temperatura es de 36 grados.

**9** **1-2-4.** Observa la siguiente imagen: ¿qué piensas que no se ha hecho bien en estas vías de tren?

**10** Solemos decir de algunos alimentos que tienen muchas calorías. ¿Qué queremos decir? ¿Significa que están «calientes»?

**11** En el etiquetado de un paquete de 150 g que contiene 20 galletas aparece esta información:

*Valor energético por cada 100 g: 434 kcal*

Calcula la energía que proporciona una galleta. Expresa el resultado en unidades del SI.

## Propagación del calor

**12** **Lápices al centro.** Razona la veracidad o la falsedad de estas afirmaciones:

a) En la convección se propaga calor en los líquidos sin que haya transporte de materia.

b) El calor y el trabajo son dos formas de energía.

c) La temperatura indica el nivel térmico de un cuerpo.

d) La temperatura en el espacio exterior puede llegar a alcanzar los –280 °C.

**anayaeducacion.es** Consulta los apartados «Para estudiar» y «Aprende jugando» en el banco de recursos.

**13** Explica por qué los radiadores de calefacción se instalan en la parte baja de una habitación y los aparatos de aire acondicionado en la parte alta.

**14** Indica a qué mecanismo de transferencia de calor corresponde cada frase:

a) No hay transporte de materia.

b) No necesita un medio material.

c) Hay transporte de materia.

**15** ¿Mediante qué mecanismo de propagación calienta el Sol el agua de los mares? Explica tu respuesta.

**16** Cuando nos ponemos un abrigo en invierno lo hacemos (señala las frases verdaderas):

a) Para evitar perder calor corporal.

b) Para que nos proporcione calor.

c) Para aislar nuestro cuerpo del frío del ambiente.

d) Para calentarnos.

e) Para no perder energía.

**17** ¿Qué material conduce mejor el calor, el aluminio o la madera? ¿Cuál es, por tanto, mejor aislante?

## Ondas electromagnéticas. Luz

**18** Describe brevemente las franjas del espectro electromagnético. ¿Cuáles de ellas percibimos de algún modo?

**19** **Mesa redonda.** Si con una lupa concentramos los rayos de luz sobre un papel, ¿por qué crees que arde? ¿A qué franja del espectro se debe?

**20** Clasifica las reflexiones siguientes en especulares o difusas: sobre un espejo, sobre un automóvil, sobre las aguas de un lago en calma, sobre una pared.

**21** ¿Cómo se forma el arcoíris? ¿Cómo se llama el fenómeno que lo provoca?

**22** ¿Cuántas refracciones se producen en la siguiente imagen?

# RECURSOS DIGITALES

## 1 CONOCIMIENTOS PREVIOS Y RESÚMENES DE LAS UNIDADES

El apartado «Qué necesitas saber» resume los conceptos que necesitas conocer antes de comenzar el estudio de la unidad. Una vez finalizada esta, el esquema y el resumen de contenidos del apartado «Para estudiar» te ayudarán a afianzar los contenidos estudiados.

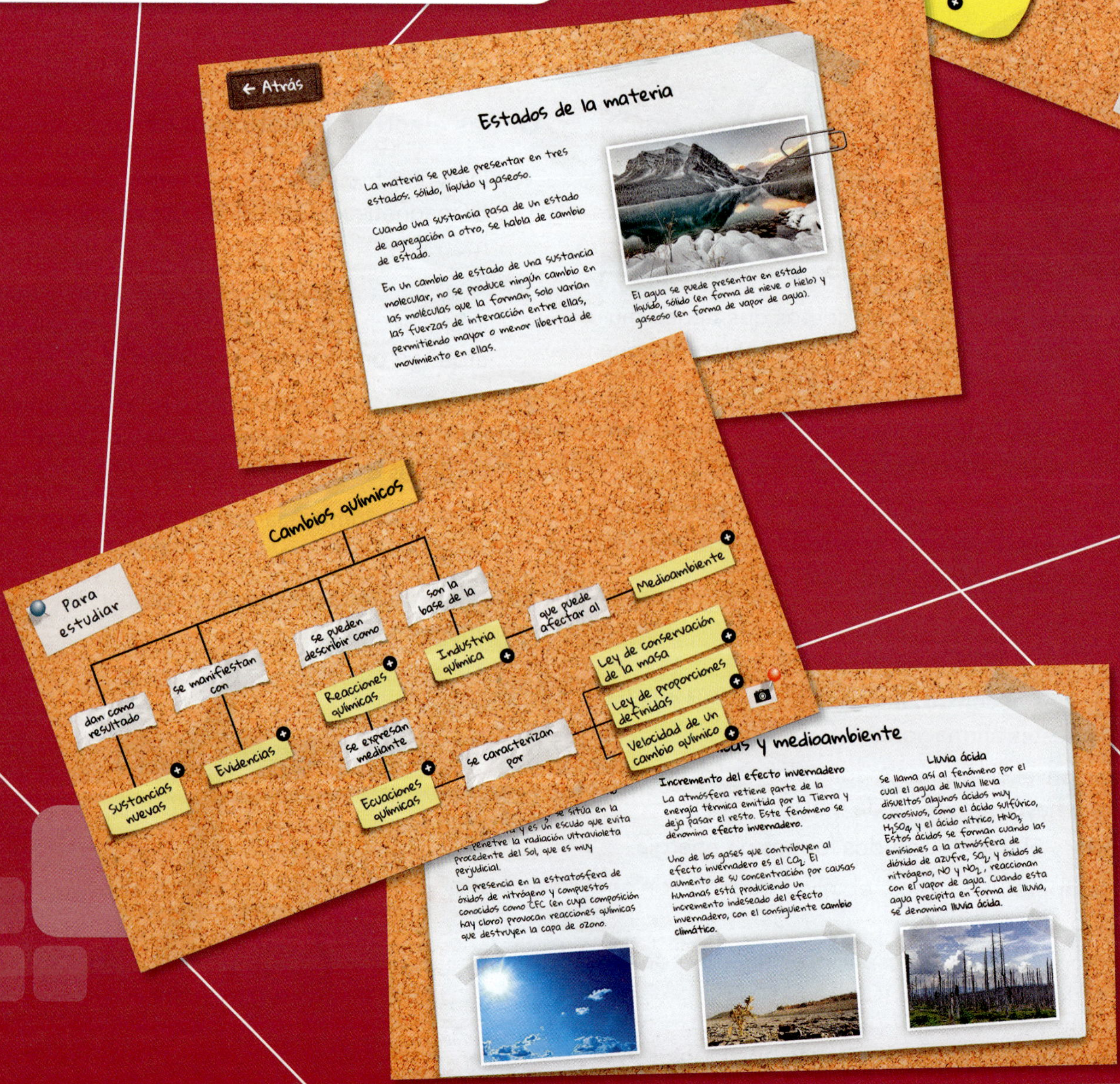

## 2 AUTOEVALUACIONES Y ACTIVIDADES LÚDICAS

Para cada unidad te proponemos una autoevaluación inicial y otra final que te ayudarán a tomar conciencia de los conocimientos que dominas y de aquellos que necesitas reforzar; además, en el apartado «Aprende jugando» encontrarás actividades de tipo lúdico con las que podrás repasar los contenidos más importantes de cada unidad.

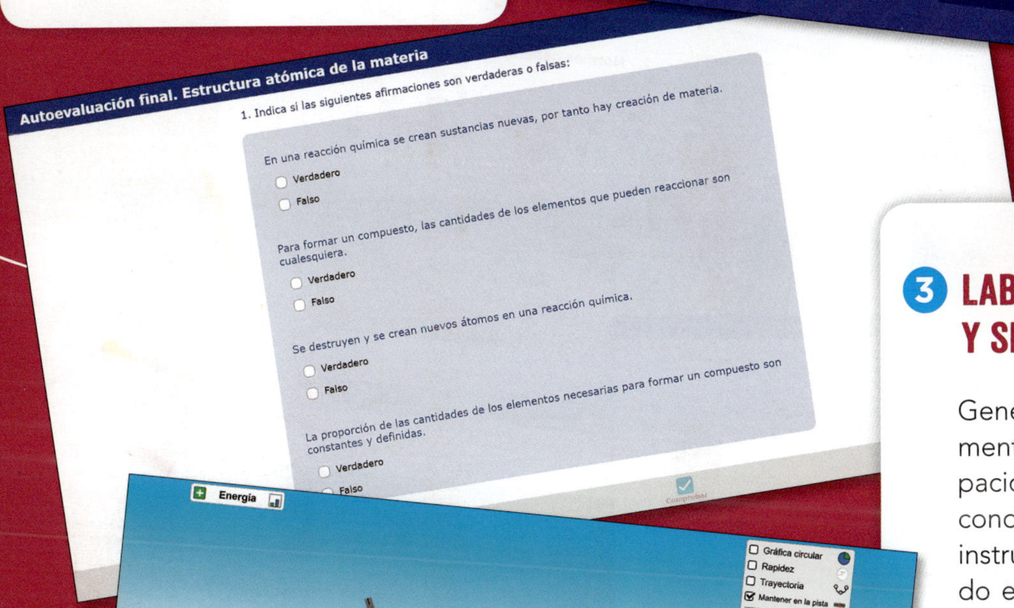


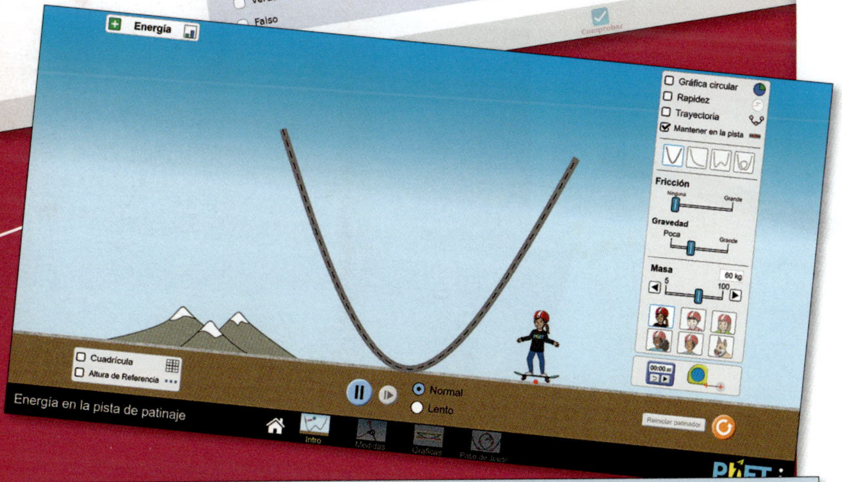


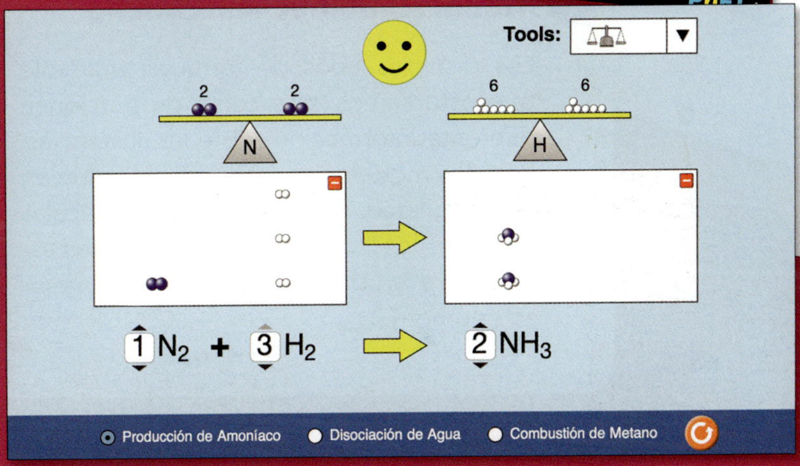


## 3 LABORATORIOS VIRTUALES Y SIMULACIONES

Generalmente, el diseño de experimentos requiere disponer de un espacio que cumpla unas determinadas condiciones y cuente con un equipo instrumental adecuado. Por ello, cuando el objetivo de un experimento es únicamente verificar el cumplimiento de alguna ley, los **laboratorios virtuales** constituyen una herramienta muy eficaz con la que podemos manipular gases, estudiar objetos en movimiento o trabajar con circuitos eléctricos sin las limitaciones que encontraríamos en una experiencia real.

De la misma forma, las **simulaciones** interactivas reproducen todo tipo de fenómenos de la naturaleza y nos dan la oportunidad de visualizar y asimilar los procesos que en ellos tienen lugar y que son objeto de estudio para la física y la química.

## 4 VÍDEOS Y PRESENTACIONES

Ofrecen imágenes reales y detalladas explicaciones, apoyadas por fotografías, ilustraciones y esquemas aclaratorios, sobre diversos contenidos estudiados en el curso; además de ayudar a afianzar lo estudiado en cada unidad, potencian la motivación y fomentan el espíritu emprendedor.

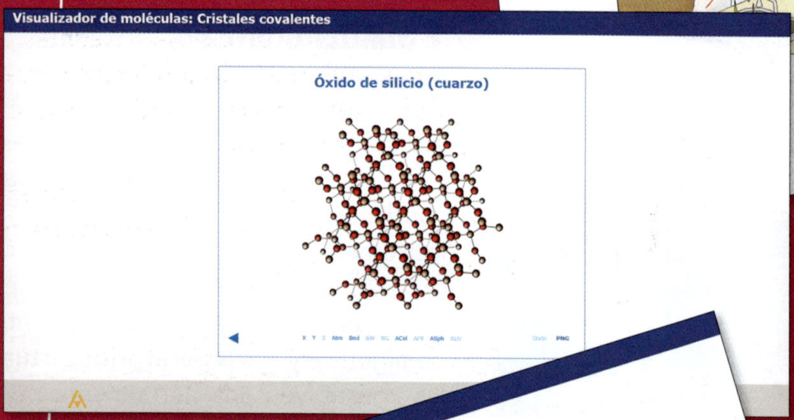


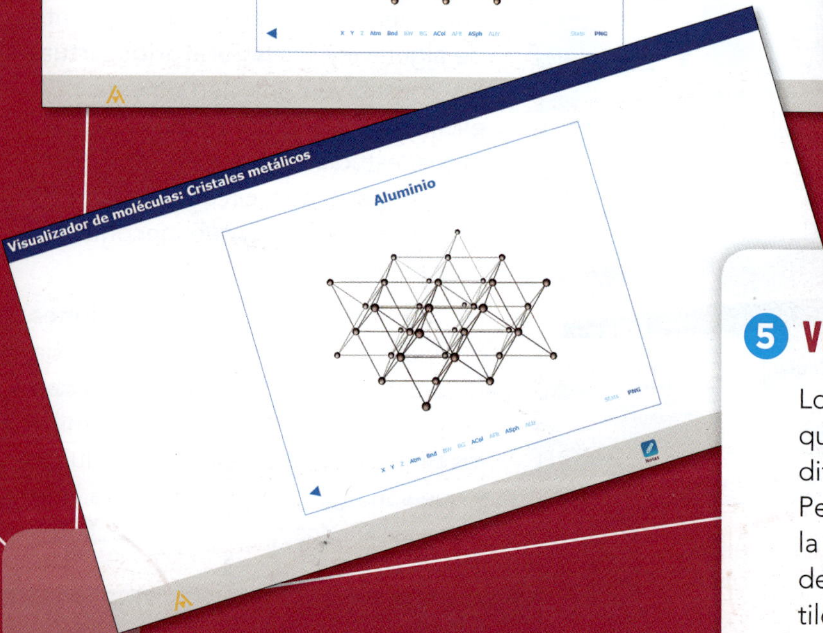


## 5 VISUALIZADOR DE MOLÉCULAS

Los distintos tipos de fórmulas químicas que estudiamos este curso proporcionan diferente información sobre las sustancias. Pero los modelos tridimensionales ofrecen la posibilidad de observar las moléculas desde todos los ángulos y con distintos estilos para ayudarnos a comprender mejor su geometría.

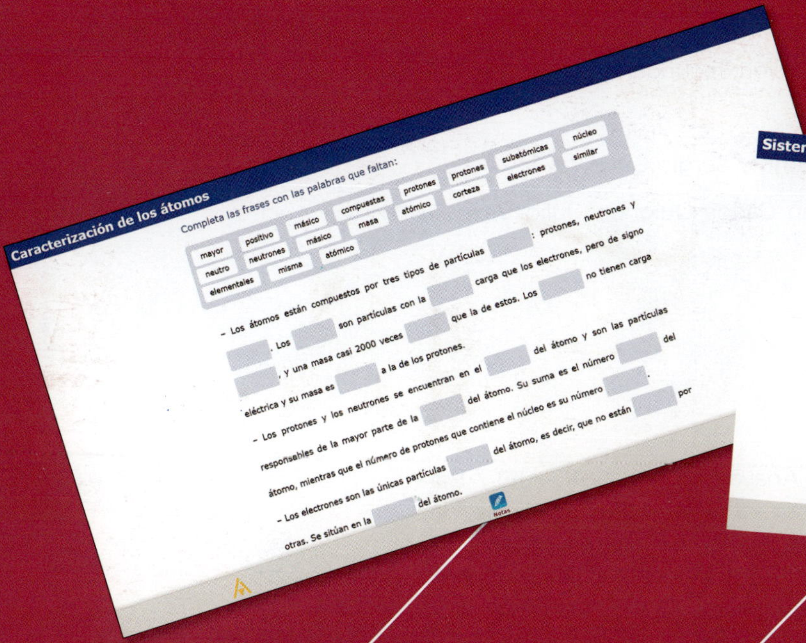


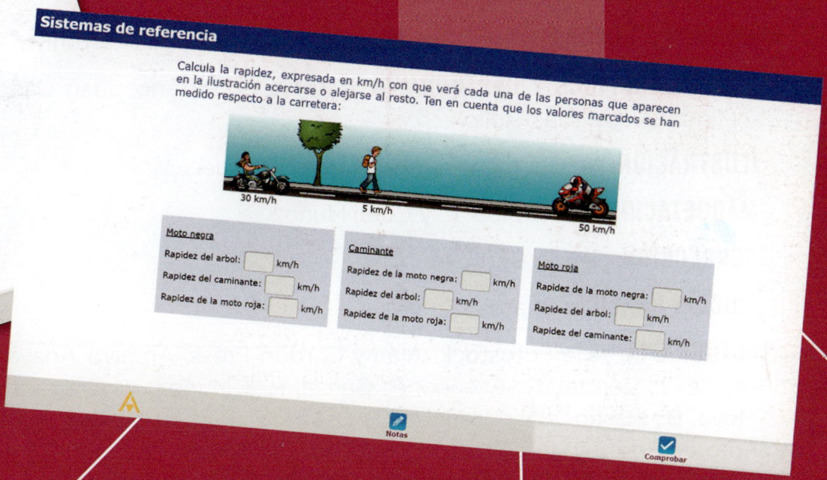


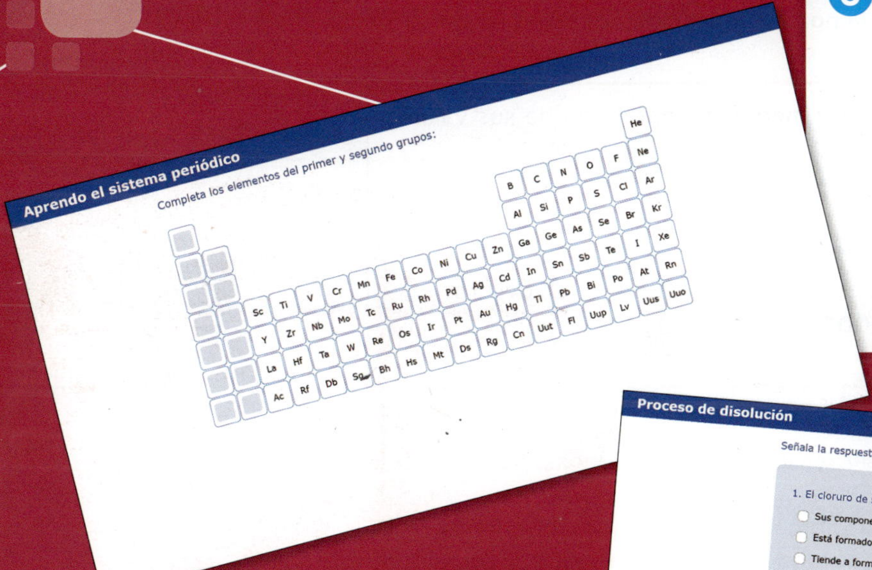


## 6 ACTIVIDADES INTERACTIVAS

Bajo este título se incluyen distintas actividades que ayudarán a reforzar y evaluar los contenidos de la unidad de una forma amena y motivadora.

Su realización servirá, además, para ejercitarse en el uso de las TIC mientras se desarrolla el aprendizaje.

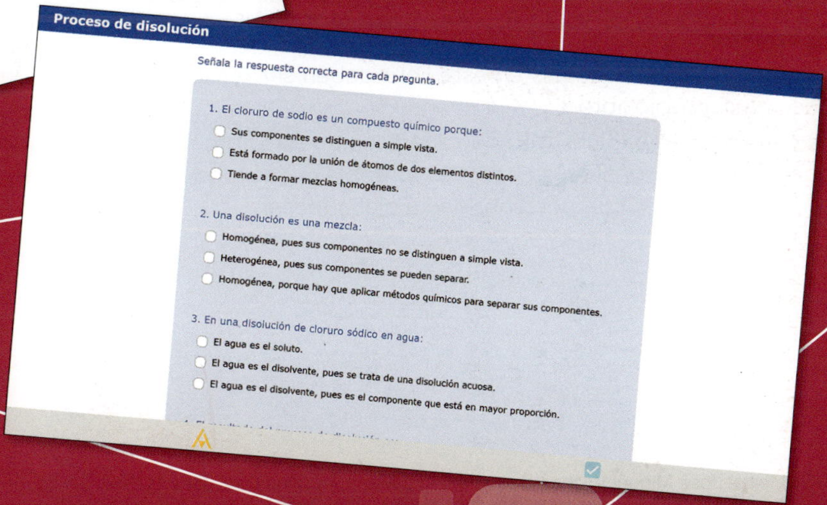

**Suma Piezas** es un proyecto educativo de Anaya para Educación Secundaria.

En la realización de esta obra han intervenido:

**EQUIPO DE EDICIÓN:** Manuel Gil, Margarita Marcos, María Ferrond y Sergio Gutiérrez.

**DISEÑO, GRÁFICOS Y CARTOGRAFÍA:** Patricia G. Serrano, Juan Carlos Quignon, Julio Vázquez y Miguel Ángel Díaz-Rullo.

**ILUSTRACIÓN:** M.ª Carmen Fuente y Pablo Vázquez.

**MAQUETACIÓN:** DiScript, S. L. y Coral Muñoz

**CORRECCIÓN:** Sergio Borbolla.

**EDICIÓN GRÁFICA:** Beatriz Gutiérrez.

**FOTOGRAFÍA:** Age Fotostock, Alamy/Cordon Press, Archivo Anaya (Boé, O.; CSIC / IFI / Barcenilla, J.; Candel, C.; Cosano, P.; García, P. & Muñoz, V.; Gragera, R. & Muñiz, E.; Hernández Moya, B.; Martín, J.A.; Martínez, C.; Osuna, J.; Padura, S.; Peñuela Py, E.; Ramón Ortega, P. - Fototeca de España; Steel, M.; Sánchez, J.; Torres, O.; Valls, R.), Dreamstime/Quick images, Getty Images, iStock/Getty Images, NASA, 123RF y colaboradores.

Fundación Bertelsmann
Por el empleo juvenil

**ORIENTACIÓN ACADÉMICA Y PROFESIONAL:** elaborada con el asesoramiento de la Fundación Bertelsmann. Coordinación: Juan José Juárez Calvo. Colaboración como expertas: Sara Lozano Santiago, Belén Pérez Castro y Pilar Vázquez Hernández.

**COMPROMISO ODS**

Nuestras publicaciones mantienen el rigor en el uso y en la selección de los contenidos, en las imágenes y en el lenguaje, para cumplir con la **no discriminación** por razón de género, cultura u opinión.

Grupo Anaya considera la **responsabilidad social** y **medioambiental** uno de sus valores fundamentales. Por ello, se compromete a:

- mejorar nuestros resultados en materia de medioambiente,
- reducir nuestras emisiones de carbono,
- hacer uso de los recursos naturales de manera responsable y
- eliminar cualquier impacto negativo de nuestra actividad en los bosques en peligro.

Dichos compromisos, entre otros, hacen que **el 100 % del papel utilizado** en nuestros libros tenga el sello **PEFC.**

**Importante:**

Las **actividades** propuestas en este libro deben ser realizadas en cuadernos u hojas sueltas; nunca en el propio libro.

Los **enlaces** a las páginas web que aparecen en este libro han sido revisados en la fecha de su impresión. La editorial no se hace responsable de las modificaciones o las anulaciones que se produzcan en ellos con posterioridad a dicha fecha.


ISBN: 978-84-698-8049-4 - Depósito Legal: M-4470-2021 - Printed in Spain.



ET040069/1E1I - 8431479